"家"文化与基层社会治理

奉贤家风建设模式研究

陈周旺·主编

复旦大學出版社

本书系上海市哲学社会科学规划委托课题
"家风建设与基层社会治理研究"
(项目编号:2021WFX002)的最终成果

奉贤区妇联在西渡街道开展亲子教育活动（来源：西渡街道）

金汇镇"好家风好家训"亲子教学活动（来源：金汇镇）

南桥镇沈陆村红色家风（来源：南桥镇）

南桥镇开展新时代"好家风"大讨论大展示主题活动（来源：南桥镇）

南桥镇杨王村家风家训馆
（来源：南桥镇）

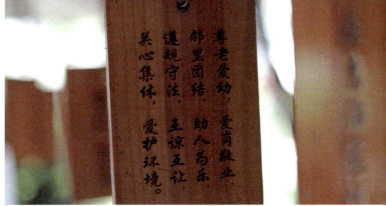

南桥镇杨王村家训牌
（来源：南桥镇）

南桥镇杨王村开展
学生写家训活动
（来源：南桥镇）

青村镇吴房村开展新旧村民联谊会（来源：青村镇）

青村镇吴房村开展重阳节村民融合日活动，老人们聚精会神观看表演
（来源：青村镇）

青溪老街新春长桌宴（来源：青村镇）

西渡街道灯塔村李伯才家庭（来源：西渡街道）

2021年1月21日,课题组在奉贤区开展开题讨论(摄影:陈韵)

2021年6月23日,课题组在奉贤区开展访谈(摄影:陈韵)

2021年7月29日,课题组在奉贤区南桥镇杨王村开展调研(摄影:陈继锋)

2021年7月29日,课题组在奉贤区青村镇吴房村开展调研(摄影:陈继锋)

2021年7月29日,课题组在奉贤区委党校参加家风建设
与基层社会治理研究课题调研座谈会(摄影:陈继锋)

作者简介

(按姓氏音序排列)

陈继锋，中共上海市奉贤区委党校讲师，主要研究领域为文化建设。撰写本书附录。

陈周旺，复旦大学国际关系与公共事务学院教授，博士生导师，中国政治学会理事，主要研究领域为政治学理论、国家理论和基层政治理论。撰写本书导论，与王寅共同撰写本书结论部分。

潘　勇，中共上海市奉贤区委党校讲师，主要研究领域为先秦儒学、儒家伦理学等。撰写本书第四章。

唐朗诗，华东理工大学社会与公共管理学院副教授，主要研究领域为基层治理、民族事务治理。撰写本书第三章。

王　帅，复旦大学国际关系与公共事务学院博士研究生，主要研究领域为历史社会学、中国古代政治制度等。撰写本书第一章。

王　寅，复旦大学国际关系与公共事务学院硕士研究生，主要研究领域为比较政治学、政治社会学。撰写本书第六章，并与主编陈周旺共同撰写本书结论部分。

王志恒，复旦大学国际关系与公共事务学院政治学理论专业博士研究生，主要研究领域为城市治理、再分配政治。撰写本书第五章。

赵迪新，复旦大学国际关系与公共事务学院博士研究生，主要研究领域为国家理论、政治经济学等。撰写本书第二章。

CONTENTS 目录

导论　以家为本的社会治理 .... / 1
 一、关于"家"的研究 / 3
 二、何以为"家" / 11
 三、"家"从传统到现代的转型 / 15
 四、"家"的创造性转化 / 20
 五、家风建设:以家为本的社会治理 / 25
 六、奉贤模式 / 34

第一章　价值:家风传统与价值创新
 .... / 41
 一、旁搜远绍:家风内容体系的基本遵循 / 43
 二、相对相寓:家风内容体系的基本价值 / 58
 三、自强互爱:家风内容体系的基本要义 / 66

第二章　机制:家风建设的实施
 .... / 79
 一、国与家:家风建设的时代新命 / 81

二、家风建设的历史语境:基层治理的历史演进与政治
逻辑 / 88
三、家风建设的体制机制:当代中国基层治理的创新
实践 / 99

第三章　支撑:以家风促治理 / 113

一、基层治理的三重困境 / 115
二、家风建设促进基层治理的机制 / 121
三、家风建设的治理效果 / 131
四、家风建设对中国基层治理的重要意义 / 139

第四章　传统:奉贤的"贤"文化与"家"文化 / 145

一、丰富的历史人文资源为家风建设提供深厚的文化
沃土 / 147
二、社会主义精神文明建设的奉贤实践——从"贤"文化
到"贤美"文化 / 153
三、家风建设是"贤美"文化建设的重要构成部分 / 162

第五章　模式:家风建设的奉贤模式 / 179

一、中国特色社会主义家庭建设需要地方模式 / 181
二、从全过程人民民主看中国特色社会主义家庭建设的
地方模式 / 184
三、奉贤模式的特色:奉贤"贤美"文化品牌与家风
建设 / 190

四、时代变迁中的奉贤模式:变化中的城乡关系和家庭
形态 / 201

第六章 对策:家风建设的前景与展望
/ 207

一、统筹结合党风政风 / 212
二、建设覆盖面更广、参与性更高的家风体系 / 215
三、统筹兼顾农村和城镇两个场景 / 220
四、社区、乡村的具体工作模式相互结合 / 225
五、共同汲取文明创建经验 / 229

结论 培育"家"文化,助力城市软实力建设
/ 237

附录 奉贤区南桥镇家风建设案例
/ 247

一、南桥镇杨王村:全面参与 / 249
二、南桥镇光明村:党建引领 / 255
三、南桥镇沈陆村:红色家风 / 262
四、南桥镇华严村:乡贤主导 / 265
五、南桥镇正阳二居:丰富载体 / 268
六、南桥镇民旺苑一居:主题活动 / 272

主要参考文献
/ 275

后记
/ 289

导论
以家为本的社会治理

家庭是社会基本单位。人的衣食住行这些基本生活需要的满足,大部分都是在家庭中实现的。习近平总书记指出:"家庭是社会的基本细胞,是人生的第一所学校。"①一个人的成长离不开家庭的养育,一个人的发展离不开家庭的教化;同样,国家的稳定发展和社会的进步,也需要千千万万家庭的支撑。家庭是社会组织结构,同时也是一种心灵状态,人正是在"家"中找到生命的真谛。家庭对于人类社会所具有的这种根本性价值,无论在任何一种生产方式和社会形态下都没有受到触动。工业化主导的现代化进程,诚然对传统家庭形态构成了强烈的冲击,但这也正是现代化本身需要反思之处。现代文明更需要的是国家、社会和家庭的和谐共生,协调发展。"家"不仅不应缺席,反而更应以积极的方式参与、融入人类文明不断进步的历史进程。

一、关于"家"的研究

什么是家庭?古今中外对这个问题的答案存在惊人的一致性。究其原因,在于家庭对于不同的社会而言都是不可或缺的基本需要。在甲骨文中即有"家"字,"宀"中有"豕"即为"家",直观地

---

① 中共中央党史和文献研究院编:《习近平关于注重家庭家教家风建设论述摘编》,中央文献出版社2021年版,第3页。

说明,有一个居住空间,里面供应有生存资料,就拥有了一个家的基本物质形态。不过,除了实物意义上的"居所"之外,对于"家"而言最重要的是人。构成一个家庭的基础是婚姻关系,以及由婚姻关系衍生出来的血缘宗亲关系。古今中外对家庭的这种理解,概莫能外,这是"家"的内涵。

对于政治学和社会学而言,"家"的外延更具有理论价值。随着社会的发展,"家"越来越被赋予社会意义,甚至政治意义。《诗·周颂·桓》云:"天命匪解。桓桓武王,保有厥士。于以四方,克定厥家。"这里的"家"便被定义为一种基本社会单位。《左传》亦有云:"天子建国,诸侯立家,卿置侧室,大夫有贰宗,士有隶子弟,庶人工商,各有分亲,皆有等衰。"这里讲的是一种等次秩序,"家"是诸侯级的政治单位,仅次于"国"。在中国传统社会,"家"被视为一切社会制度的中心要素,形成了以"家"为中心的政治制度、社会结构和文化形态,相应地,对中国传统社会的研究,都不可能脱离对"家"的理解。

以"家"为中心的政治制度长期以来被学者称为"家天下"的政治制度。"家天下"既指统治者是世袭的,政权由某个亲缘集团所垄断,非我族类者不得染指,形成一种狭隘的、排他的政治资源分配机制;"家天下"又指整个社会结构是由无数单个的家庭所组成,叠床架屋,在小共同体的基础之上形成一个大的社会共同体。[①] 政治上的"家国同构",不过是这种社会结构的反映。超大规模社会如何实现大一统是一个大难题。欧洲分化为无数小政治体,最后通过战争和联姻,这些小政治体不断合并,形成了现在的政治格局。但是,中国通过"家国同构",很早之前就已经把这一难

---

① 秦晖:《"大共同体本位"与传统中国社会(上)》,《社会学研究》1998年第5期。

题克服了,虽说在历史上经历"合久必分,分久必合"的反复,但大一统的政治格局最终得以确立。

同样地,以"家"为中心的社会结构便被称为封建社会。德国学者马克斯·韦伯将中国传统社会制度定义为一种东方的"家产制",与他所处的西方理性主义文化相对照。韦伯认为东方社会的"家产制"不是一种理性化的制度形式,因为分田析产无法实现资本的有效积累,导致中国社会只能始终处于低积累的农业生产方式阶段。因此,在中国缺乏"企业"的理性形式,看不到"资本"的构成。① 回顾起来,韦伯的观点不免偏颇,资本主义兴起的动力机制也并非来自复式簿记的所谓理性化制度。马克垚对韦伯的观点进行了有力地批驳,认为韦伯之误,在于拿成熟的工业资本主义生产体系来对照中国封建社会生产体系,结论过于绝对化。②

韦伯汲汲于他的西方中心主义,却忽视了"家产制"可能存在的巨大好处,那就是保持了中国社会的持久流动。在分田析产的制度下很难形成经济垄断,通常家业越大分得也越薄,"富不过三代",这样中国社会不至于出现巨大的贫富悬殊。科举取士制度的推行,使社会阶层上下流动的可能性始终存在。

以"家"为中心的文化,被称为是一种伦理本位的文化。在这方面,梁漱溟先生和费孝通先生的观点最具代表性。梁漱溟先生认为,中国文化的特点就在于其伦理本位。③ 一家一户的伦理美德,推己及人,蔚然成风,构成社会基本的行为规范和道德遵循。梁漱溟先生指出,在中国传统社会,以"家"为中心的伦理,不仅是

---

① [德]马克斯·韦伯:《儒教与道教》,洪天富译,江苏人民出版社1995年版,第272页。
② 马克垚:《中西封建社会比较研究》,学林出版社1997年版,第14页。
③ 梁漱溟:《中国文化要义》,上海人民出版社2011年版,第78页。

人生命意义的规定,同时也是社会秩序的构成。中国社会呈现出来的结构,是国家大、社会小、家庭大这样一种"两头大,中间小"的形态,社会力量被尽量压缩甚至消失,家庭的规模和作用被放大,承接了大部分在其他地方应由社会组织来承接的功能,家族俨然已经成为一种社会组织,而不是单纯由家庭关系延伸出来的宗亲网络。①

费孝通先生则提出了著名的差序格局理论,从文化角度描述"家"在中国社会中的地位。费先生用涟漪来比喻中国社会结构的形成,"家"是中心也是出发点,五服之内按照远近亲疏关系形成了一种圈层社会,至于五服之外那是另一种大共同体的格局。② 差序格局不仅是一种伦理关系网络,更是一种对应的社会利益分配机制,也就是以远近亲疏的伦理标准来对称地交换资源。

"家"的文化支配也落实在个体价值实现上。这方面,余英时对士大夫精神人格的研究最具代表性。"修身、齐家、治国、平天下"是中国士大夫生命终极价值实现的路径,修身齐家是治国平天下的前提,正所谓"一屋不扫,何以扫天下",从家到国的价值践履,构成了"士"这一理想人格的伦理规定。③

以上对"家"的研究,都是针对中国传统社会,把"家"当作理解中国传统社会的基本视角。但是,"家"并不是传统社会独特的产物,任何一个时代都存在"家",也需要"家",但是"家"也不是一成不变的。近年来,学者对"家"的转型和变迁给予了极大的关注。④"家"的变迁有两种动力:第一种动力来自两性关系的变化,

---

① 梁漱溟:《中国文化要义》,上海人民出版社2011年版,第79页。
② 费孝通:《乡土中国·生育制度》,北京大学出版社1998年版,第26页。
③ 余英时:《士与中国文化》,上海人民出版社2003年版,第110页。
④ 马春华、石金群、李银河、王震宇、唐灿:《中国城市家庭变迁的趋势和最新发现》,《社会学研究》2011年第2期。

也就是核心家庭成为主流,单亲家庭乃至丁克家庭日益增加,这对家庭传统的社会功能和伦理定位构成了冲击;第二种动力来自社会的变化,伴随着市场扩张、人员流动和观念变迁,个体化倾向越来越严重,人对家庭的依赖程度降低,相应地,他们与家庭的关系也就逐渐疏离。对于这些现实问题,学者的分析大致有以下几种。

第一,指出"家"在现代化进程中遭遇的实质性危机。市场化进程之后,随着家庭结构的变化,家庭的社会功能存在一个逐渐弱化的趋势。陈映芳指出了两大转型问题:一是家庭将无可避免地走向衰落;二是个人、家庭与国家之间,围绕权利与义务的争论和冲突将日趋严重。① 与之并存的现象是,家庭在社会福利方面依然扮演了不可或缺的角色,有学者称之为隐性社会政策。也就是说,育儿、养老、济贫救助等原本属于社会政策的内容,在社会保障制度不足的情况下,大部分都由家庭来承担了。② 家庭事实上成为社会转型期重要的稳定机制。

第二,强调"家"的伦理应与市场社会发展相调适,主动实现转型。这就涉及家庭主义与个体主义之间的相互调适。孙向晨对现代化进程中个体主义的去家庭化持强烈批评态度。③ 张静提出一个更基础的问题,家庭主义是否可以成为构建公共秩序的原则,即家庭的公共性问题。对此,张静持比较悲观的态度,认为家庭主义无法推导出公共性规则,从家庭出发只能构建"私人社

---

① 陈映芳:《社会生活正常化:历史转折中的"家庭化"》,《社会学研究》2015年第5期。
② 蒙克:《从福利国家到福利体系:对中国社会政策创新的启示》,《广东社会科学》2018年第4期。
③ 孙向晨:《个体主义与家庭主义:新文化运动百年再反思》,《复旦学报》(社会科学版)2015年第4期。

会""团体社会"。①

第三,在反思现代社会的条件下主张向"家"伦理回归。孙向晨在《论家:个体与亲亲》一书中就表达了这种忧虑。现代化进程导致家庭主义与个体主义强烈的冲突。孙向晨主张"家"的本体论地位,如果我们不理解"家",就无法理解我们自身文明的根基,但是我们也无法回复到传统的"家"文化中去,真正的出路是建立一种饱含"个体自觉"的现代"家"观念。②

第四,重申"家"在社会中的根本地位,主张把"家"当作理解中国社会的方法。肖瑛认为,从"家"出发构建中国社会理论,不仅要将"家"当作实体,更要将其作为"方法",这是实现社会学中国化的重要路径。他认为可以从三个方面入手:"首先,在'家'与中国文明的互鉴中分析'家'及其各种隐喻在中国历史进程中的形成、内涵和演变,以及它们是怎样建构和塑造政治、经济和民情的,由此把握中国传统文明的整体性格。……其次,在中西碰撞中把握我们如何引入和理解外来文明,如何设计不同文明路径的关系并重塑新的文明以及家庭隐喻的变更及其在变迁中的文明形态中的实际位置。……再次,通过研究当今经济改革、社会建设、政治建设和日常生活中家庭地位的重新界定和家庭隐喻的具体形态和实际影响,来把握我国文明的新变化。"③

以上是中国学者在结合了中外不同理论视角之后对中国家庭的研究。家庭是一个普遍事物,国外学者特别是社会学者对他们自身社会所存在的家庭现象,也给予了充分的关注,在这方面最经

---

① 张静:《公共性与家庭主义——社会建设的基础性原则辨析》,《北京工业大学学报》(社会科学版)2011年第3期。
② 参见孙向晨:《论家:个体与亲亲》,华东师范大学出版社2019年版。
③ 肖瑛:《"家"作为方法:中国社会理论的一种尝试》,《中国社会科学》2020年第11期。

典的作品是安德烈·比尔基埃(André Burguière)的《家庭史》。作者生动描述了中古时代西方和非西方世界家庭的起源和变迁历史,以及现代化对传统两性关系和家庭结构的冲击。① 通过这样的比较研究,比尔基埃传递了一个重要观点,那就是无论在东方还是西方,家庭对于人类社会和历史发展都具有基础性要义。

马克思与恩格斯在《德意志意识形态》中指出:"人们为了能够'创造历史',必须能够生活。但是为了生活,首先就需要吃喝穿住以及其他一些东西。因此第一个历史活动就是生产满足这些需要的资料,即生产物质生活本身,而且这是人们从几千年前直到今天单是为了维持生活就必须每日每时从事的历史活动,是一切历史的基本条件。"②这一段话被认为是历史唯物主义最经典的阐释。毫无疑问,人的吃、住、穿的大部分都是在家庭中完成的,换言之,在满足了这些基本需要之后,人开始创造历史,历史是从家庭开始的。历史唯物主义赋予了家庭重要的地位。当时有不少人质疑共产主义者对待家庭的态度,对此,马克思和恩格斯在《共产党宣言》里驳斥了这些无耻谰言,指出所谓现代家庭,建立在私人发财上面,"只是在资产阶级那里才以充分发展的形式存在着"③。马克思在《路易·波拿巴的雾月十八日》里进一步回答了家庭和阶级的关系。马克思指出:"数百万家庭的经济生活条件使他们的生活方式、利益和教育程度与其他阶级的生活方式、利益和教育程度各不相同并互相敌对,就这一点而言,他们是一个阶级。"④在这里,马

---

① 参见[法]安德烈·比尔基埃等:《家庭史》,袁树仁等译,生活·读书·新知三联书店1998年版。
② 《马克思恩格斯选集》(第一卷),人民出版社2012年版,第158页。
③ 同上书,第417页。
④ 同上书,第762页。

克思给阶级下了一个定义,但是对于本文来说,更重要的是,马克思指出了阶级与家庭不是对立的,而是相互建构的。阶级的基础是家庭,阶级是由成千上万个家庭组成的,建立在这些家庭共同的生活习惯和文化观念的相互认同基础之上。

恩格斯在《家庭、私有制和国家起源》中指出,两性关系的发展也是生产力决定生产关系的一种表现形式,构成了历史发展中的一种动力。恩格斯指出,家庭是私有制的产物,同时也是用来维护私有制的社会组织形式,正是家庭和私有制的发展,才产生了国家。[1] 恩格斯除了阐明家庭是人类文明发展的动力之外,也指出了家庭革命对人类解放的意义,因此被认为是性别政治的先驱。

中外学者对家庭的界定和认识存在共通性。在这里,家庭都被视为一个由血缘关系所决定的基本社会单位,也是承担人的再生产的生育制度、教化制度的载体。同样,由于血缘纽带天生所具有的可信性,以家庭为单位的继承制也是社会资源分配的重要机制。总结起来,家庭通常有三层含义。第一层含义是实体意义上的,家庭是生活的场所,是人安居乐业的地方,满足人的基本需要。第二层含义是社会组织意义上的,家庭作为一种基本的社会组织,由无数个家庭构成一个大的社会,家庭里存在各种人伦关系。在这个层次上,家庭的定义有广义与狭义之分。狭义的家庭是指直系亲属关系所构成的基本社会单位;广义的家庭包括旁系亲属,凡是存在血缘关系的都可以称之为一个家庭,这个家庭规模发展到一定程度,具备了较强的社会组织化程度,就可以称为家族。第三层是精神文化层面的,家庭是美德的载体,出于家庭的维系和秩序形成了一整套道德伦理,家庭既是人的精神家园和心灵归宿,也是

---

[1] 《马克思恩格斯选集》(第四卷),人民出版社2012年版,第192—193页。

一种文化养成和传承的机制。我们对家庭的研究,以及我们对"家"的理解,这三层含义是不可偏废的,应该有机地结合起来。

二、何以为"家"

无论在任何时代、任何一种文明形态中,家庭都是基本社会单位。然而,同样毋庸置疑的是,家庭对于不同的人、在不同的时代,其意义是不一样的。家庭的结构、组织形态和文化价值并不是千篇一律的,也不是一成不变的。家在不同文化体中有不同的呈现,也会随着历史社会条件的变化而发生变迁,形成自己的历史。"家"在社会中所扮演的角色,自然也就因时、因地而异,这就使得我们在新的社会条件下重新理解"家"具有了现实意义。虽然所有社会都是由无数个家庭构成的,但是在不同的社会里,家的重要性是不一样的,对于不同的人和群体,家的意义也不一样。

在西方文化里,"家"没有政治的、公共的意义,甚至与政治的公共生活直接对立。亚里士多德在他的《政治学》指出,人的生活有很多层次,先是家庭,然后是村坊,最高层次是政治,政治是最高的善,是对家庭的私人生活的根本超越。[①] 在《伦理学》中,亚里士多德谈了很多美德,这些美德基本上都是攸关公共生活的,或者说,在公共生活中,美德才有所呈现。

私人领域与公共领域的截然二分,被认为是西方政治世界的一个根本特征,这种二分法被带到了对现代社会的理解之中。汉娜·阿伦特(Hannah Arendt)认为人的生活区分为三种:劳动、制造和行动,劳动的人是劳动的动物,制造的人是制造者、匠人,行

---

① 亚里士多德:《政治学》,吴彭寿译,商务印书馆1965年版,第1252b15—20页。

动的人才是政治人。①在这里,劳动的人从事的是家政活动,家政活动膺服于自然规律,是前政治的。家庭是由暴力支配的,政治是由权力支配的。人在家庭中满足基本生活需要,都需要动用暴力,包括人对自然的开发、奴隶主对奴隶的压迫,这些都不需要经过被支配者的认可。在阿伦特的眼中,家是前政治,甚至是反政治的。②可以说,在西方政治观念中,家庭的私人生活与政治的公共生活是根本对立的。

在欧洲,"家"不具有公共性,因为"家"是一种特权,是一种身份。只有奴隶主才有家,奴隶是没有家的。农奴虽然有家,但是没有身份。农奴对于封建主存在人身依附关系,农奴的家不是自主的,而是隶属于封建主。在这里,"家"的重要性在于将社会隔离起来,维护着土地贵族的特权。有学者通过中西封建社会家庭的研究发现:"中国比较早地走上了中央集权制度,家庭伦理维持在家庭内部,成为封建道统的基础。在欧洲,中央集权制度没有充分发展,家庭伦理的原则直接用于构造封建政治制度,即封建附庸制。"③资产阶级革命要打破封建特权,从市民个体一下子跳跃到政治,家庭连同家庭的伦理美德也一道在政治生活中被抛却了。在这种政治生活中只剩下了利益和斗争,美德不复存在。

"家"对于中国传统社会而言的意义截然不同。正如前文所引《左传》所云,诸侯的"家"的等序虽然低于天子的"国",但是在性质上是同样的:"国"与"家"都是一种公共生活,仅仅是规模和政治地位上有所不同而已。单从这一表述也不难理解,从更广义上讲,从

---

① Hannah Arendt, *The Human Condition*, Chicago: The University of Chicago Press, 1958, p.139.
② 同上书,第17页。
③ 马克垚:《中西封建社会比较研究》,学林出版社1997年版,第466页。

国到家,到所谓"侧室""贰宗",这些大大小小的共同体,其实都可以统称为"家",是"家"的不同表现形式。在传统社会,"家"是最大的,"国"其实也是"家"的一种形式。在社会组织意义上,"家"是最基础的群体生活;在价值理念上,"家"是传统社会政治的根本内涵,所有的社会政治组织都可以称为"家"。与西方社会相比,传统中国社会的"家"和"国"没有截然的界限,从"家"到"国"是一个政治上渐次过渡的进程,"家"的政治性是毋庸置疑的。

相应地,在政治伦理上,家的伦理与国的伦理也是相通的。《论语》讲"政者,正也",并将"正"解释为"君君,臣臣,父父,子子",在家庭中守其本分,就等同于在政治上守其职——"其为人也孝弟,而好犯上者,鲜矣;不好犯上,而好作乱者,未之有也"(《论语·学而》)。"修身齐家治国平天下"是士大夫理想人格不断趋于完善化的践履。古人称"忠孝不能两全",表面上说"忠"与"孝"是冲突的,事实上这恰恰反映了"忠孝"是相通的,只在具体情境中才不得不于两者间有所取舍,如若相互隔阂,则根本不存在取舍之难。

与西方社会不同,在中国传统社会中,人各有其家,家是所有人安身立命之所,失去了家的人,不仅失去了身份,更重要的是失去了人格。对一个人最严厉的惩处,不是剥夺他的生命,而是将他的名字从族谱中勾除。家既有大小之别,也有贫富贵贱之分,但是只要有家,就有身份和依靠,不管在社会中处于哪个阶层,有名有姓就可以想尽办法地流动,并不受身份限制。这是中国传统社会始终保持流动性和开放性的制度缘由,与西方封建社会用家庭制度来限制社会流动的阶级固化相比,存在天壤之别。

中国的"家"弥散于社会之中,形成了中国传统社会的泛"家"化特征。"家"的运作绝对不是局限于一门一户的事情,而是公共生活本身。家的政治含义由里及外地不断推演,形成一种家国同构的格局。有人认为汉代尊儒之后才有家国同构之说,殊不知并非儒学创造了中国社会结构,而是相反,统治者之所以最终选择了儒学,乃是因为儒学正反映了当时中国社会的结构,以家国同构之说,方能完成一个超大规模社会的"大一统"进程。这与西方世界政治体规模扩大之后选择了个体主义的做法如出一辙,因为只有按照个体主义的学说,将个体抽象为法人,依照法律来进行齐一化的管理,才能适应现代国家的统治规模。

家国同构赋予了"家"的治理意涵,这与"家"本身的定义相对应,也存在三层含义。第一层是政治含义,即所谓的礼法共治,在政治运作中,不仅要注重法制,依刑律裁断、按章程办事,凡事有章可循,同时也不能偏废道礼的一面,讲究人伦道德、仁义忠孝,作为判断人品高下的标准,用礼来节制官员的欲望与行为,作为"法"的有力补充。第二层是社会含义,就是中国的社会组织,无论在哪一个层级,都要按照宗族模式来加以组织,形成差序格局,也就是说社会资源应按照远近亲疏关系来依次分配,以此构成社会基本秩序。第三层是文化含义,就是人的道德要求应按照格物致知、修齐治平的次序,渐次成长,最终达成理想人格,完成由家及国乃至天下的践履。由此,《朱子家训》绝非简单的家训,它无疑是一部政治著作;同样,历代官箴书显然也并非工作指南,更是道德修身之说。换言之,以家国同构观之,家不仅是基本的社会单位,更是基本的治理单位,围绕着"家"形成了一个超大规模的治理体系,"家"不仅是治理之道,同样也是治理之器。

东西方社会的家庭虽然具有共通性,但是由于整体社会结构不同,家庭所承担的政治角色和社会角色存在根本差异。这种差异主要在于家庭之外的社会组织,是否有机会取代家庭成为主要的资源分配机制。显然,费孝通先生所指出的差序格局并非中国传统社会所独有,而只是差序格局的社会功能投射,在传统中国比西方更彰显而已,因为西方有足够强大的社会力量(包括宗教、市场、企业等)与家庭分庭抗礼。相当可观部分的社会功能统由社会组织来执行,家庭的作用受到限制。如果家庭要进一步向社会渗透,参与社会资源的分配,就不得不采取某种违背社会规则的方式,这种方式在资产阶级市民社会领域中往往有负面的评价,比如近年来学者们倾向于用"裙带资本主义"来研究家族势力介入市场攫取资源的社会现象。[①] 尽管如此,建立在长子继承制基础上的家族势力集团,在西方世界借助精英主义的法律制度体系,依然横行无忌,也不断强化着西方社会资源分配不平等的结构。就此而言,家庭在中国社会的道德建构形象与西方世界是迥然不同的。

三、"家"从传统到现代的转型

"家"在传统农业社会的中心地位是毋庸置疑的。在农业社会,家首先是一个生产单位。作为一种自给自足的自然经济,中国传统农业以家为基本单位进行生产、分配和消费,劳动力基本上由家庭成员构成。但是家的作用不仅局限于此,它通过血缘关系的延伸,扩大为一个社会网络,形成了最基础的人际互助互惠关系。须知在小农生产条件下,家庭的剩余非常少,维持一家的基本生活用度已属勉强,但是诸如生老病死、红白喜事此类的人生大事,都不免要动用大额开支,常常超出一个家庭的承受能力。然而传统

---

① 参见[美]康灿雄:《裙带资本主义:韩国和菲律宾的腐败与发展》,李巍、石岩、王寅译,上海人民出版社2017年版。

的中国人不可能做到不婚不娶、不修房开灶,其中的奥妙就是家的社会化。即,以家为中心,根据远近亲疏关系构建出一个大的社会网络,这个社会网络的一个基本功能就是互助互惠。具体而言,就是遇到红白喜事之类,各路亲朋好友从自己微薄的积蓄中提供暂时的支持,聚少成多,帮助渡过难关,形同借贷。待其他亲友遇到同样情况,曾经的受惠者反过来就以"还礼"的方式给予支持,这样循环往复,亲属网络之中的人对各种突发重大事件都可应付裕如。这就建立了一种无形的长期契约关系,不需要书面合同等法律文本,契约的履行由血缘关系来确保,靠情感见证来维持。在这个亲属网络中的人就构成了一个稳定的家族,个人的生老病死都依赖于整个家族的资源支持。在传统社会,那些无法婚娶、萧条一生的人,往往都是亲戚零落,无法在短时间内获得资源支持。如梁漱溟先生所言,中国的社会力量比较单薄,而承担了社会功能的就是家族,传统中国的社会就是家庭关系的延伸,基于互助互惠关系、本身又存在严格等差秩序的家族组织,构成了中国最基本的社会结构。[①]

伦理本位的文化也是基于中国人的家族主义。个体只有深嵌于家族组织之中,才有机会获得必要的庇护,拥有成员身份必不可少。个体得到家族的庇护,同时也承担相应的义务,论定一个人是否忠孝仁义,往往取决于他对更大的家族共同体所承担义务的程度。这种互惠互助的社会关系衍生出来的是一种伦理美德,用以规范个人的行为,判定是非曲直,也就是所谓的"礼","礼"的核心就是"家"。总而言之,在中国传统社会,从生产、社会到文化形成,都是以"家"为中心的,个体的成长和道德践履,也是以家为起点,

---

① 梁漱溟:《中国文化要义》,上海人民出版社2011年版,第76—79页。

即所谓"修身齐家治国平天下"。家既是意义秩序构成,也是社会治理机制,两者达到高度的统一。

理所当然地,"家"作为中国传统社会的象征,在中国现代化转型中便成为首当其冲的批判对象。众所周知,鸦片战争之后,中国对现代化的认识经历了一个从器物到制度再到文化的过程。新文化运动时,一众的思潮认为中国落后挨打皆缘于文化落后,主张对传统文化采取彻底的否定态度。"家"作为传统文化的具体化身,被认为是中国现代化的阻碍力量。支持新文化和反对新文化的,围绕着"家"展开了激烈的论争。当代学者更多要面对的是传统家庭伦理与现代化之间的冲突问题。这一冲突实际上从新文化运动就开始了。[①] 当时,"家"被视为封建、落后、保守的文化象征,是被批判的对象。陈独秀将"忠""孝""贞节"视为"中国固有的旧道德",认为中国社会的坏现象都是由这些旧道德引发,"这种道德就是达到他'人人亲其亲长其长'的理想,也只是分裂的生活,利己的社会"[②]。当然,辜鸿铭、杜亚泉等坚持家庭本位的文化的学者就被视为文化保守主义者。辜鸿铭主张中国文化的优越性:"中国人的优异之处在于,他们在过着心灵生活、孩童社会的同时,还有一种思想的或曰理性的力量。"[③]杜亚泉(笔名伧父)自指西方为利己的文化,而在中国,"所谓道德,即在拘束身心,清心寡欲,戒谨于不睹不闻之地,为己而不为人,故于个人私德上兢兢注意"[④]。虽然两

---

① 赵妍杰:《去国去家:家庭在重构社会伦理中的地位》,《清华大学学报》(哲学社会科学版)2020年第2期。
② 陈独秀:《调和论和旧道德》,载陈平原选编《〈新青年〉文选》,北京大学出版社2019年版,第275页。
③ 辜鸿铭:《中国人的精神》,李静译,天津人民出版社2016年版,第41页。
④ 陈崧编:《五四前后东西文化问题论战文选(增订本)》,中国社会科学出版社1989年版,第19页。

种观点相持不下,但是无论持哪一种观点,似乎都一致地抱有一种观念,认为中国传统的"家"与现代化是格格不入的,必须在"家"和现代化之间二者选一。这是"家"在现代化进程中被污名化并逐渐退出公共领域的开始。"家"绝对地成为"私"的领域,个体不得不在家国之间陷入冲突,要投身公共事务,就要坚决打破家庭的禁锢。在现代化的冲击下,小农经济破产,家的生产功能不断萎缩,并且逐渐退缩成为一个自私自利的"封建堡垒",连起码的道德光环都黯淡了,坚守家庭伦理不仅是保守的象征,而且代表着落后、反动和自私狭隘。

中华人民共和国成立之后,实行社会化大生产,迅速实现了国家的工业化。家庭不再具有生产的重要属性。新中国的《婚姻法》重新界定家庭,意味着家族作为社会资源分配机制在法律上将不再得到承认。家庭依然是社会的基本单元,但是以家庭为中心所形成的社会功能基本上都被置换了。家最好就是一个生活单元,是置身于公有制之外的私人领域。在社会资源分配上,单位取代家庭成为主要的资源分配机制,家庭只是被动地接受资源的社会细胞。个体有事情就找单位、找组织。刘建军指出:"离开单位,中国人几乎找不到人生和工作的依托。"[1]与传统社会不同,个体更依赖于单位组织,形成一种"资源性互赖"。[2] 这就是我们通常所说的"单位社会"。识别一个人身份地位的是他(她)的单位,而不是他们的家庭。更重要的是,阶级情感、阶级道德成为新的文化标准,家庭在伦理上也失去了它的价值。

---

[1] 刘建军:《单位中国——社会调控体系重构中的个人、组织与国家》,天津人民出版社2000年版,第1页。
[2] 李汉林、李路路:《资源与交换——中国单位组织中的依赖性结构》,《社会学研究》1999年第4期。

市场化改革并未改变这一状况,反而在新的市场社会条件下对"家"的社会功能和精神价值发起了新的挑战。从集体主义中解放出来的个体,不愿再受制于家庭的束缚,而希望在市场竞争中证明和实现自己的价值。在市场中追求自主性的个体,不再依赖于传统的宗亲关系来获得庇护,而更多地依赖于自我增值和外部法律来保护自己的权益,相信理性、中立的法律体系可以提供更加公平的、更令人信服的冲突解决机制。同样地,现代人更倾向于通过社会组织的力量(包括用社会保险制度、银行信贷等方式)来解决生计问题,而不是透过充满人情世故的家庭关系网络。随着这些现代市场体制的成熟,个体对于亲属关系网络的资源依赖程度不断弱化,后者也将变得越来越松弛和脆弱。与市场化进程相对应的是家庭规模的缩小,与之相随的是亲属关系的零落和稀薄化,三姑六婆、亲戚满堂的景象不复存在。住房的商品化使邻里关系变得疏离,居民区里占主导的是业主和房地产商、物业之间的市场关系,原本的熟人社会消失了。市场扩张引发的大规模和大范围社会流动也使个体进一步疏远了自己原生的社会关系。市场公平交易的原则和理性化的契约精神,取代了温情脉脉的家庭伦理。

在这一进程中,由于全面的法治体系尚未完善,社会保障制度也不够健全,在社会救助、稳定社会秩序方面,家庭成为最后诉诸的手段。当无法从社会机构那里融资,或者遇到单靠法律不能解决的社会矛盾时,个体还是要找回自己的家庭和亲属。这就是学者们经常讨论到的"隐性福利政策"。家庭的存在,恰是中国在市场化转型的重大风险期能保持发展与稳定的关键因素之一。在这样一个传统与现代交织的转型时代,重新认识家庭的作用,可以始终保持对工业化狂飙突进的反思,避免现代化线性增长所导致的各种扭曲和风险。这是中国后发优势的体现,也是中国内生性发展模式的根本特征之一。

四、"家"的创造性转化

家是中国传统社会的基本单元和根本象征,现代化进程对家庭构成了重大冲击,但是作为社会的基本单位,家是不可替代的,无论在传统社会还是现代社会,人都首先需要一个家,吃住穿等基本生活需要都是在家庭里实现的,或者说是以家庭为依归的。为了追求现代化而否定家庭,是一种片面化的观念,并且被历史实践证明是行不通的。诚然,在传统中国家庭结构和家庭文化中存在一些保守、落后的因素,那归根结底还不是家庭本身造成的,而是小农经济生产方式的表现,这些负面影响在现代化进程中不仅应当也迟早会被消解。但是如果因此就否认家庭的重要性,可能会产生难以逆料的后果,特别是内嵌于现代化进程之中的文化主体性的缺失。

在个体层面,现代化将人抛到一个世界之中,成为一个个孤立无依的人。人在法律和制度面前只是一个被敉平了的"法人",是由一系列基本权利所规定的人格,而非充满人性光辉的、活生生的人本身。在个体化社会中,个体实际上更大程度上依附于他(她)所处身的制度,否则,他(她)就会觉得无力和无助。透过这一外在制度架构来寻求主体性和自主性无异于缘木求鱼。相反,家庭为个体的自主性提供了庇护所。无论在东方还是西方社会,个体的道德情感、爱好兴趣等都是在家庭领域中实现的,这里始终顽强地抗拒着市场交易原则的侵蚀,成为个体最后的精神归宿。①

在社会层面,现代化导致道德脱嵌和共同体危机。现代化常常被归结为是技术理性支配的进程,与技术进步相映成趣的是社会整体道德沦丧和庸常化。现代市场社会是管理至上的社会,一切都以效率的功利主义原则来评判,这里没有美德的置喙之地。在个体化社会中,人不得不在"自己的自我规范和社会责任中重新建立平衡"②,人与人的联结,要么是由外在法律制度强制的一体化,要么就是通过利益交换纽带串连在一起,而鲜有基于文化情感的互认。用马克思的话来说,这是一种"虚幻的共同体"③。这样的社会不可能生成文化的主体性。基于家庭所形成的伦理,反倒在这种情况下有可能弥补整体社会的道德缺陷,以文化互认构建出一种意义秩序。

不管现代化进程到了哪一步,家都在那里。困境似乎就在眼前:现代化要摆脱家庭的负面羁绊,但又不能如脱缰的野马,将家庭彻底抛诸身后。那么,如何才能既扬弃家庭的保守性,又充分发挥家庭的积极性呢?这就要求对家的传统进行"创造性转化"。"创造性转化"的核心要义,就是赋予"家"新的社会治理内涵。

所谓"创造性转化",是指深入挖掘传统文化中与现代文明相容的因素,通过文化改造和制度创新,使之融入现代社会,并成为现代化的助力。林毓生先生是最早提出"创造性转化"的学者。他这样解释"创造性转化":"简单地说,是把一些中国文化传统中的

---

① [美]托马斯·雅诺斯基:《公民与文明社会:自由主义政体、传统政体和社会民主政体下的权利与义务框架》,柯雄译,辽宁教育出版社2000年版,第16—20页。
② [德]诺贝特·埃利亚斯:《个体的社会》,翟三江、陆兴华译,译林出版社2003年版,第144页。
③ 《马克思恩格斯选集》(第一卷),人民出版社2012年版,第164页。

符号与价值系统加以改造,使经过创造性转化的符号与价值系统,变成有利于变迁的种子,同时在变迁过程中,继续保持文化的认同。"①表面上看,"创造性转化"蕴含工具性意味,只是让传统文化的力量充当现代化的手段,其实不然。"创造性转化"所主张的,是对传统文化的继承性发展,将传统与现代连接、融合而不是对立、断裂,在传承中进步。这一主张对于"家"的现代化而言特别有意义。家既是传统的象征,家也不可能因现代化进程而被取缔,因为它始终是最基本的社会单元,如何赋予"家"现代意义,使"家"在现代化中扮演积极作用,就是"创造性转化"的要义。"创造性转化"的具体做法,就是将"家"内蕴的现代因素挖掘出来,与现代化相互调适和融合,产生一种内生的现代化模式。

首先,在价值层面,以家为本就是以人为本。"家"是治理的出发点,也是治理的归宿。每个人在家庭中都有自己的位置,是不可或缺的一分子,从中获得充分的关爱和温暖。家庭为个体提供的滋养和温情,是其他社会组织不可替代的,因为家庭不是按照社会的市场原则讲究对等交易,家庭的基本关系原则是"前人种树,后人乘凉",这是一种不对等关系,长辈的付出一定比后辈要多。这多出来的部分,就是在市场中无法获取的温情和厚爱。"家"对人格养成的影响也是至关重要的,人的品性差异往往取决于其原生家庭的教育。所谓"养不教,父之过",就是指家庭负有教化功能,而不应将人格教化的责任推给社会。个体在公共社会中的表现是否知礼合规,跟收入、社会地位和教育程度都没有关系,而直接取决于家庭教育。治理所要求的完整、理想的人格类型,正是由"家"塑

---

① 林毓生:《中国传统的创造性转化》,生活·读书·新知三联书店1988年版,第291页。

造出来的。

　　同样地，家庭和谐幸福是衡量社会治理效果的重要标准。现代人并非工作机器，工作的意义就在于享受家庭生活的美满。诚然，现代社会体制的技术理性支配很有可能会把人压榨为"单向度"的人，家庭就是抗拒这种"单向度"的最后力量。人在工作之余回归家庭，才能回复自己的人性，找到自己的本真存在。严刑苛法固然可以塑造社会秩序，但是这种社会秩序是通过压制人的个性来达到的，是有限度的。基于家庭伦理构建的意义系统，将人性完善、道德践履和社会秩序有机地结合在一起，更合乎人的发展的需要。

　　其次，在制度层面，家庭建设与公共社会治理有机衔接。传统社会中强调家国同构，是当时社会实际情况在政治上的反映。家国同构存在落后、保守的一面，比如主张"家天下"，按一人一家的血缘关系分配公共资源。但是它也有现代化的一面，就是确立了"家"的公共性，赋予"家"一种治理意涵。"家"作为私人领域，在某些方面当然要与政治等公共领域分开，但是他们并不是截然对立的，实际上私人领域的健康发展，可以为公共领域的建设创造良好的条件。每个人在家庭中都是各安其位、各守其职。在家庭中尽职尽责、安分守己的人，在社会中大体也能表现出同样的素养。良好的家风建设，将从根本上改善政风，净化社会风气，达到风清气正。这个过程是"化"出来的，不是"造"出来的，取决于持续的好家风建设。

　　从家的"私"向治理的"公"转化，归根结底在于传统家庭伦理并不仅仅指向个体。私德中蕴含了公共性，也就是个体所承担的公共责任。这与张静仅仅从规则角度来理解"家庭主义"所形成的结论是不一样的。"礼"同时兼具公私两重含义，礼治就是由"私"向

"公"转化之后的浑然一体。温良恭俭让以及仁义守节等基本操行,虽然都是从家庭领域中提炼出来,但同样也适用于公共领域的行为规范。在现代社会的治理中,我们不可能回到原来的家国同构。让家风建设成为政风建设的基础,恰恰是从利益上将家的私利与国家的公利相隔离,而从伦理上让家的美德与公共美德相结合。

再次,在工具层面,调解而非司法裁决成为治理的主要方式。治理的内容实质上都是解决冲突,实现社会发展和社会秩序。法律和制度手段当然是现代社会解决冲突的有效手段,但是法律和制度都是外在于人的,以法律方式解决的冲突,并不能从根本上解决对立,只是将冲突以强制手段压制下来以达到秩序。在基层治理中,更应重视在法律制度允许的范围内,采取调解的方式来解决冲突,以情动人、以理服人,最后达致和解。[①] 调解的本质是一种美德治理,调解双方都需要在法定权利上作出一定的让步,这种让步的取得来自对美德的推崇。在基层社会的治理中,调解不仅有效,而且是非常必要的,因为在基层社会的生活共同体中,治理不仅要解决冲突,而且要实现团结,从根本上化解矛盾,这也是"家"的核心理念。

最后,也是最重要的,在终极目的层次,建设美好和谐的生活,是"家"的"创造性转化"的终极目的。这当然也是现代人向往的生活。现代人不管走多远,最终都要在家庭中体现自己的价值。如果家庭不完整,个体的价值实现就失去了方向。对于注重此世价值实现的东方社会而言更是如此。修齐治平的人生理想,就是从

[①] 申剑敏、陈周旺:《"法外治理":社区调解与中国基层社会的非正式控制》,《上海行政学院学报》2011年第5期。

修身齐家开始。家不齐,治国平天下都成了空话。人民的美好生活,最终都要反映到家庭和睦、生活幸福上来,离开家庭,美好生活就无从体现。建设好自己的家庭,看似微不足道,实际上关乎国家发展大计。实现人民的美好生活是国家治理现代化的目标,也是以人民为中心的政治的根本目标,这是真正的政治。这正是家风建设的根本意义所在。

五、家风建设:以家为本的社会治理

"家"的"创造性转化"的抓手就是家风建设。家风是一个家庭的灵魂、一个家庭的气质,是一个家庭的根基。家风建设不仅有精神层面的教化意义,也有制度层面的规范功能。家庭是人生的第一所学校,父母是孩子的第一个老师,个体的行为规范、习惯养成和道德修养,最初都来自家庭的教育和家风的熏陶。家风建设具有原生性、基础性和终极性。所谓原生性,是说一个人的基本素养往往取决于原生家庭的教育,如果缺乏好的家教,单靠后天的学校和社会教育很难达到与之相当的效果。所谓基础性,是说家风建设为家庭成员的品质成长提供了基础,是其他教育无法取代的。所谓终极性,是指个体最终还是要回归家庭,家风建设为个体创造了温暖的家园,确保了自我价值的最终实现。中国人首先要面对的始终是自己的家,这里内蕴了一种反思性的主体间性,家庭成员彼此依存、相互承认,强化了自我意识。

新时代倡导家风建设,将进一步赋予"家"现代意涵和公共价值,形成一种"家"文化。家风建设与"家"文化的发展是联系在一起的。家风建设是"家"文化的培育方式,"家"文化是家风建设的社会成果。从这个意义上讲,家风建设不仅是个人幸福生活的保障,也是社会和谐和社会进步的体现。在国家治理现代化的进程中,"家"不仅不能缺席,而且要切实置于基础地位。国家发展得好不好,社会治理是否完善,人民生活是不是幸福,归根结底都取决于良好的家风建设,取决于是否形成了良好的"家"文化,下面重点阐述家风建设和"家"文化培育应处理好的三对关系。

(一) 传统与现代

传统是那些流传下来的并与人们的社会文化生活不断相调适的制度、规则和伦理。传统并不是抽象的,它往往浓缩在家庭日常生活的基本规则之中,指导和规范人的行为,家风建设往往成为传统与现代交汇和冲突的场域。家风建设对现代社会的发展到底是进步的力量还是消极的力量呢?这个问题应该辩证地理解。处在大革命、大变革时代,人们固然会把家庭当作对自身个性解放的束缚而力图挣脱之,同样也会视家风建设为保守力量的维持机制。然而,当社会走向建设时代,家风建设就成为社会的磐石,家风建设得好,社会就趋于稳定、和谐。一方面,通过家风建设,传统美德得以传承,涵养家庭成员的性情、修养,塑造出琴瑟和谐、父慈子孝、相敬如宾的家庭氛围;另一方面,家风都来自共同的传统,因此具有普遍性、共同性,它对社会秩序的意义不是仅仅局限在单个家庭内部,而是普化于家庭、邻里乃至于整个陌生人社会。

传统与现代在家风建设中的对立统一,典型地体现在乡村社会的日常生活和公共治理中。中国的传统文化是农业社会小农生产方式的产物,只要小农生产方式没有改变,这些传统就会保存下来,依然发挥它们相应的社会作用。即使生产方式发生了根本性变革,文化本身所具有的滞后特征也会让传统在相当长的一个时期内得以沿袭。目前,虽然中国走上了现代化道路,但还是一个以农为本的社会,乡村生活仍然保留着浓厚的传统风貌,即使在大城市中,传统的影响力也并未随着生活方式的变化和国际化程度的加深而明显淡化,因为中国始终是一个"乡土中国",中国人始终还是"传统人",传统家庭观念依然是中国人的根。当然,传统力量在乡村社会的作用更显著,因为在那里它有非常具体的制度载体,落实在乡规民约、风俗习惯和礼节礼仪之中,并且与日常的生产和生活高度协调。只要乡村社会这个基本样态不变,家庭传统的中心地位就不会有根本的变化,家风建设在社会治理中就具有实质性的作用。

尽管如此,我们还是得承认,市场化和行政化的进程使乡村社会不可能像前现代社会那样,单一地依赖于传统来进行治理,其中有三个主要的变化。首先是人口结构的变化,年轻人纷纷离开农村到城市工作,农村中一方面留下了儿童和老人,他们成为乡村社会的主体,另一方面则是大量外来务工人员填补了农村人口的空白,形成"人口倒挂",本土的、传统家族性的力量在乡村治理中的话语权不断弱化。其次是产业结构的变化,部分工业化和城镇化的趋势,是通过"离土不离乡"来实现的,资本下乡、乡镇企业、农业生产的机械化和集约化等一系列工业化进程在农村的开展,使农村传统的精英结构瓦解,新的精英或者说乡贤往往都是在经济上占有优势地位的人。最后是农村的治理结构发生了变化,由于国家政权建设的不断强化,上级行政力量对乡村的干预明显加强,乡村社会不仅要自治,而且不得不承担大量的行政职能,接受上级主管部门的指导和监督。

换言之,在乡村社会的治理实践中,作为制度和规则的那部分传统,正处于与现代法律制度相调适的进程;作为伦理和美德的那部分传统,却依然深深扎根于乡村社会的日常生活。苏力指出:"除了立法和移植的法律能与传统习惯惯例之间有某种兼容,这些法律就无法在功能上逐步取代传统的习惯和惯例。"①在这种张力中,家风建设正好起到纽带和桥梁的作用,传统的"创造性转化",就是通过家风建设将传统美德融入新的制度安排之中,这样,传统就成为家风建设的重要资源。

第一,传统是家风建设的基本内容出处。当代中国社会流传下来的传统,基本上由两个部分组成:第一个部分是古代社会源远流长、根深蒂固的文化观念、风俗习惯和道德伦理;第二个部分是红色革命传统,革命传统的时间虽然没有文化传统那么长,但是在中国人民心目中产生了不可磨灭的影响,共产主义信仰、集体主义观念、大无畏的牺牲精神等红色革命传统激励着一代又一代人成长。这两种传统之间可能存在某种张力,因为革命传统是对传统文化的超越,但是在家风建设这一点上两者是高度一致的,为国为民奉献自我这种高尚品质的养成,还是要借助家庭的脉络,以家风家教的方式来传递和沿袭。革命精神与礼孝仁义的人格也不矛盾,反而是互为因果。如果某地既保留了浓厚的文化传统,又是革命老区,或者仁人志士辈出,家风建设的内容就可以十分丰富。

第二,传统是家风建设的价值取向。家风建设并不是要回到传统社会,而是要形成一种家庭传统价值回归,以弥补现代社会个人化进程所带来的各种不适感,为现代人提供情感归宿。当代中国主导的价值体系是社会主义核心价值观,对其他社会价值具有统摄作用。同时也应该认识到,富强、民主、文明、和谐、自由、平等、公正、法治、爱国、敬业、诚信、友善所指涉的,基本上是公共价值,用于引领公共生活的行为规范和道德取向。在家庭领域,还需要更多的价值观念来引领个体的生活,这样,公共领域的社会主义

---

① 苏力:《法治及其本土资源》(第三版),北京大学出版社2014年版,第38—39页。

核心价值观，就可以与私人领域的家庭伦理形成相互促进和相互补充。一方面，有社会主义核心价值观的统摄，就不用担心家风建设会倒退回传统社会的家长制，而是新时代下的新家庭伦理；另一方面，有了家风建设的支撑，社会主义核心价值观也可以与个体的家庭生活有机结合，能够更好地发挥统摄和引领作用。

第三，传统是家风建设的运作机制。传统之一就是以家为中心的组织化方式，家庭制度成为社会运作主要的制度形式和规则。家风建设无疑也要以家庭为基本单位，通过家庭的组织和社会关系来进行推广。在新的历史条件下，家风建设的运作机制是多样化的，我们既有资源也有能力自上而下地推动家风建设，但是，尽管政府部门可以搭建平台、动员资源，家风建设最终还是要落实到一个个家庭之中，需要家庭的配合、支持和参与。糅合了现代技术手段和传统家庭温情的家风建设，往往是最深入人心的。

（二）公与私

家庭是私人领域，家风建设主要是在家庭中展开的，某种意义上属于私人事务。但是，如果家风建设仅仅局限于家庭范围，那就是偶然事件，也就没有必要从整体社会发展的角度来审视，其社会作用和理论价值势必大打折扣。家风建设之所以重要，是因为这一原本属于私人性质的事务，不可避免地涉及社会治理，被赋予一种公共性，重新界定了公域与私域的关系。

家庭本质上是私人领域，由至亲之人的亲密关系所构成，这种亲密关系是不能公开展示的。在私人领域里产生的道德、情感、兴趣爱好，都具有极强的私人化色彩。作为私人领域，每一个家庭都有自己的特殊利益，用以积累生存资源，同时恪守边界，不互相侵犯和干预。

中国传统社会关系是私人领域的放大。费孝通先生称之为差序格局。正是在这个差序格局中，私人关系被赋予了群体意义。费孝通先生指出："在差序格局中，社会关系是逐渐从一个一个人推出去的，是私人联系的增加，社会范围是一根根私人联系所构成的网络，因之，我国传统社会里所有的社会道德也只在私人联系中发生意义。"①换言之，从私人出发的这种群体性越是被强化，公共性就越被隔阂，因为它的狭隘性、特殊性和排他性程度相应地会被制度化和组织化。

现代社会要以个人主义取代传统的私人主义，但它依然是从个体利益出发，区别就在于这种个体利益要经过一定的抽象，也就是"法"的抽象。家庭里活生生的人，在法律上成为"法人"，拥有了对应的权利与义务。这样的"法人"可以同等地置身于私人领域和公共领域。个人主义是抽象的，私人主义却非常具体。个人主义趋向于公共性的进程，同样将导致公共性的扭曲，同时还有个性的丧失，就这方面而言，个人主义比之私人主义实在高明不到哪里去。但它有一个特点，那就是"法人"使个人主义和公共领域之间的隔阂被打破了。

中国走自己的现代化道路，既要突破私人主义的利益格局，又要超越西方个人主义模式，就必须探索出一种新的方式，兼顾到个人权益的守护和公共性的成长。家风建设正契合了这一要求。家风建设的根本任务，就是让每一位作为个体的家庭成员，都能得到良好的品格滋养。可以期待的是，这些在家庭中养成了良好秉性的人，在家庭之外的社会生活中也同样会谨守公共道德和礼仪。如果是通过家风建设实现由"私"向"公"的转化，就能成为一种"自然转化"，不带有任何的强制性。富有家庭美德的个体，有机会成

---

① 费孝通：《乡土中国·生育制度》，北京大学出版社1998年版，第30页。

为公共领域受尊重的参与者，其参与将是积极的、富有建设性，而不是充满破坏性的。在这种情况下，个体权益的成长与其他人的权益不仅不存在对立关系，而且可以相互促进。在公共领域中美德的竞争，完全不同于利益的竞争，一个人拥有良好的涵养和修为，会推动其他人也对照着去塑造自己，美德的竞争只会让人不断发展自己的美德，而不是相互磨损。在这里，某种意义上可以真正实现马克思说的"每个人的发展是一切人发展的条件"。

可以说，正是家风建设超越了建构个体化社会的老式现代化模式。家风建设的美德塑造，对于公共领域是一种促进作用。反过来，如果是一个缺乏家庭美德教化的个体，他参与公共生活的目的就只剩下争夺生存资源，这就意味着对公共生活的破坏。为了避免这种破坏，只能通过法律来对个人的行为进行约束，然而代价就是个体的个性沦丧，成为由权利所界定的"法人"，这是一个循环。保留个性而又能促进公共生活发展的做法，就是家风建设。在公共生活中，约束个体的不仅有外在的、常常只是作为威胁手段的法律，更多是在家庭中养成的、内心的道德自律，他越是在公共领域中乐于奉献，就越能丰富自己的人格。

归根到底，"公"与"私"的互通不能是利益上的交融，而只能是美德上的相互促进。利益上的交融就是假公济私，这是一种权力腐化。相反，私德与公德的交互作用，以私德来支撑公德，以公德来引领私德，就是美德上的互强。这一点在市场化条件下特别有讨论意义。市场化造就个体化社会的同时使个体失去了主体性。家的私人性在赋予个体主体性的同时，可以通过家风建设确立个体的公共性。一方面，家风建设可以有效地弥补现代社会个体化进程所带来的情感缺失和社会失序，现代化越是让人走向个体化，人对于家庭的需求反而越大，往往要通过回归家庭确立生活的意义秩序,守护自己的主体性。另一方面,家风建设协同社会治理,也可以让社会治理更趋于柔性化,对于刚性的法律、制度支配无疑是一种积极的补充,特别是在超大规模社会的治理中,要直接面对具体的个人,做到讲人性、达人心,家庭的作用不可或缺。过去一段时间的实践证明,把治理责任全部推给国家或者成长中的社会是不够的,家庭不能在社会治理中置身事外。家风建设从私域到公域的过渡是一篇大文章,不易书写,但受用无穷。呵护好、经营好家庭,承接社会治理的责任,正是以"家"为中心的文化共同体一以贯之的传统和优势所在。

(三) 家风、社风与政风

从私域到公域的过渡,家风建设的目标当然不局限于一家一户,而具有强大的外溢效应,成为良好社会风气和政治风气的基础。为此,习近平总书记要求广大干部"做到廉以修身、廉以持家,培育良好家风,教育督促亲属子女和身边工作人员走正道"[1]。

良好的家风建设,有利于形成良好政风。反之,政治上的腐化堕落,也是从家风败坏开始的。前文述及,由"私"及"公"的过渡在所难免,问题是什么条件下、以什么方式过渡。如果缺乏良好的家风建设,"公""私"结合的结果很有可能就是滋生公权力腐败的温床。即便在西方法治社会,通过选举实现由"私"及"公"的过程,也无法从根本上遏止腐败的产生。在中国古代社会,特别提防亲属裙带关系对公权力行使的影响,力图以各种措施隔绝之。其中最为典型的例子,就是历代官箴书都有劝谕官员进行家风建设以确

---

[1] 中共中央党史和文献研究院编:《习近平关于注重家庭家教家风建设论述摘编》,中央文献出版社 2021 年版,第 34 页。

保清正廉明的提法。胡太初《昼帘绪论》有云:"子弟门客,勿令与外人吏辈交接,或恐有往来结托之嫌,则祸起萧墙,若何拯疗?"[①]现代社会发明的选举、法治等手段,并不能确保有效地抑制腐败,从根源上杜绝腐败的做法恰恰是家风建设。历史经验证明,我们无法简单地将家庭与公共权力在运作上完全隔绝,公职人员也是一个有血有肉的人,始终生活在家庭之中,家庭对其的影响是无处不在的。与其徒劳地隔绝,不如让家庭伦理转化为公权力建设的基础,这正是家风建设之任务。良好的家风建设,不是简单地隔绝公域与私域,而是从道德上确保家的私利与国的公利相隔离,进而让家的伦理与公共伦理相结合。

同理,家风建设也是营造良好社会氛围、创造风清气正的社会风气的条件。习近平总书记指出:"好的家风引领人向上向善,不良的家风却会败坏社会风气,贻害无穷。"[②]一方面,良好的家风建设,可以涵养人的道德情操,知礼守法,互敬互让,形成仁义孝慈的语境,社会风气就焕然一新;另一方面,有了良好家风建设的依托,家庭伦理就更易于在社会治理中运用,对社会矛盾、利益纠纷可以采取情感治理方式,以德服人、以理服人,在解决冲突的同时实现社会团结。

家风与社风、政风的连接,重点就在于以家为家,以小家促大家,以大家领小家,营造一个"家"的共治氛围,家庭和睦和社会发展两者相得益彰。通过家风建设,人人都懂得知礼守法、互敬互爱、廉洁自律,营造出和谐的家庭关系和社会环境。这正是"家"文化的精义所在。

---

① 胡太初:《昼帘绪论》,中华书局 2019 年版,第 162 页。
② 中共中央党史和文献研究院编:《习近平关于注重家庭家教家风建设论述摘编》,中央文献出版社 2021 年版,第 25 页。

六、奉贤模式

本书课题组选择上海市奉贤区作为家风建设研究的典型案例展开实地调研。从 2020 年迄今,课题组多次赴奉贤区实地考察,与当地的干部、村民特别是家风建设的典型进行了深度访谈,通过不同渠道搜集了几乎是奉贤家风建设的全套材料,为家风建设研究打下了坚实的基础。

奉贤成为家风建设的典型不是偶然的。在家风建设上,奉贤有着悠久的历史传承和文化积淀,多年来一直维持着家风建设的传统,养育了当地的"家"文化。奉贤之名,就取自"敬奉贤人,见贤思齐"一说,此地知礼尚贤的文化传统可谓由来已久,从古至今,向来民风淳朴,书香醇厚,贤人辈出。家风建设在奉贤既有历史根基,也有民间共识。在走访村民的过程中,课题组深切体会到,奉贤家风建设的动力是内生的,而不是外部通过行政力量强加的,这种动力来自对本土传统文化的创造性转化、借用和发挥。

奉贤家风建设一个令人印象深刻之处,在于当地将家风建设的成效无缝对接到基层社会治理,营造一个优质公共生活空间。在这方面奉贤的地方性实践非常多,不同的村镇也各有其因地制宜的做法。家风建设助力基层社会治理,私域与公域的治理结合行之有效,充分印证了我们对家风建设的理论预设和政策预期。青村镇就借家风建设的力量来解决公共治理的突出问题——农村养老。青村镇向来有敬老、爱老、养老的文化传统,村民对家庭和故土十分依恋,如何让老年人不用离开村里、不用脱离原来的生活,又同时可以实现集体照看呢?青村镇投入资源,建立了创新性的青村社区养老模式,在村里就地建设养老机构,老年人可以白天到养老机构活动,晚上回家,完全没有离乡离家的感觉。这种养老模式解决了大家的后顾之忧,深受村民认可。可以说,青村镇社区养老这一公共治理难题的解决,是建立在家风建设的成果基础之上的。

围绕家风建设"资源"的开发和利用,我们将奉贤家风建设的实践经验归结为两个要点。

第一,对传统文化资源的"创造性转化"。一地有一地的文化,也有一地的传统和地方性智慧。这些文化传统是家风建设天然的资源,但它是沉淀在当地的,如果不懂得如何开发利用,并进行创造性转化,将发扬传统与社会主义精神文明建设、弘扬社会主义核心价值观的要求相契合,纵使有再深厚的文化传统也是枉然。因此,传统的创造性转化不是自动的,而是主动的,取决于当地人的能动性和创造性。奉贤家风建设充分体现了这种主动性。在奉贤,主要有两种传统,一种是从古代源远流长的"敬奉贤人,见贤思齐"的传统,另一种是红色革命传统。这两个传统在奉贤的家风建设中都成为弥足珍贵的资源。

南桥镇杨王村向来就有立家训的传统。当地政府因势利导,在杨王村村口的公共空间建了一个家风亭,在这里举办了一场家风家训评比活动,由每家每户自己来立家训、写家训,展示在家风亭中。这座家风亭现在已成为杨王村的地标,引起众多来访者驻足流连。家风家训评比是典型的家庭伦理向公共性转化的过程,原本属于私域的家教、家训,被放到公域来展示、讨论,等于是一种鞭策、激励和承诺,这就是前文所说的美德的竞争,通过在公共领域的评比,可以达到相互影响、相互促进的效应。

第二,奉贤家风建设充分借助了社区组织资源。在实际操作层面,家风建设不可能孤立地进行,从区、乡(镇)政府到村,都需要投入资源。资源的投入和成效，必须达致一定程度的平衡，让村民感受到切实的成效，才能有持久的动力去深入开展工作。课题组在调研中发现，从家庭的私域向社会治理的公域顺利转化，关键在于是否能够抓住社区现成的公共资源，依托这些正式的组织力量搭建平台，切实解决好村民关心的具体问题。在奉贤家风建设中，区一级的组织部、宣传部、文明办、妇联等部门协同合作，各出奇谋，搭建平台；乡（镇）一级负责具体执行，创造条件，提供资源；在基层，由村"两委"日常落实到"家"，引入议事会等机制，从家事、邻里事到村事，一并以协商民主的方式进行讨论、协调和解决。实际上，在奉贤乡村治理的实践中，诸多家风家训的内容都有机地融入乡规民约之中，成为村民公共行为的基本准则和规范。凡是家风建设成效显著的村镇，村民关系就更和谐，村共同事务就更容易合理地解决，这就极大地提升了家风建设在乡村治理中的功能。

不积跬步，无以至千里。经过近年的家风建设，从一件一件小事、家事做起，奉贤的社会治理面貌焕然一新，真正激发了家庭的社会治理功能，其效应不断加以发扬和放大。

一是凝聚了乡村振兴的社会共识。通过家风建设，仁义孝慈等传统伦理美德已经在奉贤当地形成广泛共识，村里不同年龄层的村民都找到了家园感和归属感。家风建设既提高了村民的获得感和幸福感，也吸引年轻人和外地大学生返回乡村开展建设，为乡村振兴创造条件。

二是将家风、政风和社风有机结合，营造了良好的社会治理环境。党员干部也有自己的家庭，更应该带头做好家风建设。习近平总书记特别要求各级领导干部带头抓好家风，他指出："领导干部特别是高级干部要明大德、守公德、严私德，做廉洁自律、廉洁用权、廉洁齐家的模范。"①在奉贤的家风建设中，首先要求领导干部管好自己的家人、朋友，廉洁自律，以身作则。通过严格的家教，养成良好的家风，进而优化我们的党风、政风，使党风和政风更加清新、廉洁、实干。党员干部家庭的家风建设，关涉一个非常重要的理论问题，那就是政治信任。党员干部的亲属、子女在社会上都体现出良好的家教和秉性，无疑是推进政府和民众之间政治信任关系的催化剂。

三是使邻里关系更趋于文明、和谐。通过家风建设，原来乡村治理中不可避免地存在的一些矛盾、纠纷，都有了富有成效的调解机制，凡事都可以坐下来商量，心平气和地加以协商解决，各自也都学会互谅互让，各让一步，达致和解。这就很大程度缓解了社会矛盾，也有效克服了原来困扰乡村治理多年的难点、痛点，比如违建、乱丢垃圾、乡邻互扰等。

课题组特别重视奉贤家风建设的经验总结，原因在于奉贤本地的经验并不是不可复制的个案，虽然它有自己的独特性和文化优势，但是奉贤的一些经验是可以借鉴、拓展和推广的，特别是前文所述的两个要点，每一地都会拥有自己的传统文化资源和社区组织资源，只要立足于地方特色，认真研究、深入挖掘，就能找到其中与家风建设、社会治理相契合的点，进行创造性地转化。对于课题组而言，对奉贤的经验进行凝练、概括，提炼为家风建设模式，将有利于家风建设在全国各地的推广和普及。

课题组用了将近一年的时间在上海市奉贤区进行实地调研，被奉贤的家风建设模式深深吸引，本书就是课题组一年来思考和

---

① 中共中央党史和文献研究院编：《习近平关于注重家庭家教家风建设论述摘编》，中央文献出版社2021年版，第38页。

研究的产物。家风建设是一个全新的课题,从中央到地方都高度重视,与之形成鲜明对照的是,除了一些零星的见诸学术期刊的文章之外,关于家风建设的系统性研究并不多见,本书应该算是一次探索,尽管还是起步阶段。正因为如此,家风建设可供使用的学术资源并不足够,更多要仰赖于田野。对于政治学者来说,其难度就更甚了,因为政治学者更多是从大处着眼,更关心的是国家层面的事务,而这一次我们要扎根于家庭,从一家一户的日常生活中提炼政治的意义,来回应中央的号召和地方政府的努力,对于以政治学者为主的课题组,始终充满挑战。

为了全面而系统地探讨家风建设问题,以及从基层社会治理的角度总结奉贤家风建设模式,课题组的研究分为两大部分:第一部分从理论上总结家风建设的意义、内容和实施机制;第二部分集中探讨家风建设在基层社会治理中的运用,重点对奉贤案例进行实证研究,归纳总结出奉贤模式。

导论梳理了古今中外学者关于"家"的研究,为"家"文化研究奠定基调。"家"无论何时何地都是基本的社会单元,中西家庭的区别主要是在社会意义上。西方除了家庭之外,还有社会力量来配置资源,家庭的作用就不如中国社会那么显著,更多地是以嵌入方式来影响社会和政治运作,与西方社会相反,家庭在中国传统社会占了主导地位。家风建设是在现代社会条件下对传统的"创造性转化",对于本文而言,最为重要的是"家"向公共生活的过渡到底取决于何种机制?产生何种效果?公域与私域的交接,如果不是以家风建设为前提,很有可能是一种公权力的腐败行为;如果是以家风建设为先导,那家风美德就可以支撑公权力的有效运行。

第一章集中探讨了"家"文化的意涵和价值,重点揭示了家风建设的内容是传统与现代的有机结合,这种结合正是建立在"创造性转化"的基础之上,通过"创造性转化",原本属于传统的德治内容,可以在新的历史条件下重新焕发生机,成为社会主义精神文明建设的推力。

第二章主要研究了家风建设的实施和"家"文化的形成机制。课题组把家风建设视为一个政治社会化的过程。人的品德和公共性的成长都首先来自家庭的教育。实施家风建设的独特之处在于,它不仅仅是由家庭来实施,实际上家风建设的实施机制是多样化的,除了家庭本身,还有学校、基层社会组织和政府部门,并且要仰赖民众的主动性和积极性。因此,家风建设的实施过程就是家庭与公共生活的对接。

第三章讨论了一个专题性的问题,就是家风建设如何体现在基层社会治理中,以及"家"文化如何成为基层社会治理的支撑。这一章的内容是本书的核心议题。毫无疑问,家风建设既要借力于基层社会治理,又要施力于基层社会治理。凡是基层社会治理水平高、组织化程度高的乡村社区,家风建设就有更多的资源依凭,同样,凡是家风建设组织得好的地方,基层社会治理水平也就相对高。两者基本上互为因果。在城镇化进程和乡村振兴的大背景下,家风建设和基层社会治理的关系具有重要的理论价值,尤其是对那些处于村转居转型过渡阶段社区来说,家风建设在社会稳定和生活秩序中都扮演关键角色,对该议题的探讨尚有很大的理论空间。

第四章主要是对奉贤家风建设的历史和现状进行了纵向研究,力图揭示出奉贤家风建设的历史底蕴和特色传承,特别是"贤"文化与"家"文化之间的逻辑关系。奉贤家风建设所取得的成果不是凭空而来的,也不是外力推动的结果,而是一代一代奉贤人主动探索、代代相传的积累,可以说是一个人为的自然过程,它既顺乎了自然的发展，又取决于人的主动努力。

第五章对奉贤模式进行了总体的把握和提炼。归纳起来，奉贤模式的亮点，就在于能够充分利用当地的传统文化资源和基层政权建设造就的组织资源，去推动家风建设，然后又将家风建设的良好效应充分转化为基层社会治理的成果，形成一种良性循环的"家"文化。奉贤为家风建设所贡献的实践经验是可以复制、推广的，最关键的因素在于地方领导干部对家风建设工作的高度重视，能够去发现、去建设。

第六章对家风建设未来的进一步发展提出了有益的政策建议。政治学者往往是以旁观者的身份来观察田野，更能从不同侧面发现问题和提出建议。这些建议虽然部分来自对奉贤的实地调研，但并不是仅仅针对奉贤模式而提出，它们更着眼于家风建设的全局性思考，也体现出政治学者对待家风建设的不同视野。

在结论部分，课题组结合城市软实力建设，对奉贤"家"文化的培育和发展做了进一步的设想和建议。

本文的附录，主要是对奉贤区南桥镇家风建设的个案材料整理。这些富有地方特色的案例，非常生动地展现了奉贤家风建设的具体实施机制和过程，当中充满了鲜活的人物和生动的故事，富有真情实感，是真正的田野工作的产物。这些具体的案例对读者深入了解奉贤在家风建设中的创造性工作非常有启发。

//
第一章
价值：家风传统与价值创新

家是人类生活的基本形式,家风浓缩了社会成员关切社会与理解世界的基本认识。在价值层面,家风在中国传统社会中构成了社会秩序的精神支柱;在实践层面,家风基于伦理关系的认识论成为私人领域通向社会领域的枢纽,构成了家国关系的底层机制。在中国语境下,家风建设不仅承载着教化功能,还衍生出治理功能,家风内容则包含了完美人格与优良社会的应然状态,为现实生活中的治理机制提供了原则与规范,具有多维度、多层次性的家风建设的内容体系更是蕴含了家风的具体内容和其背后的伦理价值与生成源泉,构成了"家"文化的精神内核。因此,本章从家风内容体系的基本遵循、家风内容体系的基本价值与家风内容体系的基本要义三个方面,对家风建设的内容体系在变迁与行动中进行演绎与归纳式解析。

一、旁搜远绍:家风内容体系的基本遵循

家风建设的目标是通过一家一户良好的家风,实现千家万户优良的治理,良好家风的来源则构成了家风建设的内容体系的基本遵循及价值内涵。一家一门虽是国家治理结构的最小生活单位和管理组织,但家风却承载与折射了整个社会文明的变迁与程度,作为重视家风建设的民族之一,中华民族的家风建设也随着时代与社会的变迁而不断丰富,从我国家风生成、演变和发展的进程中

看,继承与变革是我国"家"文化内涵的生成渠道,中华优秀传统家风、西方优良家庭关系、马克思主义伦理观、红色革命家风和新时代社会主义核心价值观是现代家风内容的重要来源,家风建设的内容体系也必将遵循以上内容的优良价值。

(一) 源泉:中华优秀传统家风

中华民族传统优良的家风是家风建设内容的思想源泉。作为传统中国政治/文化体系的基本分析单位,家是大多数中国人理解和分析社会事务的出发点,正所谓"天下之本在国,国之本在家,家之本在身"(《孟子·离娄上》),家蕴含着国家与社会关系的生成原则,也反映着民族交往的行为逻辑,从而使"家—国—天下"形成了内嵌而耦合的有机结合。[1] 将家庭比拟为国家时,家风不仅是家族延续的精神命脉,而且关系到国家兴亡,家是最小国,国是千万家,恰是"一家仁,一国兴仁;一家让,一国兴让"(《大学·第十章》)的现代表达。

家还代表了一种情感境遇,[2] 虽然个体本位的现代社会原则主导着我们的生活方式,但回望每人的生命历程,"家"依然是个体情感的港湾,家风仍旧是塑造个体理解社会关系的温情窗口,当传统中国的家庭依托门第具有真实形态时,每一门第的存在与延续"绝非全赖于外在之权势与财力,而能保泰持盈达于数百年之久;……当时极重家教门风,孝悌妇德,皆从两汉儒学传来"[3],此时,作为家庭伦理原则的家风构成了家族延续的精神命脉。

---

[1] 赵汀阳:《天下体系:世界制度哲学导论》,中国人民大学出版社2011年版,第43页。
[2] 孙向晨:《重建"家"在现代世界的意义》,《文史哲》2019年第4期。
[3] 钱穆:《国史大纲》,商务印书馆2005年版,第347页。

中国传统家风文化肇始于先秦,发展于秦汉魏晋,鼎盛于宋明,涵盖、浸润于整个社会,虽有风格异趋,却无贵贱之别,最终形成了亲爱与孝悌、礼序与敬养、治国与仁德三类核心价值,这三类核心价值也在家风的不断实践过程中得到了发展与完善。

1. 亲爱与孝悌是传统家庭伦理的核心价值

家庭伦理是传统中国"哲学的道德认识论"①,在传统哲学中,家庭作为人类的初属社群,是造就伦理意识与形成社会关系的浓缩场域,从而推演出夫妇之间、父子之间、兄弟(姐妹)之间的关系是社会关系与家国关系的基础,如果将传统伦理视为一棵大树,孝悌伦理就是这棵大树的根基,孔子所说的"孝悌也者,其为仁之本与"(《论语·学而》)以及《孝经》中"夫孝,德之本也"(《孝经·开宗明义章》)正是在语义中将家庭视为人类的初始社群乃至终身归属。由于家庭中的伦理造育并非一朝一夕之事,亦非一辈一代之功,而需世代遵守与相传才能成就和谐,因此,家风通过文字的形式,将家庭成员间的伦理观念与立身处世的基本原则表现出来,并铭刻于每代家庭成员的身体力行中。

虽然现代中国异于传统中国,但中华民族重视孝悌的观念仍然保持下来,在新时代中发挥重要作用,习近平总书记多次谈到孝老爱亲的重要性,说明了中国人对亲情的重视,对家庭美德的关注以及对社会道德伦理形成的理解。在实践过程中,家风建设为以亲爱与孝悌为核心的传统家庭伦理价值融于现代国人的生活中,进而形成和谐美好的社会关系提供了平台。

---

① [美]安乐哲:《儒家角色伦理学——一套特色伦理学词汇》,[美]孟巍隆译,山东人民出版社 2017 年版,第 171 页。

2. 礼序与敬让是传统社会伦理的核心价值

如果说亲爱与孝悌构成了传统家庭关系的核心价值，礼序与敬让就成为由亲情向外扩展的人际和谐。在传统中国中，礼是一种社会行为规则，是家庭伦理的社会性延伸，①"礼者，天地之序也"（《礼记·乐记》），礼就是天地之间的秩序，从本质上来讲，礼具有等级秩序与社会教化两项功能。一方面，所谓"立权度量，考文章，改正朔，易服色，殊徽号，异器械，别衣服"可变，而"亲亲也，尊尊也，长长也，男女有别"不可变，变与不变凸显出礼在等级秩序的两种维度，"不变"凸显出"血缘与等级之间的同一秩序"。②"变"则凸显出在等级秩序之下地位各有名号，"名位不同，礼亦异数"，礼以名位架构等级构成和谐的社会秩序。③

另一方面，"经国家，定社稷，序民人，利后嗣"（《左传·隐公·隐公十一年》）是礼的社会功用，梁漱溟指出："从来中国社会秩序所赖以维持者，不在武力统治而宁在教化；不在国家法律而宁在社会礼俗。"④以礼作为社会道德的标准规范行为，教化人心，通过潜移默化的方式对人的外在行为提出内在要求，达到"礼者，敬而已矣"（《孝经·广要道章第十二》），对于社会治理来讲，这是一种比法律更为高明与根本的方式。⑤在家风中蕴含的社会行为规范，就是使社会成员"自卑而尊人"，心存恭敬与礼让是确保人际关系

---

① 李安宅：《〈仪礼〉与〈礼记〉之社会学的研究》，上海人民出版社 2005 年版，第 1—8 页。
② 葛兆光：《中国思想史》（第一卷），复旦大学出版社 2001 年版，第 34—35 页。
③ 宣朝庆：《社会治理传统的再发明——以礼治为核心的分析》，《上海师范大学学报》（哲学社会科学版）2020 年第 6 期。
④ 梁漱溟：《中国文化要义》，上海人民出版社 2011 年版，第 79 页。
⑤ 金耀基：《附录三 人际关系中人情之分析（初探）》，载杨联陞著《中国文化中"报""保""包"之意义》，贵州人民出版社 2009 年版，第 109 页。

平衡的前提条件。

对礼序的深刻理解以及礼仪的实操性,是家庭伦理关系通向社会伦理关系的中介,礼序通过家风能够构建个人在家庭与社会中的身份认知与行为规范。新时代中,将礼融入社会公德建设,对打造新时代的文化自信大有裨益。2019年10月,中共中央、国务院在印发的《新时代公民道德建设实施纲要》中把社会公德建设摆在首要位置并高度肯定了中华优秀传统文化资源的道德滋养作用,为中华优秀传统文化融入新时代社会公德建设提供了现实遵循。

3. 爱国与仁德是传统国家伦理的核心价值

修齐治平是传统文化中对个人理想规划的核心理念,具备了良好的道德品行与处事能力,就要向治国、平天下的目标前进,而"古之所谓国家者,非徒政治之枢机,亦道德之枢机也"①,道德性是古代中国的本质属性,忠君爱国与尊道贵德互为家国关系之两翼,是治国、平天下的具体要求。

传统家风以儒学作为价值支撑,忠孝作为儒家伦理的核心自然在家风中有所显现,上文得知,孝为传统家庭关系的核心价值,忠不仅是孝的延伸,而且要高于孝,"君子行其孝,必先以忠。竭其忠,则福禄至矣",欧阳修告诫其子侄,要"并列官品,当思报效……临难死节,亦是汝荣事,当存心尽公"(欧阳修《与十二侄》)。忠君爱国的条件在于尊道贵德,这是给帝王家族提出的要求,早在西周时期,周公旦便以《康诰》《诫伯禽》教诲子侄,要"克明德慎罚;不敢侮鳏寡",朱元璋也将"身勤政事,心存生民"记入"诫诸子书"中。

---

① 王国维:《王国维论学集》,傅杰编校,中国社会科学出版社1997年版,第2页。

综上所述,亲爱与孝悌、礼序与敬养、治国与仁德构成了中华传统家风的核心内容,传统家风之所以成为家风建设内容的基本遵循,一方面由于"中国传统家风文化既是传统社会发展的积淀和折射,也是构建现代家风的重要底色"①,另一方面由于家风中所蕴藏的"关联式"认识论是中国独有的思维范式,"相互依存,而不是各自孤立,整中有分,而不是部分的集合;对立的双方相互补充,而不是相互矛盾;认为万物是变化的,而不是静止的;关心相互感应,而不是因果关系"②,即便传统家风中有诸多内容并不符合现代观念,但这种认识却是家风建设内容形成的文化基底。

(二) 借鉴:西方优良家庭关系

不同于古代中国将家庭视为立人之器,固国之本,西方家庭文化始于个体的理性构建,历经古典时期从城邦利益角度探索,到中世纪宗教信仰下的发展,直至个体本位的现代理念的确立,西方家庭文化历经共同体利益到信仰顺从,再到个体幸福的转向,不仅是从崇高理念到世俗幸福的发展,也是社会从集体理性到个体理性的觉醒过程,正如马克斯·韦伯所指出的那样,现代社会正掀起一场化神圣为世俗的"祛魅"运动,人们开始竭力摆脱各种处境化场域的束缚与羁绊,追求个体的自由、独立和自主。③

在价值层面,西方文明带给中华文明最大的启示在于个体的自由与对权利的重视。虽然中国传统思想中也有"拔一毛而利天下,不为也""越名教而任自然"的思想元素,但并非传统思想的主

---

① 周春辉:《论家风的文化传承与历史嬗变》,《中州学刊》2014年第8期。
② [英]葛瑞汉:《中国的两位哲学家:二程兄弟的新儒学》,程德祥等译,大象出版社2000年版,第17页。
③ [德]马克斯·韦伯:《学术与政治》,冯克利译,三联书店1998年版,第48页。

流,同时也迥异于西方个体主义,近代识时之士虽将"个人一语""引以为大垢,苟被其谥,与民贼同"①,但在接受新思想、了解西方教育方式与家庭关系之后,在爱国报国的基础上,将西方文化与传统家风相融合,开创了家风教化的新局面,例如,曾国藩"孝悌为端,其次则文章不朽",将个人伦理置于科举功名之上,梁启超教育儿女"人生在世,常要思报社会之恩",以感恩之心做人,以责任之心立世,此时的家风所散发出来的价值偏好,并非中国传统文化,也非西方现代文化,而是处于转型过程中的中国新文化。

在实践层面,家庭的教育与建设是家风传承的重要途径,强调自由与重视权利是西方家庭文化在实践层面对中国家庭文化的启示。中西方家风在对个体的诚实守信、对家庭的尊老爱幼、对他人的团结互助、对社会的谦虚礼让等方面具有普遍性与共同性,但在家风传承的方式上却有很大不同。传统中国家风不仅是父母的言传身教,还有其他长辈的影响,因此,家风传承的本质是"大家族"式传承,差序地位形成了"父母呼,应勿缓,父母命,行勿懒,父母教,须敬听,父母责,须顺承"的现实家庭关系,家庭关系中的"孝悌"不仅包含"亲爱",还包含"服从",这是孝在家族统治与社会制约中的体现。② 同时,子女还承担着长辈们最为殷切的期待,将子女的命运与家族名誉联系在一起,正如费孝通所说:"中国文化的活力我想在世代之间。一个人不觉得自己多么重要,要紧的是光宗耀祖,是传宗接代,养育出色的孩子。"③而西方家风将"孩子的

---

① 鲁迅:《鲁迅文集》(第一卷),人民出版社1981年版,第185页。
② 尾形勇:《中国古代的"家"与国家》,张鹤泉译,吉林文史出版社1993年版,第4页。
③ 费孝通:《文化与文化自觉》,群言出版社2016年版,第236页。

心"视为"一颗需要点燃的火种",①重点体现了父母对子女的直接影响,重视子女的情感与观点表达,尊重孩子的人格,"关注儿童与父母系统之间的互动,并在家庭内部系统之中寻求问题的解决方法,重视改善家庭成员间的沟通模式以及针对自身的心态调整"②,引导孩子进行独立思考,自我决定。值得注意的是,引入个体自由与权利观念必须正视两个问题:第一,家庭成员之间的平等并不意味着去权威性,平等仅是人格上的平等,并非管理上的平等,如果在家庭管理上要求平等的话,家庭的教化功能就会丧失;第二,人格平等的实现在于家庭管理上的协商,而非投票,若在小范围的家庭事务内进行投票,不仅会创造出更大的不平等,同时会造成家庭成员之间的缝隙。③

虽然中西方文化在战争中相互接触、碰撞,但"文化因交流而多彩,文明因互鉴而丰富"④,两种文化最终迈向交流与互鉴。值得注意的是,由于中西方文化基底有所差异,因此,这种交流与互鉴并非无条件与原则的,而是在保持本民族特色的基础上,在与世界融合的过程中实现交流、互鉴,家风建设的内容体系也是在明确哪些优良因素需要吸纳,以及在现代社会中如何打通中西方家庭关系理念的桎梏。西方优良家风在价值层面给予了中国家庭对个人自由与权利的重视,在实践层面给予了中国家庭平等民主的家庭教育的观念,这两方面弥补了中国传统对于个体能动性的忽视,因此,在家风建设的内容体系中,我们需要对这两点进行借鉴,在

---

① [英]伊丽莎白·劳伦斯:《现代教育的起源与发展》,纪晓林译,北京语言学院出版社 1992 年版,第 37—52 页。
② Wark L. Thomas, "Internal Family Systems Therapy for Children in Family Therapy", *Journal of Marital and Family Therapy*, 2001, 27(2).
③ 李存山等:《家风十章》,广西人民出版社 2016 年版,第 194—195 页。
④ 《习近平谈治国理政》(第二卷),外文出版社 2017 年版,第 534 页。

借鉴过程中实现西方优良家风的洋为中用。

（三）指引：马克思主义伦理观

中国特色社会主义的本质决定了我国家风建设的社会主义属性，家风建设需要在马克思主义的指导下进行构建，理论是行动的指引，只有在科学的理论指导下，家风建设才更有意义，马克思主义家庭观与道德观所形成的马克思主义伦理观为我国家风建设提供了理论指引。

马克思、恩格斯将家庭视为人类社会发展的必然产物，"在生产、交换和消费发展的一定阶段上，就会有相应的社会制度形式、相应的家庭、等级或阶级组织"[1]，同时，家庭又反映了人类文明发展的不同阶段，在社会发展的不同阶段有不同的形式，而家庭内部"父亲、子女、兄弟、姊妹等称呼，并不是单纯的荣誉称号，而是代表着完全确定的、异常郑重的相互义务，这些义务的总和构成这些民族的社会制度的实质部分"[2]则说明了家庭不仅代表着生命生产这一自然关系，还代表着生育他人这一社会关系，家庭成为与社会联系的起点，家庭对新生命、新生命对社会以及家庭所有成员之间都具有责任与义务，承担责任、履行义务，正是家庭作为一种社会关系所赋予家庭成员的使命。"物质生产"行为所带来的家庭起源与"社会关系"所构成的家庭结构赋予了家庭"物质生产"与"生命繁衍"两大功能，论证了"生产本身又有两种。一方面是生活资料即食物、衣服、住房以及为此所必需的工具的生产；另一方面是人自身的生产，即种的繁衍"[3]这一观点，家庭成为两种生产的共同

---

[1] 《马克思恩格斯选集》（第四卷），人民出版社2012年版，第408页。
[2] 同上书，第37页。
[3] 同上书，第13页。

场景。

  家庭的起源、家庭的本质与家庭的功能说明了家庭存在的必要,但家庭的不同形态反映了社会发展的不同阶段则说明了家庭的长期存在性,家庭的社会本质与家庭存在的长期性则需家庭道德相维系。在马克思和恩格斯看来,爱是家庭伦理的基础,爱是基于平等的男女之间所产生的真挚且高尚的情感,迥异于"厄洛斯之爱"与"男子特权之爱",当恋爱产生第三个生命时,"这一情况使恋爱具有社会关系,并产生社会责任",家庭道德又回归到社会本质。①

  综上所述,马克思的家庭伦理观之所以能够成为家风建设内容的基本遵循,是因为其中既有西方基于物质与平等所发生的家庭起源、家庭功能与家庭关系,也有基于社会关系所产生的家庭本质与家庭道德,后者与我国的传统家庭观念相一致,这不仅成为中国共产党革命与建设的理论依据,还为我国家风建设的内容体系构建指引方向。中国共产党自成立以来,一直积极探索家庭建设问题,在家庭关系中,不仅强调父慈子孝,还重视"妇女在社会和家庭生活中的独特作用",在家国关系上,"有了强盛的国,家才会富起来。首先要勤俭建国,其次是家要管好"②,在制度措施中,妇女解放问题、婚姻自由问题等都与马克思主义家庭伦理观密切相关。家庭建设在不同时代背景下呈现不同的样态,作为家庭建设总概括的家风建设,以马克思主义家庭观为指导,能够为家庭建设服务,为家庭文明建设服务,有助于家风建设为社会主义家庭文明新风尚的形成服务。

---

① 陈旸:《马克思主义家庭观及其当代价值》,《理论月刊》2013 年第 8 期。
② 《邓小平选集》(第一卷),人民出版社 1994 年版,第 294 页。

(四) 传承:红色革命家风

红色革命家风是中国共产党在马克思主义的指引下,在革命、建设与改革中形成的价值理念、道德情操与行为规范的总结,凝结了传统家风与西方家风的优良因素,既是中国共产党开展齐家实践的智慧结晶,也是家风文化受到社会政治生活影响的新变化,在政治实践中,对广大人民群众和党员干部起到了潜移默化的作用,在核心价值上,有效引领与塑造了时代风气与社会风气,[①]因而,家风建设需要通过红色革命家风注入中国共产党特有的精气神,报效国家与清廉律己都是红色革命家风的重要内涵。

区别于其他类型家风,红色革命家风的最大特征在于其拥有崇高的指引目标,这与其产生的历史背景紧密相连。[②] 红色革命家风孕育、形成、发展于新民主主义革命时期,在艰苦卓绝的斗争中,中国共产党人无不将崇高的革命事业置于家庭亲情之上,"革命理想高于天"是中国共产党人忠于自身信仰的体现,并在实际行动中倡行忠于革命、爱党爱国,践行着孙中山先生"做人最大的事情是什么?就是知道怎样爱国"的教诲,秉持"共产党员应该具有人类最伟大、最高尚的一切美德"的目标,不仅自觉地为人民解放事业而奋斗,还将革命当中形成的爱国精神传递给红色后代。

在崇高理想的语境中,家不仅是门内之治的孝敬恩爱,而且牵动着门外之治的国家兴衰。对于代表着广大人民根本利益的中国共产党来说,家风与社风、党风、国风休戚相关,毛主席对毛岸英与刘思齐夫妇提出"学成为国服务",刘少奇在女儿留苏前夕,要求她

---

① 魏继昆、崔保锋:《红色齐家实践视角下党员干部家风建设研究》,《理论导刊》2019年第1期。
② 于安龙:《红色家风与社会主义核心价值观培育:要义、理路与策略》,《社会主义核心价值观研究》2021年第3期。

"学到更多本领,回来建设我们的国家",①朴素的话语不仅蕴含着父辈对子女的期待,还蕴含着老一辈革命家对祖国的责任与担当,红色后人对革命家风的继承与弘扬。

"为人民服务"是中国共产党的根本宗旨,也是永远不变的初心使命,这使得共产党人不仅爱家人、讲亲情,而且将自身视为广大人民群众中的一员,讲阶级情谊与人民情谊,"勤政清廉、倡简戒奢"的品质沟通着共产党人与劳苦大众的情义,是党在实现共产主义理想过程中重要的实践态度。在革命与建设的过程中,共产党人不仅要求自己清廉,还要求家人、亲属也要做到清廉,在此过程中形成了"清廉律己"的家风。周恩来同志坚决反对"一人做'官',全家享福,一人得道,鸡犬升天",当毛主席已批准邓颖超为全国人大常委会副委员长时,他看到名单后,将邓颖超的提名划掉,②毛主席也提出"恋亲不为亲徇私,念旧不为旧谋利,济亲不为亲撑腰"的处理公私事务的三原则。③

中国共产党代表中国最广大人民的根本利益,红色革命家风不同于传统家风"达则兼济天下"而没有人民,也不同于西方家风"平等理性"而没有国家,共产党员的家风是时代风尚的缩影,与党风、社风、国风相连,只有恪守共产党员廉洁自律的本性,才能永葆其先进性和纯洁性,而廉洁律己的红色革命家风能够为其恪守本性提供保障。

---

① 孙中华:《从不搞特殊:刘少奇对儿女的严格教育》,人民网,http://cpc.people.com.cn/GB/85037/8421397.html,最后浏览日期:2022年4月11日。
② 石仲泉:《我观周恩来》,中共党史出版社2008年版,第401—402页。
③ 秦海庆:《"恋亲不为亲徇私,念旧不为旧谋利,济亲不为亲撑腰"——毛泽东电报、书信中严格自律及家风的故事》(2020年9月4日),中国档案资讯网,http://www.zgdazxw.com.cn/culture/2020-09/04/content_310724.htm,最后浏览日期:2022年4月11日。

综上所述,中国共产党的红色家风是在革命、建设、改革过程中形成且发展的,是家风建设的重要支撑,从形成上看,红色革命家风是历经战火、生死而凝聚成的宝贵精神财富,来自实践的洗礼,而非观念的想象;从性质上看,红色革命家风蕴含了中国共产党的核心宗旨与远大理想,家风超越私人关系而成公共事务;从作用上讲,红色革命家风不像传统家风离我们时间久远,西方家风离我们空间遥远,红色革命家风的不间断传承更接近我们的生活,更紧密联系于国家与社会的发展方向,更加具有导向性与模范性。

(五)基础:新时代社会主义核心价值观

新时代社会主义核心价值观是家风建设的现实基础。当新时代成为我国当下最重要的社会现实,家风建设的内容需要凸显新时代社会主义核心价值观的重要内涵,社会主义核心价值观需要家风使其生活化,融入并引领人们的生活,做到内化于心外化于行。

伴随我国社会转型的逐步推进,社会管理也逐步迈进社会治理。[①] 所谓社会治理,就是强调治理主体的多元性,政府组织、市场组织、社会组织以及公民个人各司其职,相互协作,共同参与、共同治理社会,但是多元社会治理主体必然拥有多元利益与价值诉求,如何整合社会治理主体之间的价值观是实现多元治理主体良性协作的重要问题,核心价值观恰恰最大限度地整合社会思想,形成共识,成为形成良好治理绩效的思想基础。[②] 在我国,这种核心价值观就是社会主义核心价值观。

[①] 郑杭生:《改革开放三十年:社会发展理论和社会转型理论》,《中国社会科学》2009年第2期。
[②] 胡宝荣、李强:《论社会主义核心价值观在社会治理中的作用》,《中国特色社会主义研究》2014年第2期。

"富强、民主、文明、和谐、自由、平等、公正、法治、爱国、敬业、诚信、友善"二十四个字的社会主义核心价值观从国家、社会和个人三个层面呈现出反映现阶段全国人民"最大公约数"的社会主义核心价值理想和目标的表述。① 如何让这二十四个字在现实生活中"生根发芽",在社会成员的日常行为中"油然而生"?家风提供了最为合适的平台。本质上讲,社会主义核心价值观是一种抽象的文化形态,要想获得社会成员的认同,需要实现其"理论性与抽象性向大众性与通俗性"转化,同时也需要社会成员从"自发性与被动性向自觉性与主动性"转化。② 这两种转化的核心在于人心治理,而人心治理需要日常生活中长期的道德指引,家风的长期存在性的特征恰恰应和了社会主义核心价值观长期实践化的需求。

事实上,践行社会主义核心价值观的大批好人好事,他们身后都有着良好家风的传承与延续。以 85 岁高龄奋斗在抗击"新冠"疫情一线的钟南山院士,他的身上传承了父亲治学严谨的态度与母亲真诚善良的为人品德,他同样将这些品德传授给自己的子女;著名音乐教育家周小燕先生,为中国声乐事业奉献一生,在临终前依旧牵挂着自己的学生,她身上所继承的恰是其父周苍柏与胞弟周德佑烈士对新社会深深的眷恋;胡金凤与苏裕隆在重男轻女的年代中,将九位子女一视同仁,平等善良的品性被九位子女继承下来,"兄弟姐妹团结一心,互帮互助,把亲情记在心间"是苏家和睦

---

① 杨雪梅、张垚、周舒艺、刘晓鹏:《核心价值观:三个倡导塑造时代精神气质》(2012 年 11 月 11 日),人民网,http://cpc.people.com.cn/18/n/2012/1111/c351073-19539342.html,最后浏览日期:2022 年 4 月 11 日。
② 高永强:《论家训家风在社会主义核心价值观大众认同机制中的作用》,《道德与文明》2017 年第 5 期。

温馨的真实写照。① 爱国、爱社会、爱家庭分别是以上三个家庭风气的核心标签，三个家庭也是中国千千万万个家庭的缩影，爱国、爱社会、爱家庭所形成的"大爱"是新中国家风的核心价值。

社会主义国家的性质决定了家风建设的性质、方向与目标，而社会主义核心价值观作为新时代社会建设的价值遵循，决定了家风建设的价值认知，因此，家风建设不是凭空而来的，而是在社会主义制度下，在新时代的背景下产生的，以社会主义核心价值观为导向，在社会主义实践过程中形成的。认识到家风与新时代和社会主义核心价值观的内在联系，以便于将新时代家风与传统家风、与其他形式的家风区别开来，是家风建设内容体系的构建要求。

综上所述，新时代社会主义核心价值观之所以成为家风建设内容体系的基础，是因为它规定了家风建设的社会环境、性质与要求。社会主义建设过程中的家庭风气在继承中华传统家风和革命红色家风的基础上，形成了更加包容多元的社会主义特色的家风，不断地为社会主义核心价值输送养分，在此基础上进行家风建设的内容体系构建，在实践中有助于形成良好的基层治理，在价值中对社会主义精神文明建设有着重要意义。

良好家风的形成不仅是对传统家风的继承，还是对其他优良家风的借鉴；不仅是静态时间中良好品质的表达，还是在动态时间中对文化基因的再次定义。以中华传统家风为起源、西方优良家风为借鉴、马克思主义家庭观为指引、革命红色家风为支撑、新时代社会主义核心价值观为基础，这为家风建设的内容体系构建提供了养料。传承和弘扬良好家风，需要善于从优秀的文化中汲取

---

① 中华全国妇女联合会：《全国"最美家庭"》，第 55—56 页，http://www.women.org.cn/upload/Attach/mrbj/6267804088.pdf，最后浏览日期：2022 年 4 月 11 日。

思想精华和道德营养,并对时代作出回应。

二、相对相寓:家风内容体系的基本价值

从时间上看,家风具备生命样态的特征,时间的延续使得生命存在具有现代与传统之分,虽然外在不断变化,但内在存有不变的精神。正如钱穆先生所说:"生命没有不变,时时在变,但生命本身则不变,变了,这生命也完了。"[①]家风亦是如此。家风内容的继承不是固守传统之常,变化也不是对传统的全盘否定,而是在继承本质之"常"的基础上,根据时代进行创新之"变"。因而,家风内容中的"变"与"常"之间深刻体现了挑战和回应的变动模式,囊括了过去与现在的关系,蕴含了传统与现代的多重价值。

(一)立德与立能相结合

在个体价值层面,中国传统家风注重伦理道德,追求精神上的满足高于物质上的满足,通过血缘关系的不断强化,使得亲情关系延伸到人与社会、人与国家的关系之中,自我总是在人际关系网络情境中来理解和定位的,深具一种关系性的自我观和角色性的伦理观。在"反馈模式"的垂直社会结构中,[②]家庭是社会生活的重心,血缘或拟血缘关系成为最坚实的社会纽带,个体的伦理道德成为为人处世中最看重的价值准则与行为标准。传统家风所关照的,不在于个体本身所创造的价值,而在于个体在伦理系

---

① 钱穆:《中国文化精神》,九州出版社2012年版,第1页。
② 费孝通:《家庭结构变动中的老年赡养问题——再论中国家庭结构的变动》,《北京大学学报》(哲学社会科学版)1983年第3期。

中的行为规范。这一规范形成的"种族伦理"是国家之本,能为"民族行其大孝"。① 社会成员只有身处于关系中才能成为"人",因此传统话语中的"人",不是西方观念中的"理性个体",而是马克思所说的"社会关系的总和",进而根据实际熟悉的、社会的"角色"找到行动指南。② 即便重视个体能力发展,其目的也在于"学而优则仕",通过读圣贤书而实现家国情怀,而非"科技兴国",立德先于立能具有第一性。"达则兼济天下,穷则独善其身""舍生取义"等作为传统家风所推崇的共同追求,体现了个人的品性修养高于"奇巧淫技"。

不同于"反馈模式"的垂直社会结构,西方的社会结构更具有"接力模式"的平面特征,其背后凸显着通过逻辑法则认识自然与世界的理性原则,因此,"自由的个体"而非"关系中的个体"是社会成员最为根本的角色,尤其是伴随着现代社会高度流动性的增加,传统熟人社会逐渐向陌生人社会转型,脱离既定传统和社会关系网络的"脱域"现象日益普遍。在人们深切认同自由而平等的现代价值以后,他们更加坚信人的天赋权利不容任何外部势力非法干涉,马克斯·韦伯指出:"上帝唯一能够认可的生活方式并不是通过隐修禁欲主义来超越世俗道德,而是履行个人在现世中所处位置赋予他的义务。这是他的天职。"③马尔库塞也指出:"理性将更有效地改造和开发自然,以确保人类潜能的实现。"④个体作为自

---

① 潘光旦:《寻求中国人位育之道》,载《潘光旦文选》(下册),国际文化出版公司1997年版,第426页。
② [美]安乐哲:《儒家角色伦理学——一套特色伦理学词汇》,[美]孟巍隆译,山东人民出版社2017年版,第178页。
③ [德]马克斯·韦伯:《新教伦理与资本主义精神》,马奇炎、陈婧译,北京大学出版社2012年版,第76页。
④ [美]赫伯特·马尔库塞:《爱欲与文明》,黄勇、薛民译,上海译文出版社2012年版,第97页。

己身体和意志的主权者,自我的理性是个人行为的唯一标准,由"无牵累的自我"(unencumbered self)组成的社会就是一个"大脱嵌"(great disembedding)的社会。① 个人为了生存,必须要将个人能力放置首位。因此,西方的家风更加注重立能,例如,稻盛和夫对年轻人说:"要想拥有一个充实的人生,你只有两种选择:一种是'从事自己喜欢的工作',另一种则是'让自己喜欢上工作'。"② 工具理性所带来的立能观是西方家风所蕴含的共通价值,与中国家风在碰撞中产生融合。

正如韦伯所说,"仅仅以这些方式(价值理性、工具理性、情绪的、传统的)中的其中之一作为取向,恐怕是罕见的",由于社会行为是家风的外在表现,家风的时代性也赋予了社会行动"按照轻重缓急的顺序去满足他的目的"。③ 虽然近代中国转型期间,宗法社会的解体与农耕文化的消解带来了家族式微与职业发展的多项选择,陈独秀、胡适、鲁迅、周作人、梁启超等因而都在为现代的"自由个体"张目,吴虞、傅斯年、顾诚吾等人则相应地激烈批判旧有的家族-家庭制度,将家庭制度与皇帝制度相联系。④ 但另一方面,他们并没有放弃家风所蕴含的代与代之间言传身教的功能,梁启超在 1923 年《致梁思顺》的书信中讲到:"天下事业无所谓大小,只要在自己的责任内,尽自己力量做去,便是第一等人物。"⑤这一时期

---

① Charles Taylor, *Modern Social Imaginaries*, Durham, NC: Duke University Press, 2004, p.49.
② [日]稻盛和夫:《干法》,曹岫云译,华文出版社 2010 年版,第 13 页。
③ [德]马克斯·韦伯:《经济与社会》(第一卷),阎克文译,上海人民出版社 2019 年版,第 145—146 页。
④ 王莉:《"破家立人":鲁迅与中国现代文学的家庭叙事》,《文艺争鸣》2014 年第 1 期。
⑤ 季爱民:《大学生家国情怀培育探究》,《学校党建与思想教育》2020 年第 1 期。

的家风,不仅强调道德的重要性,同时容纳了立能的内涵,此类立能又与职业目标的唯一性无关,"莫问收获,但问耕耘"即好。

立德与立能的分野在于中西方对个体的两种认识论,虽然中西方对社会本体认识有所差异,进而衍生出的家风内容具有两种不同的价值,但个体与家的本质并非两分法的两难选择。在西方,社群主义与关怀主义伦理学也特别关注家庭共同体美德对于社会教化、公民意识的奠基作用;传统中国也能认识到"门内之治,恩掩义;门外之治,义断恩"的区别。因此,立德与立能必然拥有平衡两者的枢纽,家风恰恰承担了此项任务,家风内容蕴含着立德与立能两种价值。

全球化、信息化时代的今天,新时代的中国早已成为职业分殊化和分工专业化的现代化国家,探讨家风建设的内容体系更要重视立德与立能相结合,习近平总书记多次强调,大力弘扬劳模精神、劳动精神、工匠精神,激励更多劳动者特别是青年一代走技能成才、技能报国之路,培养更多高技能人才和大国工匠。① 有些基层政府在企业职工中大力弘扬劳模精神、工匠精神,助推并涵育良好家风家教。因此,立德与立能是既有矛盾又有统一的两个方面,立德与立能相结合是家风建设的内容体系必须蕴含的内在价值。

(二) 明事知礼与独立自由相并存

在社会价值层面,无论东方还是西方,家风都会通过媒介化的技术手段实现一种普适性的交流方式,这种交流方式不受时空的

---

① 例如,习近平:《在全国劳动模范和先进工作者表彰大会上的讲话》(2020 年 11 月 24 日),新华网,http://www.xinhuanet.com/politics/leaders/2020 - 11/24/c - 1126781907.htm,最后浏览日期:2022 年 6 月 16 日。

影响，交流对象也不是特定的个体，而是抽象化的"子孙后代"，从传播范畴的私密性与特殊性转向公共性与普遍性，家风本身就成为基于传播媒介与逻辑论证而形成的跨时空的权威，但由于东西方对社会结构认识的差异，两者对社会成员个体在社会中的行为有着不同的价值预设。

由上文得知，传统中国中，社会成员与社会基于"关系"而产生互动，家庭构成了以血缘和亲情为纽带的首属社群。个体的生存与发展全部依附于家庭能力与内部关系，集体稳定性就越强，个体生存越依附群体，受群体的同化和影响也就越深刻。因此，在社会交往中，个体行为不仅代表个人，而且代表着家庭门风，对个人的评价往往会扩大为对家庭的评价，这种日常制度在无意识中强化了群体的作用。基于群体意识高于个体意识这一认识，传统家风更加强调明礼修身、知礼明德、行礼明事，礼的目的则是构建自觉的个人道德与稳定的社会秩序。家风对礼的强调，则是为了依托个体伦理自觉，实现社会成员对礼的敬畏，保证社会秩序的稳定。"不学礼，无以立"是个体对礼的遵循，"出门如见大宾，使民如承大祭"是被社会认同的人，传统家风的内在价值是个体自我异化的"人格"，明事知礼是对个体的要求。虽然明事知礼并不意味着否定个体行为的自主选择，但在实践过程中，以维护社会系统的整体稳定为目标的行为评价体系会对个体行为进行规范，使"人格"对"个体"吞噬，在此意义上，家风作为一种代际传播机制，可能会使社会成为"没有活力的不平等"。

不同于传统中国在"关系"中使社会成员产生意义，西方更重视自身存在的价值和追求幸福的意义，由此产生的个体对自由的追求、对个人权利的争取、对个人理想的选择等诸多权利，无不受到法律与伦理的保护。社会秩序的稳定仅是靠个体"做法律所许可的一切事情的权利"的加总而完成①。独立自由的社会价值观同样反映在家风之中,社会个体更倾向于自我依赖而非家庭依赖,"他要自己思考,自己做决定,并且用自己的双手以自己的能力开辟自己的前途"②,人与人之间所施以的强制,"在社会中被减至最小可能之限度"③。虽然通过社会成员独立自由可以创造有活力的社会,但由此加总为社会系统整体的稳定可能是复杂事务的简单化,许烺光指出:"今天我们所面临的问题,其根源在于个人主义的膨胀而造成的人际关系的危险,……使人在感情方面产生隔膜。"④

"东方与西方的古典文化都必须相互给对方以补充。否则,教育和人类形成的理念就会在各自的文化圈一直停留于不完善阶段。"今道友信睿智地看到了两种价值体系的差异,以及两者可融合的可能性。⑤当下中国已经进入个体化时代,个体与社会发生了巨大变革。一方面,社会成员从旧的社会网络中解脱出来,从依赖走向自主;另一方面,社会成员从承受者转化为责任人,独立构建个体在社会公共事务中的身份象征。个体行为与家庭也慢慢脱离,⑥在开放时代的现代家风建设,必然关注到自由与责任的辩证统一,即明事知礼与独立自由相并存。如何使两者融合?正如上

---

① [法]孟德斯鸠:《论法的精神》(上卷),许明龙译,商务印书馆 2012 年版,第 154 页。
② [美]许烺光:《宗族·种姓·俱乐部》,薛刚译,华夏出版社 1990 年版,第 3 页。
③ [英]弗里德利希·冯·哈耶克:《自由秩序原理》,邓正来译,生活·读书·新知三联书店 1997 年,第 3 页。
④ [美]许烺光:《美国人与中国人:两种生活方式比较》,彭凯平、刘文静等译,华夏出版社 1989 年版,第 8 页。
⑤ [日]今道友信:《东西方哲学美学比较》,李心峰、牛枝惠等译,中国人民大学出版社 1991 年版,第 64 页。
⑥ 王斌:《个体化社会的困局、整合与本土启示——对齐格蒙特·鲍曼个体化理论的再评判》,《学习与实践》2014 年第 6 期。

文所提,中国传统家风并非抹杀个性,不重视个人价值,儒家思想反而将个体视为文化系统的核心,这些资源恰恰能够打通明事知礼与独立自由之间的隔阂。① 在个人优先的基础上,强调社会责任,平衡社会与个人的关系,社会主义核心价值观将和谐与自由列为社会主义核心价值正是此意。因此,明事知礼与独立自由相并存是符合时代精神与社会要求的价值,明事知礼与独立自由相并存成为家风建设的内容体系的基本价值,不仅是家风建设内容来源的要求,还是时代与社会的价值诉求。

(三) 公私一德与民主平等相支撑

在国家价值层面,传统中国的家风规定了"个人修身之德"到"个人与国家群体的关系"的系统内容。虽然这没有否定家庭私德与社会公德的差异,但在"家"的本体论意义上并没有厘清其私密性特征。因此,家风规定的"个人修身之德"背后的价值并非"关于自己的德性",而是"构成私人—他人—公共的序列"的"他人道德",即"公德之外的个人的基本道德"。② 家风内容的设置往往体现出自身与他人交往所形成的结果,若这一结果符合"人据其本性以成己成物",那么就会成为社会成员所推崇并遵守的行为规范。在历史演进中,西周基于宗法的分封制度构成了一种家、国、天下层层嵌套的类家庭想象,以鼎与金文为传播媒介所形成的宗族叙事,使家庭传播的成分与政治传播的成分难以准确划分,以"家"的关系来建构和实现对"国"的统治。③ 例如《尚书》中的《康诰》《酒

---

① 金耀基:《金耀基自选集》,上海教育出版社2002年版,第160页。
② 陈来:《西方道德概念史的自我与社会》,《山东师范大学学报》(人文社会科学版) 2019年第5期。
③ 谢清果、王皓然:《以"训"传家:作为一种传播控制实践的家训》,《新闻与传播研究》 2021年第9期。

诰》《梓材》,既有官方文书的正式性,也有宗族的教诲。这种形式深远地影响了传统中国的政治社会观念,也证实了公私一德与家国一体的真实性。

不同于中国传统将家国关系视为"人的本性之中有其先验基础",西方将家国关系视为"在主体中有先验的形式"[1]。西方人认为,个人有个人的价值,家庭有家庭的价值,国家有国家的价值,家庭是一个个体对另一个个体的关系,由此将家庭视为私人空间,将国家视为公共领域。公德与私德发生分离,个人、家庭与国家通过契约与法律发生关系,公共领域以维护生命财产自由为主,与道德无关,家庭中自由独立的品性引申到国家中就是民主平等,在西方家风建设中很难看到个人与国家发生联系。

现代社会变迁背景下的古今之变驱动着传统家风建设的迅速转型,家风建设的内容也将民主平等纳入其中。由上文得知,两种不同的认识生成了两种不同的价值逻辑,当两种价值逻辑无法避免地发生断裂时,时代诉求又将两种价值整合起来,使得文化产生新的活力。家风内容也有了新的含义,既体现了家与国之间的差异,又体现了家与国在情感上的统一性。红色家风既提倡个体在国家中的民主平等,也将爱家、爱党、爱国、爱社会主义有机统一和相互渗透,社会主义核心价值观也将爱国、民主、平等列为社会主义的核心价值。因此,在家国价值层面,家风建设的内容体系也必然是公私一德与民主平等相支撑。

时代特征赋予了家风建设的内容体系以新的价值,新价值的产生来自原有价值的整合,这种整合并非其他价值的替代,而是对

---

[1] 赵炎:《儒家公私一德与家国一体的形而上学基础——从中西之争而非古今之变的角度看》,《文史哲》2021年第1期。

原有价值的重新解释。本质上来看,中国传统家风的伦理性、群体利他性和德育观念虽容易压制社会成员的个性,不符合现代社会的话语体系,但在维护社会秩序的功能上显示出巨大作用,西方家风中的自由、平等、民主虽然塑造着社会的活力,但依然有着欲望难以节制的倾向。因此,在新时代中国特色社会主义与现代话语的体系下,融合传统尚和谐、崇正义、讲义利之辩的优良因素,是家风建设内容体系的价值取向。

三、自强互爱:家风内容体系的基本要义

家是传统中国伦理机制的发源地,在现代社会中,若想重塑家的伦理地位,必须在家中突出个体地位,重新定义家与社会、国家的关系,只有如此,才能使个人明白在哪个场域做哪些事,既不会回到压迫个性的封建家庭,也能避免去家庭化的负面影响,在现实中形成一个从家庭出发对个体权利进行界定的民主实践。① 在这个意义上,现代家风建设的内容体系是完成这一使命的导向,为家庭实践指引方向,现代家风的内容只有将优良传统、现代价值、时代精神融为一体,才能在当下"找回家庭",因此,具有整合性、创新性以及时代性的现代家风包括哪些具体内容已经成为现实之问。

自家风兴起之时,无论传统家风到红色革命家风的内容与价值发生多大变化,其内容结构始终围绕个人、家庭、社会、国家展开,家与国紧密相连,因此,我们从个体修养的修身立能、家庭关系的互敬互爱、社会伦理的宽容豁达、国家担当的爱岗敬业四个层面

---

① 金耀基:《中国政治与文化》,牛津大学出版社1997年版,第175页。

对家风建设的内容体系的基本要义进行阐释,即是对这一逻辑的遵循。

(一) 修身立能

个人是现代家庭的基本要素,良好家风的形成离不开每个家庭成员的行为规范,修身是每个家庭成员的道德修养的具体体现,属于立德的一面,正所谓"自天子以至于庶人,壹是皆以修身为本"(《礼记·大学》)。但在日新月异的变化社会中,有一项事业也是支撑家庭发展的基础,因此立能不仅是个体对家庭所要承担的义务,也是家风对个体要求的应有之义。对个体的要求是家风建设内容的第一个纽扣,只有将这枚纽扣扣好,家庭成员才能以孝悌勤俭和睦齐家,以优雅的举止、高尚的情操走向社会。

1. 修身

传统中国中,创制修身的价值目的在于敬德,政治目的在于守住天命,是孔子将其普遍化、纯粹化、开放化,正所谓"德之不修,学之不讲,闻义不能徙,不善不能改,是吾忧也",修德已成为"精神内向运动"的主题,[1]使其成为一种对整体生命的反省意识、对处己态度的反思过程,是一种自我负责较为彻底的态度。在"天下"转为"国家"的过程中,[2]"家"成为"罪恶的渊薮",[3]根植于传统伦理共同体中的修身变成了自我改造与建构国家的双向运动,从以君子为目标的自我要求,成为政治运动中的泛道德要求。[4] 而在"找回家庭"

---

[1] 余英时:《论天人之际:中国古代思想起源试探》,联经出版2014年版,第236页。
[2] [美]列文森:《儒教中国及其现代命运》,郑大华、任菁译,中国社会科学出版社2000年版,第87页。
[3] [美]张灏:《梁启超与中国思想的过渡(1890—1907)》,崔志海、葛夫平译,江苏人民出版社1995年版,第91页。
[4] 陈立胜:《儒家修身之道的历程及其现代命运》,《华东师范大学学报》(哲学社会科学版)2020年第5期。

的当下,修身作为个体行为,能够与公民道德相融合,因此,将修身纳入家风内容的目的,就是在于以个体的道德自省塑造良好公民。

修身的伦理假设在于心正善端,个体的行为总是和内心预期相联系,否则,构不成有意义的活动,端正个人的内心和情绪是产生良好社会行为的基础,"心正而后身正,身正而后左右正"(《傅子·正心篇》)皆为此理,这与现代公民道德人格相一致,倘若个体心不正,行不端,其行为必然会对社会产生负面影响,家风内容纳入修身,就是通过人类的初始场域规范家庭成员的内心品性,塑造其良好行为。另外,修身强调洁身自省,一如《颜氏家训·序教》中的"夜觉晓非,今悔昨失"强调要清晰认识自己,时刻反思自身的言行。现代社会的分化带来社会成员在不同场域的角色分化,不同角色又有不同的道德规范与行为准则,而自省可以使人调节不同角色之间的张力,有助于个人立德修身。

2. 立能

现代多元社会中,仅仅修身难以立足,更不会为社会创造价值,只有将内在修身与外在立能相结合,才符合现代人才的标准。同时,立能不是一个抽象的概念,而是要表现在个体的实际行动中。这要求个体将抽象的立能转化为实际行动,在现代社会中的各个工作岗位上不断开拓创新。因此,立能的目的在于致用,将立能纳入家风内容中,就是将这种开拓创新、经世致用的精神通过代际传播,使每一代家庭成员从小养成此类惯习。

立能的伦理基础在于自立,自立是个人在一定社会中的地位与作用的统一。从个体角度上看,具有自知、自觉和自我意识存在的人,只有通过自立的方式才能达到自我超越和自我发展;从现实生活而言,如何自立与怎样自立也支配着人的理想追求、价值观念、生活情趣、社会品位等。若以发展的眼光看立能,立能还应包含创新意识,以多元竞争为核心的现代社会,若没有创新意识,社会个体很难实现自我超越与自我发展。因此,家风内容纳入立能是使个体从依附性向独立性转变。

现实中看,修身立能是对传统依附型个体与现代独立型个体的超越,其形态可以视为共生型个体,这种生存形态表现为以个体存在为前提,同时承认个体间的共生性与个体的独立性。[①] 在家风内容中,修身立德既有对传统与现代优良要素的继承,也有对传统与现代二元对立的超越。

(二) 互敬互爱

上文提到,当下家庭产生出一对悖论:从社会结构上讲,近代社会以来,家庭更趋向于私人领域,但从社会关系中看,个体化的今天,家庭关系更具备公共空间关系的性质,两者形成双向运动,越来越具有准公共性的家庭伦理关系及其与社会公共伦理之间的隐秘关联,反而为"找回家庭"提供了生长空间。将互敬互爱纳入家风内容中,恰是借家庭的平台,为家庭成员在公共空间的公共行为提供提前演练的机会,有利于形成民主文明、团结友爱的社会关系与社会风尚。

1. 相互平等

家庭和睦主要体现在互敬互爱,家庭成员之间相互平等、相互尊重、互帮互助,才能使家庭氛围相亲相爱。家庭是人类情感的归宿,家庭成员之间缺乏平等、尊重、互助,则会对家庭的建设与发展

[①] 潘哲、郭永玉、徐步霄、杨沈龙:《人格研究中的"能动"与"共生"及其关系》,《心理科学进展》2017年第1期。

产生阻碍作用。过去,人们经常将家视为与个体的对立,家是权力主从关系的基本单位,是"专制主义之根源"。① 纲常伦理中的家庭成员根本没有自我意识。但理论上讲,孔子最初揭示的"君君、臣臣、父父、子子、夫夫、妇妇"并不能推演出权力上的主从关系,传统道德中反而充满了"发乎情,止于礼"的中庸之道,使得家长对子女的管教以"非对称"关系的和好收尾。② 这就使得家庭关系可以在现代语境中予以新的理解与阐释。

在个体自主独立意识已经成为标志的现代家庭中,家庭关系也并不排斥个人价值,每一个家庭成员平等互惠地参与到对方的事务中去,本身就能起到良好的效应,将尊敬长辈和为家庭负责的情感纽带弥补现代群己关系的紧张所带来的创伤,恰恰形成了推己及人的交互主体性和共同体意识,使得中国家庭能够"综合群性与个性而超乎其上"③。在此意义上,家庭成员剔除了等级观念,形成相互平等的意识,家风将相互平等纳入内容体系,是更新传统的路径,起到换汤不换药的效果,也有旧瓶装新酒的革新。

2. 相互尊重

相互尊重是在相互平等的基础上产生的,相互平等并不是家庭成员之间的分离,而是在具有独立人格基础上发生社会关系,因此,相互平等并非脱离社会关系而独立存在。相互尊重是社会关系的重要准则,家庭作为社会的细胞,是我们生活中最基础且最重要的社会关系,家庭成员之间的相互尊重,是处理家庭关系的重要

---

① 吴虞:《家族制度为专制主义之根据论》,载张忠栋、李永炽、林止弘主编《社会改革的思潮》,唐山出版社 2001 年版,第 325—330 页。
② 孙向晨:《重建"家"在现代世界的意义》,《文史哲》2019 年第 4 期。
③ 张灏:《幽暗意识与民主传统》,新星出版社 2006 年版,第 33 页。

内容。

相互尊重是建立在能够正确理解对方语言、行为的基础上，具有同理心地去换位思考，可以分为同辈尊重与代际尊重。在现代社会的小家庭中，同辈尊重表现为夫妻间的相互体谅，代际尊重表现为晚辈对长辈的孝顺，长辈对晚辈的呵护。夫妻关系支撑着现代家庭的存在，生活上的相互关心、工作上的相互扶持都是同辈尊重的体现。自私自利的"大男子主义"与"女强人"形象不仅无法做到同辈尊重，甚至破坏了相互平等的基础。代际尊重在现代社会中表现得略有复杂，当子女未成年时，代际尊重主要表现为父母对子女在生活中的以身作则，在学习上的引导教育，"己所不欲勿施于人"同样适用于父母对子女的教育之中；当子女已然成家立业，则需对父母在物质上进行"反馈"，在文化上进行"反哺"。① 在相互尊重的家庭中，既没有绝对的强制性，也没有绝对的放任自流，夫妻之间的相互关心，父母与子女之间的抚育及赡养都会促进相互尊重的良好家风的形成，相互尊重的家风形成则会带动社会个体之间、家庭之间美美与共的社会建设。

互敬互爱是家庭成员共同维护和谐家庭，促进家庭关系健康成长的方式，体现了家庭成员在物质与精神层面的相互帮助、相互监督、共同努力、荣辱与共的精神风貌。

（三）宽容豁达

个体道德凸显与社会伦理隐退是现代的社会样态，拥有道德个体的人既能加总为和谐社会，也可能使得社会原子化。其原因在于个体道德与社会伦理虽有密切联系，但它们的追求、实施方式

---

① 周晓虹：《文化反哺：变迁社会中的亲子传承》，《社会学研究》2000年第2期。

与实施结果还是有所差异。① 真正的和谐社会则是在两者功能都很显著的条件下才能出现,从而减轻组织化团体的治理负担,且能维持长久绩效。作为最基本的伦理团体——家庭理应承担起对家庭成员全过程伦理的培育。在此意义上,家风内容纳入宽容豁达则是对培育家庭世代成员具有良好社会关系的要求。宽容豁达既是一种个体心境,也是一种处事态度,是家庭中相互尊敬在社会中的体现,宽容豁达的家风就是引导家庭成员不仅在家庭中能与家人和睦相处,还在社会中有豁达的心境和与人为善的处事态度。

1. 宽容大度

西方文化中,现代宽容观念是指行为主体对于与自身(价值观)不同的其他价值观念的克制,具体而言,是"一个人虽然具有必要的权力和知识,但是对自己不赞成的行为不进行阻止、妨碍或干涉的审慎选择"②,在中国传统文化中,也有"君子量不极,胸吞百川流""宽则得众"的表达,宽容是不同文化所共有的优良价值。

宽容大度来源于豁达的心境,不以物喜、不以己悲是豁达心境的外在体现,亚里士多德也将"对好运和噩运皆漠然视之"③视为宽容大度的类别。这种心境来自天生的基因,更重要的是来自家庭的熏陶与培养,因此,豁达的家风能够引导家庭成员以开阔的胸襟面对社会,遇到困难不会患得患失,身处顺境不会飞扬跋扈,自信而理性地面对社会。实践中,宽容大度使每一位家庭成员——无论是平辈还是代与代之间——在家庭中做到相互不计较,遇事

---

① 严从根:《道德凸显和伦理隐退的中国德育危机与出路》,《华东师范大学学报》(教育科学版)2020年第11期。
② [英]戴维·米勒、[英]韦农·波格丹诺:《布克莱维尔政治学百科全书》,邓正来等译,中国政法大学出版社1992年版,第776页。
③ Aristotle, "Posterior Analytic", in J. Barnes ed., The Complete Works of Aristotle, Vol. 1, Princeton: Princeton University Press, 1991, pp.58-59.

懂谦让,在社会中使个人原谅他人无心之过,使家庭与邻里关系融洽,"宁我容人,勿使人容我"便是此意。社会事务繁多的现代社会下,更需要良好的社会关系在特定环境下能够为各自家庭解燃眉之急。"里仁为美"需要宽容大度的人来创建,以宽容大度为家风建设的内容,能使家庭成员个体的生活态度积极向上,千千万万个家庭以宽容大度为家风,则有助于营造和谐、稳定、美好的社会风尚。

2. 与人为善

宽容大度是社会成员的内心表达,与人为善是宽容大度的外在表现。与人为善是古代先贤基于"性善论"提出的系统处理人与人、人与社会关系的理论,目的是建构一种良序互动的社会关系,强调以善为本,推己及人,善与人同。景天魁认为,中国社会学的早期形态是以墨子"劳动"为逻辑起点,以荀子"群"为核心,以儒家"民本"为宗旨,以礼义制度、规范和秩序为框架,以"修齐治平"为功能,兼纳儒、墨、道、法等各家之说而形成。[①] 与人为善就是"群学"的重要要件。将与人为善纳入家风内容中,对和谐的社会互动关系,乃至国家的稳定方面,都发挥着积极的作用。

历史上看,与人为善的提出就是对先秦社会动荡无序、礼崩乐坏的积极回应,强调人与人交往是社会互动最基本的形式,要实现人际良序,就必须回归根本——以善为本。依善而行是人之为人的根本,是融入社群的首要条件。由"善"生"仁",使得"恭、宽、信、敏、惠。恭则不侮,宽则得众,信则人任焉,敏则有功,惠则足以使人"(《论语·阳货》)成为与人为善的主要内容。当下,家风中的与

---

① 景天魁:《中国社会学崛起的历史基础》,《北京工业大学学报》(社会科学版) 2017 年第 4 期。

人为善就是在家庭中培育家庭成员善的观念,使善从小范围扩展到大范围,形成善的价值观,进而成为处理人际关系和实现国泰民安的重要手段。这既体现了良好的社会互动关系,也有助于形成有序的社会秩序和稳定的社会结构。

(四) 爱岗奉献

中国传统文化中,"家"和"国"具有同构性,进而在价值上才有"在家孝亲,推之事君;在家悌兄,推之事长",通过"孝悌"的价值延伸,实现"齐家"到"治国"的跨越,最终达到德化天下的境地。① 但在以公民平等的基础上形成的现代社会,很难接受用"家"的结构构建"国",如何化解这一矛盾? 一方面,正如上文所述,在价值层面,家庭中的相互尊重与社会上的宽容豁达消解了家庭伦理与专制政治之间的关系,而更突出在社会关系中的个人品德;另一方面,在功能层面,社会成员的爱岗敬业与无私奉献既强调个体的职业精神,又能为国家发展作出贡献,从另一方面打通了"修齐治平"之间的隔膜。将爱岗奉献纳入家庭内容,就是将家庭视为塑造职业精神的平台,成为国家建设的依托。

1. 爱岗敬业

爱岗敬业是热爱岗位、专心本职工作的一种工作精神和工作态度。现代社会分工不同,责任不同,性质不同,但每个岗位上的工作都是在为国家富强作贡献,因此,社会主义核心价值观也将爱岗敬业视为重要内容之一。由于社会成员在不同年龄阶段都有着相对应的社会任务,因此,爱岗敬业的形成不是一日之功,也并非每位社会成员踏上工作岗位时才逐步树立,而是依赖于良好的家风与家庭氛围在每个年龄阶段的影响与塑造。具体而言,敬业的

---

① 孙向晨:《重建"家"在现代世界的意义》,《文史哲》2019 年第 4 期。

家风需要家庭成员形成恪尽职守的职业精神。

关于职业精神,西方学者将其定义为组织成员在工作中对其生理、情感、认知的投入并真实的自我表达。① 与此相应,中华民族也有"功崇惟志,业广惟勤"(《尚书·周书·周官》)的表达。可见,职业精神是中西方文化的共通价值。现代社会中,每一个岗位都有每一个岗位的要求。有责任感是每一个单位招聘的必要条件,也是敬业的表现形式之一,但这一品格需要在迈向工作岗位之前完成,而并非在工作过程当中形成,因此,家庭承担了如此重任。汉代司马迁继承先父遗愿而著《史记》,当代钟南山院士延续父母医者的博爱,无不是通过家风对子女成长过程中的深刻影响而使子女成为令世人敬仰之人,父辈们对职业的责任得到传承。"人而无恒,终身一无所成",职业操守是敬业的另一种体现,这山望着那山高的好高骛远的态度不是职业操守的体现,眼高手低的职业态度必将一事无成,只有对一件事情认真负责、专心致志,才能将事情做好,曾国藩正是通过此话教导子女要心无旁骛,对自己的工作专心致志。

新时代的背景下,敬业有了更深刻的含义,习近平总书记在十八届中央政治局第三十七次集体学习时的讲话中强调:"领导干部要努力成为全社会的道德楷模,带头践行社会主义核心价值观,讲党性、重品行、作表率,带头注重家庭、家教、家风,保持共产党人的高尚品格和廉洁操守"②,就是要求各级领导干部,"要严防在自己

---

① Kahn W. A., "Psychological Conditions of Personal Engagement and Disengagement at Work", *Academy of Management Journal*, 1990(4).
② 中共中央党史和文献研究院编:《习近平关于注重家庭家教家风建设论述摘编》,中央文献出版社 2021 年版,第 65 页。

身上出现'裙带腐败'、'衙内腐败'"①。传统社会的"父母官"成为社会主义下人民的公仆,领导干部的清正廉洁更是公务人员职业操守的具体表现,解决"裙带腐败""衙内腐败"等问题,不仅需要政治体制与法治建设的完善,还需要从思想上"反腐"。家风对一个人的思想观念具有重要的影响,在家庭中重视爱岗敬业与职业道德的培养,有助于家庭成员在未来工作中形成认真负责的态度,在工作中反复自省。

2. 爱党爱国

爱党爱国是家风建设中关于国家富强层面的内在建设。历史证明,没有中国共产党的领导,就没有中国人民的解放,也不会有人民群众的幸福生活,只有坚持党的领导,才能有更加光明的未来,才能有更多机会为国家、人民贡献自身的力量。作为新时代的社会主义家庭,需要将爱党爱国纳入家风内容,引导家庭成员将爱党爱国与国家富强联系起来。

爱党爱国来自对党的信任与报效国家的决心。坚持中国共产党的领导,是中国特色社会主义最本质的特征,对党的信任是中国人民应有的情感寄托,今天我们的美好生活来自中国共产党的领导,未来人民的需求更是中国共产党奋斗的目标。中国共产党的发展来自人民的支持,家庭是社会的基本组织,家风之中融入爱党,通过家风对家庭成员进行爱党教育,只有广大家庭都拥护党的领导,党的群众基础才更加厚实。家风对家庭成员潜移默化的影响,有助于培养家庭成员对党的信任与热爱。同时,对党的信任是中国共产党党员的责任与义务,共产党员家庭的爱党家风,有助于

---

① 中共中央党史和文献研究院编:《习近平关于注重家庭家教家风建设论述摘编》,中央文献出版社2021年版,第58页。

党员同志自觉地以党规党章规范自身的行为,并时刻发挥先锋模范作用,提升中国共产党在人民群众之中的威望。

"要发扬优良传统,承担历史使命,把党和国家确定的奋斗目标作为自己的人生目标,以民族复兴为己任,自觉把人生理想、家庭幸福融入国家富强、民族复兴的伟业之中,做新时代的追梦人。"① 新时代是所有中华儿女勠力同心实现中国梦的时代,每一个家庭都要投身到伟大复兴的"中国梦"的建设中来,通过实际行动,为祖国建设添砖加瓦,这离不开良好家风的指引,将单独的小家庭与集体的大家庭相统一,既是传统家风维持社会秩序的表现,又是革命红色家风救亡图存的组织形式,更是新时代家风实现"中国梦"的软实力,集中体现了社会主义制度的优势,爱党爱国的家风在千万的家庭确立,并在社会发展中凝聚力量,确保中华民族的伟大复兴顺利完成。

家风是一个国家的精神食粮,从历史中走来,扎根于老百姓的生活中,家风建设的内容体系既要继承传统家风的优良传统,也要吸收西方家风的现代价值;既要保持不变的文化基底,又要顺应发展的时代潮流。在新时代的结构下,家风建设的内容体系一方面需要反映人民诉求,符合人民群众的根本利益,另一方面需要将其嵌入国家治理体系中思考。中共中央、国务院印发的《关于加强基层治理体系和治理能力现代化建设的意见》中提道:"培育践行社会主义核心价值观,推动习近平新时代中国特色社会主义思想进社区、进农村、进家庭,将家风纳入基层德治之中"。因此,从修身立命、家庭和睦、社会和谐、国家富强四个方面所产生的家风内容,

---

① 中共中央党史和文献研究院编:《习近平关于注重家庭家教家风建设论述摘编》,中央文献出版社 2021 年版,第 6 页。

不仅蕴含着传统与现代相融合的价值内涵,还蕴含着反映人民诉求、提升基层德治的现实意义。值得注意的是,家风建设的内容体系旨在引发对家风建设的重视,核心在于掌握家风内容背后的目的与精神价值,并不是让所有地区、所有家庭的家风内容都千篇一律,因为不同地区会有不同的"家"文化。各地的家风应在符合新时代家风整体价值的基础上,突出地方特征,为基层治理能力现代化起到应有的作用。

第二章
机制：家风建设的实施

家风建设是将家庭纳入基层治理格局的举措,其实现的关键就是养育"家"文化,让家庭在基层的政治、社会与文化生活中运转起来。家风建设是贯彻以习近平总书记为核心的党中央关于在新时代注重家庭家教家风的指示下展开的,意图在于充分发挥家庭的育人功能,培养新时代合格的社会主义国家公民。家风建设既承接源远流长的传统美德,也在新的社会条件中发挥新的作用。本章主要聚焦家风建设在基层治理的场域中所具有的政治内涵及其实现机制,主要分为三个部分:第一部分在总体层面上讨论家风建设在新时代社会主义现代化建设中的功能与意义;第二部分通过对中国乡村基层政治的历史脉络进行梳理,理解家风建设所面临的国家治理的现实需求;第三部分主要从家风建设具体的实现机制出发,勾勒家风建设作为一项基层治理议程的整体图景。

一、国与家:家风建设的时代新命

家庭自古以来就在中国人的政治、经济、社会与文化生活中扮演中心角色。政治上,传统帝国奉行以儒家政治哲学为指导的统治理念,将家庭与家族内部的生活秩序与生活伦理视为维系帝国统治的核心所在,以儒家尊卑分明、长幼有序的礼制思想融入国法,并依赖地方儒绅与家族长老的道义权威在"皇权不下县"的条件下实现对乡土基层的有效治理。经济上,家庭是在农业经济条件下组织生产协作、劳动分工与资源分配的重要单元,聚族而居的经济协作传统、男耕女织的小农生产分工与以族田义庄为代表的福利保障机制,无不以家庭为核心的协调单位。在一些种植、加工经济作物的地区,家庭与家族甚至推动了生产技能与经营知识在个体和群体间的共享与流通,扼制了基于知识垄断的社会分化的产生。[①] 在社会生活中,家庭构筑了中国人对社会关系模式的想象,亲疏有别的血缘秩序在中国人的生活观念中向外推广成为人情冷暖的差序格局,遂在以自我为中心而向外逐级推广、发散的关系模式中实践自身的人际交往,构成个体间以"关系"为核心联结的复杂网络。对于文化而言,家庭更是塑造了整个民族的精神品质,人生而处于以亲亲相敬为原则的血缘共同体中,老少长幼间的"孝悌"遂成为"仁之本",这产生了一种将他人的情感与需求置于自身之上的价值理性要求,抵制将他人物化的工具理性取向,故形成梁漱溟先生所谓"理性早启,文化早熟"的温良的民族性格。且看《礼记》:"大道之行也,天下为公,选贤与能,讲信修睦。故人不独亲其亲,不独子其子,使老有所终,壮有所用,幼有所长,矜、寡、孤、独、废疾者皆有所养,男有分,女有归。"在古代知识精英的终极理想中,家庭伦理的施行甚至不再局限在血亲之间,而是向外延展成了整个社会生活的图景,由此可见家庭在古代中国人的精神生活中所居处的中心地位。

近现代以来先后展开的新文化启蒙、社会主义革命,以及新中国成立后的工业化建设与市场经济改革,彻底改造了中国社会的古老景观。家庭虽然得以继续作为社会生活的基本单位而存在,

---

① 参见[德]艾约博:《以竹为生:一个四川手工造纸村的20世纪社会史》,韩巍译,江苏人民出版社2017年版。

但现代性的种种原则也逐渐渗入了家庭生活之中,是为"家庭革命"。如今的家庭,不再是支撑王朝政治、农业经济、封建社会关系及其文化伦理的基础,而是支持人民民主政治与现代市场经济持续运作的细胞。家庭继续承担社会再生产的功能,但从中走出来的不再是服从于封建纲常礼教的恭顺臣民,而是具备独立社会权利意识的现代国家公民。在现代性的浪潮中,两三代合居的小家庭模式似乎不再足以承载实质性的伦理内容,其中心作用看起来已然成为发挥养育未成年人和赡养老年人——保障非劳动力人口生存——的物质性功能。延续千年的父子有亲、夫妇有别、长幼有序的家庭伦理则显得与现代的个体权利原则格格不入,作为传统伦理之具体实现的、支持家庭代际传承的家风似乎更是成为理当被扫入历史故纸堆的传统残余。然而,传统社会伦理的解体与现代市场经济及其法权价值的确立既带来了个体的解放,也造成了现代社会中一系列的失范现象。它不仅引发了政治文化的一系列变迁,还进一步导致了社会的解体。快速流动的市场社会松动了原本稳固的家庭结构,家庭规模日趋缩小,家庭矛盾、"空巢老人"、留守儿童等现象日益突出,这些都成为当下亟待应对的伦理危机。现代社会的结构转型带来了家庭功能的根本变化,在当代的政治、经济、社会与文化背景下重提家风建设,家风也必然被时代赋予了新的内容与使命。当下的家风建设,不但要赓续中国社会的政治社会文化传统,而且要在当前的物质文化条件下、在面向未来的发展中、在通往社会主义现代化强国的道路上重新定位自身的功能与意义。正如习近平总书记强调的那样,之所以在当前要"注重家庭、注重家教、注重家风,是因为我国社会的主要矛盾发生了重大变化,家庭结构和生活方式也发生了新变化。……要积极回应人民群众对家庭建设的新期盼新需求,认真研究家庭领域出现的新情况新问题,把推进家庭工作作为一项长期任务抓实抓好"①。因此,家庭与家风建设无疑成为当今社会建设的重要环节,进而构成政治建设、经济建设、社会建设、文化建设与生态建设的"五位一体"总体建设的重要驱动。

推进家风建设,要明确家风在当今社会中的功能定位。"家庭是社会的基本细胞,千千万万个家庭的家风好,子女教育得好,社会风气好才有基础。"②正如前文所说,在中国人的文化传统中,家庭不但是由血亲构成的基本社会关系领域,更是维系着整个社会的基础与规范。家庭不仅是温情脉脉的私人领域,亦是在家国同构的条件下承担个体社会化功能的伦理空间。然而,在现代社会的背景下,家与国的矛盾被私人与公共的矛盾取代,尽管家庭能够在很多方面推动社会秩序的延续,但家庭存在私人性的边界,我们无法就此推论出家庭规则能够衍生出公共规则。社会公共领域与家庭私人领域有着根本区别,前者由公共关系、共立规则与共享资源构成,后者则由私人关系、独有规则和对资源的排他性占有构成,二者有着截然不同乃至相互对立的属性。因此,实现家风这一传统资源的现代转化,一方面需要认识到家庭在中国人的生活世界中扮演的中心角色,另一方面则必须思考如何实现以家庭家风建设为核心回应深化社会治理与建设社会伦理的整体需求,亦即,使家庭家风能够扬弃私人性与排他性关系的约束,成为培育家庭成员公共性品格的重要支撑。

据此而言,迎合现代国家与社会发展需求的家风建设需要涵盖助力个人发展、优化基层治理与重建社会伦理三个功能

---

① 中共中央党史和文献研究院编:《习近平关于注重家庭家教家风建设论述摘编》,中央文献出版社2021年版,第5—6页。
② 同上书,第23页。

层次。

　　首先,就家庭最基本的功能而言,其是保障家庭成员的生存与发展特别是在未成年人的教育中扮演着中心角色。以抚养和社会化为核心内容的家庭再生产功能保证着社会结构、秩序与规范的代际延续,维系着社会作为共同体的历史性存在。因此,社会的进步也在归根结底的意义上依赖于家庭与个人的进步,特别是关系着子女成长的家庭教育的进步。没有良好的家风与家教,我们难以期待具备现代社会文明水准的新公民的不断涌现。习近平总书记指出:"家庭是孩子的第一个课堂,父母是孩子的第一个老师。"① 家庭搭建起了子女与社会之间的桥梁,只有将正确的价值观渗透到家庭的言传身教中,才能保证个人身心的全面发展,才能保证合格的现代社会公民代代不绝。

　　其次,家庭是优化基层治理的重要抓手。罗伯特·帕特南(Robert D. Putnam)在对意大利民主改革后的治理绩效的研究中发现,具备更强的结社传统、公共参与和公共协作精神的地区在民主制度下往往有着更好的绩效表现,强调了善治背后的社会基础。② 改革开放以来,我国农村基层社会逐渐形成了相对自主的自治制度与自治实践。在社会主义现代化建设中,乡村构成了国家治理的基层枢纽,但另一方面又自成一体,逐步回归其自我循环的本能,形成自身的经济与社会生活组织网络。市场化条件下的经济逻辑与农民集体协作的需要推动了基层社会组织的自我重建,农村逐渐形成了多元化的组织与关系网络。然而在此过程中,

---

① 中共中央党史和文献研究院编:《习近平关于注重家庭家教家风建设论述摘编》,中央文献出版社2021年版,第17页。
② 参见[美]罗伯特·D. 帕特南:《使民主运转起来:现代意大利的公民传统》,王列、赖海榕译,江西人民出版社2001年版。

市场化带来的社会分化与利益冲突也重塑了基层社会的关系格局,族际、村际乃至官民冲突频繁发生,对我国的基层社会治理提出了重大挑战,多元化主体协同参与基层治理的良性循环一直难以形成。仅仅依靠党政系统的行政性权威难以满足基层社会治理的内生需求,更是显著加大了政府所负担的政治与社会成本。就此而言,推动家风建设同样是重新激活基层社会的自生组织要素、强化基层自我协调协商协作机制的重要内容。优良的家风不仅是家庭成员个人发展的动力,其正向的外溢功能也能够起到协调人际、家际乃至族际关系的重要作用。在法治与德治并重的现代国家治理路径中,家风建设能够成为政府建设与法治建设的重要补充,优化基层社会的治理模式。

最后,家风建设是重建现代社会伦理的题中应有之义。涂尔干(Émile Durkheim)在《社会分工论》中指出,一方面,现代社会确立了个人权利本位的法权伦理;另一方面,高度扩展的社会分工却使个人的生存愈加依赖于他人的社会行为。[1] 社会分工一经发生便获得了自我增殖的动力,个体主义的生成即是这一历史运动在价值观念上的体现。现代社会是一个社会交往高度频繁却又相当个体化的生存空间,这种内在的矛盾使得价值错位与社会失范的现象不断涌现。被自由市场奉为圭臬的信条——个体的自利行为能够导致公共善的实现——在伦理层面陷入了深刻的危机,个人本位的法权伦理在个体之间越来越相互依存的社会现实中愈加走向了自己的反面,人们开始发现,离开公共善的实现,个体的生存与发展也会失去得以成立的条件。个体主义是

---

[1] [法]埃米尔·涂尔干:《社会分工论》,渠东译,生活·读书·新知三联书店 2000 年版,第 81—82 页。

现代文明的核心要件,个体的价值是否得到尊重是检验一个社会是否进入现代历史的试金石,但个体主义的无限扩展同样会造成公共价值与公共生活的深刻危机。个体主义已经在西方社会造成了一系列伦理危机,但在西方文明的内部仍有救赎宗教、公民共和主义等传统加以弥补。在个体主义危机逐渐在中国社会中展开的当下,我们更需要重新激活传统文化中的积极因素对前者的消极影响予以抵消。① 对于现代中国而言,我们需要在个体本位的价值立场上建构现代文明社会,同时也更需要激活"家"的伦理规定性,进而使现代文明获得持存的、稳定的形式,防止其陷入自我分裂的危机。这也正是当下强调家风建设的伦理内涵所在。

讨论完家风建设的诸种一般规定,我们现在便需要关注家风建设的社会实践逻辑,即家风建设在现实层面完成的方式。自古以来,中国人便有"清官难断家务事"的说法,如家风建设这般以政治方式强调的家庭层面的伦理建设议程,似乎与中国的文化常识格格不入。然而,这与其说是一个观念问题,不如说是一个实践问题。"家"与"国"作为两套社会实践的空间与领域,个体在二者中所取舍的价值取向和遵循的行为逻辑并不相同。"家"要求个体服从亲情的私德,"国"则要求个人超越血缘和姻亲的局限性而服从政治共同体的公德,故而有"古来忠孝难两全"之说。"家"与"国"作为一对在中国历史中延续千年的母题,何以在当代条件下实现批判性的扬弃与超越,从而达成家庭、社会与国家在真正意义上的和谐共生?家风建设这一政府倡导、社会响应、家庭实施的当代基层政

---

① 孙向晨:《个体主义与家庭主义:新文化运动百年再反思》,《复旦学报》(社会科学版)2015年第4期。

治实践是如何实现的？为获得对这一问题的深刻理解，我们需要回归到中国基层治理——尤其是乡村治理形态的历史演进中，探讨家风建设所承接的历史遗产与所依托的政治资源，从而理解家风建设在当代的实现机制。

二、家风建设的历史语境：基层治理的历史演进与政治逻辑

人是天生的政治动物，但不是天生的国家动物。正如弗朗西斯·福山（Francis Fukuyama）所言，从人类起源与发展史的角度来看，国家组织甚至可以说是较为晚近的政治发明，与此相反，社会组织与集体生活却印刻在人类与生俱来的生物本能之中。[①] 在国家组织诞生后，国家逻辑与社会逻辑在基层政治场域持续对抗、互动，成为人类政治文明的重要面向。中国自周秦之变以来，上层官僚帝国的政治肌体逐渐丰满，基层乡土社会的宗法-血缘组织结构也近乎同步地生成、完善，由此形成古代中国颇具特色的"双轨"式的基层治理与互动格局。历史千回百转，上层国家组织与基层乡土社会的"双轨"逻辑为改革开放以来的中国政治现代化的理论与实践所接续，成为基层治理所必须面对与回应的核心议题。本节旨在对中国自古代至晚近以来基层治理的"双轨"逻辑及演进路径进行解读与梳理，透视乡土社会在现代国家建设实践之中的流变，并在此基础上把握未来基层治理发展的可能方向。

---

① ［美］弗朗西斯·福山：《政治秩序的起源：从前人类时代到法国大革命》，毛俊杰译，广西师范大学出版社2014年版，第33—34页。

（一）传统中国的"双轨"治理：官僚帝国与乡土社会的历史互动

"双轨"意味着事物发展存在双重路径，二者并行不悖、殊途同归。在传统中国的政治格局之下，乡土社会始终自成一体，始终没有被彻底纳入国家层面的政治循环。然而，国家理由、帝王独尊与乡土观念、人伦秩序所衍生出的家国矛盾、忠孝难题在一般情况下均能够得到妥善解决，二者互相支撑，互为表里，共同撑起了大一统皇权帝国的政治大厦。"双轨"的逻辑前提即为"分裂"，否则路径分殊之断言便不成立。在古代中国，由于政治功能为城市的主要职能，城乡分野即为国家上层政治组织与乡土自循环社会结构之张力的视觉呈现与空间载体。侯外庐指出，早在西周，城乡的"第一次分裂"即宣告完成：在"城市国家"之中，统治阶级依循宗法秩序组织起来，血缘的内聚力与政治的向心力同构（即"宗子维城"），而大规模奴隶集体劳动（即"千耦其耘"）则成为农村的常态。城市以强力保证农村的依附，自身却成为农村经济的赘疣，依靠农村的经济产品维持运转。此时，农村社会的自我组织尚未显露端倪，作为奴隶的聚居区域，农村几乎完全被笼罩在城市的专制之下。①

春秋战国实现了古典政治秩序向大一统官僚帝国政治秩序的转变。随着社会体积的增长，政治组织逐渐成为政治发展的"主变项"，血缘组织退居"从变项"，且前者愈加强势。先前源自血缘组织的社会规范——礼制渐渐消退，逐渐被政治组织中衍生出的法制取代。② 与此同时，私学兴起、学术下移，先秦儒家的兴起促成礼制规范下沉到基层百姓的伦常日用。由此，血缘与宗法伦理成

---

① 侯外庐：《中国古代社会史论》，河北教育出版社 2003 年版，第 140—142 页。
② 管东贵：《从宗法封建制到皇帝郡县制的演变：以血缘解纽为脉络》，中华书局 2010 年版，第 51 页。

为基层社会的组织规范,家庭成为底层民众的基本社会秩序,而上层政治秩序逐渐呈现出郡县国家的初步特征。上层政治的理性化、组织化要求随着战争规模的扩大而持续强化,因而对国家提取资源、动员民众的能力提出更为严峻的挑战。秦以"以法为教,以吏为师"全面否定了儒家的文教观念,国家理由盖过德性教化,基层伦理完全为国令法制所吞没,郡县模式大行其道,地方大权尽收中央。秦国甚至将过去基于血缘关系的氏族组织改造为从户到县的地缘组织,形成了完全意义上的基层地方行政组织体系。秦虽国祚既衰,但其开创的官僚-郡县帝国的基本形态却随着历史演进而不断完善、精致。其间虽有旁逸斜出,却也能够及时回归中轴,重新填充上层政治结构的真空。①

　　传统中国庞大的地理疆域与人口规模,加之技术条件的约束,决定国家不可能直接管理社会,其必须要一个不下县的官僚体制与县以下的宗族组织与乡里制度相互配合,才能够实现对广阔帝国疆域的统治。② 汉儒助推先秦儒学的复兴与转型,武帝复兴儒家文教,基层乡土社会的宗法伦理逐渐得到重建,其价值得到官方的首肯。由此,上层的国家治理与基层的宗族-家族的社会治理"双轨"互动的基本格局便告形成。上层是纲纪国法,下层是祖训家规,个体同时面对帝王与家长,处在双向的权力矢量的交汇点上。在国家并没有有效渗透乡土社会的语境下,两个极端由此形成:一极是中央的绝对统治,一极是高度分散于各个村落共同体的实际统治权力。③ 可以说,乡村权力并没有被完全统合于国家组

---

① 阎步克:《波峰与波谷:秦汉魏晋南北朝的政治文明》,北京大学出版社2017年版,序言第11页。
② 贺雪峰:《中国传统社会的内生村庄秩序》,《文史哲》2006年第4期。
③ 徐勇:《政权下乡:现代国家对乡土社会的整合》,《贵州社会科学》2007年第11期。

织之中,反而实现了自我循环,形成了乡土社会特有的权力网络与组织结构。费孝通先生在《乡土中国》中指出,差序格局与长老权力构成了乡村社会事实上的横向与纵向的关系网络与权力格局,并实现了乡土社会的自我组织。① 横向上夫为妻纲、纵向上父为子纲,家庭伦理成为乡土社会的基本秩序,由此,梁漱溟先生坦言,中国人"有家而无国",有家族本位,而无国族认同,大抵如此。② 士大夫阶级非但反感中央对基层的政治整合与全面渗透,更是将安民和无讼作为帝国的政治理想。

基层乡村的自我组织与权力循环结构并没有带来帝国格局的破裂与消散,相反,乡土社会的土地制度与宗法伦理大大降低了官僚帝国的组织成本。上层的官僚帝国与基层的宗法权力共谋和解,前者作为正式的政权体系为后者提供建制性的保护与法律肯定,后者作为非正式的组织网络为前者提供合法性与乡绅-宗族精英的支撑。君权与族权相互贯通、相互支持,个体被编织在基层乡土的伦理肌体与农业生产的共同体之中。乡土社会成为帝国基层网络的神经元,而上层的官僚体制、地方行政、选官制度与横向的商业联系则打通了帝国网络的神经通路。国家治理与乡土社会的自我循环并行不悖、相互支撑,分别构筑了皇权官僚帝国大厦的主体与地基。

(二)近世以来"双轨"机制的破裂:现代化的系统性冲击与"政权下乡"

西方文明凭借坚船利炮席卷中华大地,对传统儒家文明的经济基础、政治构架与精神信仰构成了系统性、根本性的冲击。严酷

---

① 费孝通:《乡土中国 生育制度 乡土重建》,商务印书馆2011年版,第32、71页。
② 梁漱溟:《中国文化要义》,上海人民出版社2011年版,第158页。

的外部威胁,带来的是国家整合的迫切需要。随着现代政治所要求的动员需求与组织需求的迫切与强化,传统中国基层行政的"双轨"模式也趋于破产。正如魏光奇所言,当地方社会的近代化开始启动时,传统的"官少政简"而依赖乡土社会自治的州县行政就更加不能适应。① 随着帝国主义的渗透,东南沿海的农村地区日益卷入资本主义的经济体系之中。基于经济分工的逻辑,农村逐渐依附于城市,市场化生产的色彩也愈加浓厚。② 然而,伴随着农村社会日益深入的市场化进程,人们对市场信息、社会化的生产、技术组织与服务的需求也逐渐强化。显然,这一问题是传统的基层行政的"乡里制度"解决不了的。传统中国的"双轨"治理所带来的科举时代的教育、传统社会的礼制、公共品的提供与公共建设的乏力等问题在现代化的语境下凸显,乡土社会的自我循环束缚了地方现代化的可能。

现代社会是要素高速流动的社会,而郡县国家的组织形态只能适用于传统的农业经济生产方式。③ 19世纪以来的频仍战乱抽空了中华帝国的行政能力,基层治理日渐废弛;伴随着商品经济的兴起、科举制的衰弱与废除,乡村精英也日益与国家相疏离。"'乡绅'的来源逐渐改变,不再主要由读书人组成,特别是下层乡绅中读书人的比例明显下降,乡绅与读书的疏离可能意味着道义约束日减,其行为也可能会出现相应的转变,容易出现所谓'土豪劣绅'。结果是'劣绅'及其伴随的'土豪'、'土棍'、'地棍'、'土劣'等

---

① 魏光奇:《官治与自治——20世纪上半期的中国县制》,商务印书馆2004年版,第54—55页。
② 陈旭麓:《近代中国社会的新陈代谢》,生活·读书·新知三联书店2017年版,第125页。
③ 曹锦清、刘炳辉:《郡县国家:中国国家治理体系的传统及其当代挑战》,《东南学术》2016年第6期。

用语日渐普及,从一'独夫'的帝王统治变为'千万无赖之尤'的棍治,恐怕是导致后来'社会矛盾激化'的重要原因之一。"①地方军事强人与土匪的横行阻隔了国家与基层乡土社会的联系。② 正如孔飞力(Philip A. Kuhn)指出的那样,帝国晚期的频繁战乱推动了"地方军事化"(暴力系统)由国家向基层社区弥散趋势的发展。③ 清王朝在内忧外患之中行将就木,日益萎缩的国家机器沦为一套"空架子",基层行政体系亟须得到提振与再组织。

由此,清帝国县制改革的呼声日渐强烈,"预备立宪"后,清政府出台了较为系统的县制改革方案。改革的基本宗旨,是要克服传统县制所存在的根本性缺陷——行政组织和机制的不健全。改革围绕着官治与自治两条基本线索展开:前者旨在健全州县国家行政,并完善乡镇一级行政,以将地方事务纳入国家行政轨道;后者旨在建立一套相对独立于国家行政之外的地方自治的行政系统,以激活地方的活力。④ 然而,伴随着清政府的倒台,县制改革最终未予以彻底贯彻。中华民国成立后,孙中山先生同样对国家整合和基层行政的重构给予很高的重视。孙中山认为,须建立一个以农民为主权者的组织体系,才可将农村社会纳入国家生活中来。⑤ 这一观点虽富有见地,但仅停留纸面,未得实施。1926年,国民党二大通过《农民运动决议案》,有意动员农民阶级的政

---

① [美]孔飞力:《中华帝国晚期的叛乱及其敌人:1796—1864年的军事化与社会结构》,谢亮生等译,中国社会科学出版社1990年版,第217—232页。
② 徐勇:《政权下乡:现代国家对乡土社会的整合》,《贵州社会科学》2007年第11期。
③ 罗志田:《权势转移:近代中国的思想与社会(修订版)》,北京师范大学出版社2014年版,第108页。
④ 魏光奇:《官治与自治——20世纪上半期的中国县制》,商务印书馆2004年版,第80页。
⑤ 孙中山:《孙中山全集》(第七卷),中华书局1984年版,第67页。

治意识，推动国家与民族的复兴。然而，国民政府并未触动农村地区的所有制结构，农民的人身依附并未"解绑"，加之国民政府上层的动摇，这一努力最终流于失败。虽然国民政府有意将基层社会纳入国家的政治循环，但其政权组织对农民来讲与传统社会没有根本区别，反而因为高额的税役与严酷的暴力强制使其具备了更强的掠夺性，增强了农民对政权的疏离感。① 正如杜赞奇(Prasenjit Duara)所指出的那样，近代国家权力向乡村的渗透并未形成良好的权力运行机制，而是造成了"国家权力的内卷化"，意即国家权力向乡村基层的延伸反而进一步造就了基层经济社会财富被抽取型地方精英所截留，造就了政治资源的持续流失与损耗。②

可见，随着现代文明对传统社会的系统冲击，上层政治与地方行政的一系列变革与调试试图将乡土社会全面纳入国家生活之中，由此，传统的官僚帝国与乡土自治的"双轨"模式彻底崩解。然而，新的基层治理模式实际上并没有建立起来，基层社会反而成为官绅滋长、军阀横行、土匪肆虐的权力真空地带。失去了上层政治保护的基层社会与丧失了基层体系支撑的中央政府共同走向了萎缩与崩溃。

(三) 社会革命：乡土社会的一元化政治重建

塞缪尔·亨廷顿(Samuel P. Huntington)在《变化社会中的政治秩序》一书中指出，对于一个政治参与水平低的国家来说，未来的稳定在很大程度上取决于该国用以面对现代化和政治参与扩大

---

① 徐勇：《政权下乡：现代国家对乡土社会的整合》，《贵州社会科学》2007年第11期。
② 参见[美]杜赞奇：《文化、权力与国家：1900—1942年的华北农村》，王福明译，江苏人民出版社2010年版，第38—65页。

的政治制度具有什么样的性质,组织政治参与扩大的首要制度保证就是政党及政党体系。① 现代政治的转型与发展,带来的是"组织"逻辑的强化:一方面,政党组织能够统合分散的政治意识;另一方面,政党本身也能够起到动员民众、激发民众政治意识的功能,是将民众纳入宏观政治运行的有效力量。中国共产党的革命斗争以农村地区为基础,以领导农民为主线。早在1925年,毛泽东同志就在《中国社会各阶级分析》中指出了团结农民的重要性,之后更是在《湖南农民运动考察报告》中赞扬了农民阶级的力量。② 在土地革命战争时期,毛泽东同志更是不遗余力地强调农村革命根据地与农民工作的重要性,"农村包围城市,武装夺取政权"最终被确立为革命的基本路线。中国共产党以"打土豪、分田地"的举措动员农民的政治意识,并将党组织嵌入到工农红军与农村的社会组织之中。为了建立"军民鱼水关系",工农红军不但从事战争,同时承担了经济与政治宣传活动。③ 广大的农村革命根据地不仅仅是军事基地,更是成为中国共产党得以立足的政权所在。在这一过程中,农民被充分地动员起来并形成了以革命意识为核心的政治取向,乡村社会得到了初步的政治性重建。

1949年,中华人民共和国成立。长期的阶级斗争与政治斗争,催生了更为庞大、更加有力、干部队伍更加庞大的新型政权。④ 中国共产党以自身的组织肌体牵引了国家制度的重建,并以自身彻底填充到新中国的政治系统之中,二者相互交融、倾向一

---

① [美]塞缪尔·P. 亨廷顿:《变化社会中的政治秩序》,王冠华、刘为等译,上海人民出版社2008年版,第332—333页。
② 《毛泽东选集》(第一卷),人民出版社1991年版,第7、12、13页。
③ [美]西达·斯考切波:《国家与社会革命:对法国、俄国和中国的比较分析》,何俊志、王学东译,上海人民出版社2007年版,第305页。
④ 同上书,第314页。

致、互相依存。随着新中国的成立,基层乡村社会的重建与改造也提上日程。中国共产党对农村社会的渗透与改造是全方位与立体化的,并且是在国家权力的支持下进行的。① 通过土地改革,中国共产党的组织体系彻底下沉到基层农村,并且摧毁了传统社会族权与绅权的非正式权力网络。土地改革后,中国共产党随即在农村地区开展社会主义改造,按照计划经济体制的基本要求建立了公社制度,成为农民参与政治、经济与文化生活的主要空间。同时,在随后开展的一系列政治运动中,农民被全面纳入了社会主义国家的政治场域,乡村成为贯彻党和国家意志的最终端口。中国共产党由此在归根结底的意义上奠定了乡村治理的现代国家基础,跳脱出传统帝国皇权与绅权、官治与民治的二元对立。轰轰烈烈的社会革命为建设现代化的乡村社会奠定了政治与组织基础。

正如刘小枫所言,中国共产党领导的社会主义革命与建国实践塑造了一套"国家化的政党伦理",在取得国家权力之后,中国共产党的信念与组织原则转化为规约社会中所有成员的伦理,实现了自身的日常化,使社会日常伦理成为政党意识形态的延伸秩序。② 贺雪峰的研究也指出,伴随着基层乡土社会的政治重建,一批新的乡村精英团体逐渐形成。新中国成立后,中国共产党的干部队伍取代传统的乡绅豪强成为乡村社会的政治精英,领导处理乡村治理的公共事务。③ 在这一阶段,政治伦理近乎将宗法伦理彻底挤出,彻底改变了基层农村社会的基本面貌:一方面,社会主

---

① 赵大朋:《中国语境下执政党与农村社会关系的变迁与转型》,《广西社会科学》2015 年第 8 期。
② 刘小枫:《现代性与现代中国》,华东师范大学出版社 2018 年版,第 194—195 页。
③ 贺雪峰:《村庄精英与社区记忆:理解村庄性质的二维框架》,《社会科学辑刊》2000 年第 4 期。

义革命彻底改变了基层乡村社会的组织形态,将农民从封建伦理纲常的压迫中解放出来,并使其具备了社会主义国家的公民意识;另一方面,改革前的基层治理模式是沿着计划体制的基本逻辑进行的,党和国家在公共事务中持续发挥着主导作用,乡村自身的社会利益并不是这种治理模式所着眼的焦点。这种一元化治理将乡村的发展问题完全等同于国家政治问题,在某些情况下也导致两者间的摩擦与冲突。① 然而,任何制度设计都逃不出特定历史资源所约束的演进路径,2000多年的"双轨"治理,奠定了农村社会实现自我循环的基本倾向与运行逻辑。故而,如何为基层松绑、激活并培育基层乡土社会的自我运转的活力,并在此基础上建立共治共享的社会治理格局,成为改革年代的主题之一。

(四) 收缩与调适:改革开放以来的政乡互动

改革开放以来,"放权让利,放水养鱼"式的一系列放权与改革举措,推动了"双轨"逻辑在基层治理中的部分回归。1979年以后的基层行政体系改革,不仅强化了执政党对乡村基层治理的领导权,而且强调将乡村社会内部的多元利益主体纳入治理的循环。这表现为从家庭联产承包责任制到基层群众自治制度的放权实践。改革开放以来,农村社会从计划体制下的总体支配模式中解脱出来,经历了"碎片化"与"再组织"两大阶段。② 随着家庭联产承包责任制的提出与贯彻,失去国家权力的强制性统合的乡村社会呈现"裂解"的倾向,农民取得了生产资料(土地)的使用权和对产品的支配权,农民实现自身利益的渠道日渐多元。在全国范围

---

① 周庆智:《基层治理:权威与社会变迁——以中西部乡村治理为例》,《学习与探索》2014年第9期。
② 赵大朋:《中国语境下执政党与农村社会关系的变迁与转型》,《广西社会科学》2015年第8期。

内,宗族关系不再是农村社会的主体组织形式,这在华北农村尤其普遍。贺雪峰在其乡土调查的考察中发现,在差序格局解体的时候,人们自己选择关系,这种选择的关系依他们的理性算计。人际关系与经济利益逐渐挂钩,人际关系日益理性化。① 同时,乡村精英也实现了从政治身份向经济能人的身份移转。② 一种新型的农村社会织体逐渐显现,这种社会织体与市场化逻辑高度耦合,而与政治-行政逻辑产生了复杂的张力。

与此同时,随着农村社会市场-利益导向的理性化关系网络的自我重建,中国共产党作为执政党与农村社会逐渐形成了以行政权力为依托的互动方式。乡镇党委和政府通过基层党组织传达自上而下的政策压力,从而推动农村的建设工作,村级党组织也依托上级的政治领导而得到了重建与加强。然而,自上而下的科层领导与自下而上的社会利益表达毕竟遵循着不同的逻辑,在乡村治理的实践中,地方基层干部难免顾此失彼。基层的自治组织也因外部党政领导处于县、乡(镇)政府的压力下,多元化主体协同参与基层治理的良性循环难以形成。③ 曹锦清在《黄河边的中国》中记述的 20 世纪 90 年代的某村案例,已然呈现了此种基层治理问题的缩影,该村村委名义上是一个村自治组织,其实是乡政府的执行机构,村委的一把手实际上是村支书。而且,从村支书的角度来讲,背后没有强大宗族和关系网络的支持,是干不成事的。④ 自上而下

---

① 贺雪峰:《新乡土中国:转型期乡村社会调查笔记》,广西师范大学出版社 2003 年版,第 35 页。
② 周庆智:《基层治理:权威与社会变迁——以中西部乡村治理为例》,《学习与探索》2014 年第 9 期。
③ 伍春杰、郭学德:《乡村治理现代化的现实问题与化解路径》,《领导科学》2019 年第 8 期。
④ 曹锦清:《黄河边的中国(增补本)》(上册),上海文艺出版社 2013 年版,第 89 页。

的行政系统与基层乡村的运行逻辑难以嫁接,是阻碍该村政乡协调、基层治理良性循环的一大难题。

根据费孝通先生对"乡土重建"问题的思考,自上而下的政治权威与自下而上的利益表达始终是中国社会治理需要处理的一对基本矛盾,乡村社会的治理,既不能将乡村从党领导的整体的国家治理格局中抽离出去,也不能不尊重乡村自身的关系运作与利益构成的社会规律,如何将二者有机地协调起来,必然成为今后的基层治理始终着眼的大议题。① 随着改革的进一步深化,基层社会的自我组织程度一定会进一步提高,政乡关系的调适迫在眉睫。在脱贫攻坚、全面建成小康社会的经济性需求与政治性压力下,如何打造一种新型的上下良性互动、协调发展的政乡关系,是当下及以后需要迫切解决的一个重点问题。

三、家风建设的体制机制:当代中国基层治理的创新实践

家风建设是中国共产党领导的基层社会治理的当代内容。在中国自古以来的基层治理形态与逻辑的演进中,家庭经历了从衰落到复兴的历程。在传统中华帝国的时代,血缘本位的家庭关系及其衍生的伦理规范直接构成了帝国基层社会政治秩序的基础,以家庭为核心的伦理共同体浓缩了帝国统治的政治逻辑,成为传统社会的文化再生产与帝国进行政治教育的微观空间。在经历近代以来的基层秩序衰败后,中国共产党以其革命实践重建了地方社会的组织化形态,通过集体化运动否定了家庭本位的

---

① 费孝通:《乡土中国 生育制度 乡土重建》,商务印书馆2011年版,第387页。

社会关系纽带。改革开放以来，家庭与家族的血缘纽带从一元化组织逻辑挣脱出来，重新构成在事实上并被正式制度所承认的主导的社会关系模式，甚至成为某些地区协调企业行为、支撑经济增长与提供公共产品的社会基础。然而，随着市场化趋势的不断深入，个体本位意识取代家庭本位意识成为主导的社会思潮，家庭关系因此在当代社会生活中遭到日益严重的错位与失调，这也使得家风建设成为应对市场社会迫切的现实问题、解决中国社会伦理危机、重建丰满的共同体生活的关键举措。在家风建设中，构成国家政治中枢的党组织发挥了关键作用。党治国家的政治形态从根本上超越了传统帝国尾大不掉的官僚制度，成为主动渗入基层社会、激活基层社会资源与动员社会各界参与建设公共生活的有机环节。在党的社会治理的作用下，家庭不再是封闭的、前现代的血缘共同体，而是转型为涵育具备公共意识的现代国家公民的空间。因此，由中国共产党领导的基层社会治理实践，成为开展家风建设的政治、政策与制度基础与推进家风建设的核心体制机制。

（一）嵌入式治理：家风建设的政治基础

中国共产党自身的性质决定了其必须依据社会关系的变化调整而实现自身组织结构调整与治理逻辑的调适。如果因自身的组织方式以及从中央至地方的政治压力而挤压了农村社会的自我发展空间、切割了农村社会自我联结的关系网络，实乃顾此失彼、因小失大。如何缓解自上层向基层传导的层层加码的行政压力，避免过度强化科层治理的刚性，并建立弹性的参与式基层治理机制，是党领导下的基层民主政治建设的发展方向之一。近年来，有学者结合基层治理的实地经验提出"嵌入式治理"这一可能的发展方向，为未来基层治理中政乡关系的调整工作提供了有益的参考。①

何谓"嵌入式治理"？这是指执政党自上而下地嵌进基层社会的社会关系内部、进而将后者纳入有序化的政治参与和社会治理的过程。② 这一概念包含"嵌入"与"治理"两个要点。中国共产党早已在长期的革命与社会主义建设中实现了自身组织体系与基层乡村社会的内在勾连，也即"嵌入"的历史性任务已经实现。然而，长期以政治本位逻辑与行政压力推动基层工作的传统路径导致基层党组织的"治理"职能并没有得到充分实现。袁方成与杨灿的研究指出，党对基层的"组织覆盖"与"服务覆盖"是两种不同的政治过程。在后"政党下乡"时代，党的组织功能创新最根本的就是要强化基层组织的利益整合与表达和公共服务的提供，时刻聚焦于基层农村社会的公共利益。③

这便是"治理"逻辑的题中应有之义。治理的本意是创造并维护公共秩序和公共产品的高质量提供，促进社会和个人的发展。实际上，基层党组织与乡村社会组织在一定程度上正在趋向形成新型的"双轨"格局。由于基层党组织握有自下而上的政治与组织资源，可充分向上传达基层需求，并接受来自上级的政治纽带、组织网络与政策支持，从而能够最大限度地提供基层公共服务，克服基层社会个体开展集体行动的困境；社会力量则在基层党组织的引导和规范下发挥自主性和自治功能，创造经济与文化产出，并为

---

① 程熙：《嵌入式治理：社会网络中的执政党领导力及其实现》，《中共浙江省委党校学报》2014年第1期；袁方成、杨灿：《嵌入式整合：后"政党下乡"时代乡村治理的政党逻辑》，《学海》2019年第2期。
② 程熙：《嵌入式治理：社会网络中的执政党领导力及其实现》，《中共浙江省委党校学报》2014年第1期。
③ 袁方成、杨灿：《嵌入式整合：后"政党下乡"时代乡村治理的政党逻辑》，《学海》2019年第2期。

党组织对基层资源的进一步整合开辟更加广阔的社会空间。由此，经由"嵌入式治理"的逻辑，政党与乡村社会互相补充、互相支持，逐渐形成良性互动的党政与基层社会的治理格局。近年来，基层党组织的"战斗堡垒"作用日益凸显，在脱贫攻坚、扫黑除恶等政治任务中发挥了关键角色，在国家化的党政系统与地方性的基层社会之间搭建了通畅的沟通桥梁，有力地推动了乡村基层社会的发展。以脱贫攻坚为例，我们可以看到运动型治理是通过何种机制转化为常规型的治理实践的。为精准扶贫下派的工作队，通常具有强大的组织基础、一定的内部分工、严明的考核办法和可预期的激励机制，具有强烈的科层制色彩，但同时扶贫工作队又具有混合性特征，由来自不同行业和不同地区的人员构成，组织边界具有一定的伸缩性，会随任务调整而将其他人员临时纳入其中，充实组织力量。这类组织可以被视为运动式治理向常规型治理过渡的中介形式，它可以通过组织的混合性为村庄募集多样化的资源，提高信息搜集能力，并且为基层干部提供成长机会，推动组织的再生产。从这一意义上而言，扶贫工作队延伸了国家基础性权力的可及之处，使得国家的在场更加能动，也提高了公共资源的组织能力和公共产品的提供能力。[①] 这无不体现着"嵌入性治理"是未来基层治理发展的总体进路，也是在基层开展家风建设所依托的政治基础与逻辑起点。

（二）地方创新：家风建设的政策依托

家风从来是一套高度地方化的社会知识，这决定了它必然是首先通过地方政府的治理行为而获得其政治意义，从而被纳入政

[①] 邓燕华、王颖异、刘伟：《扶贫新机制：驻村帮扶工作队的组织、运作与功能》，《社会学研究》2020年第6期。

策议程的。在这一意义上,家风建设首先是地方政府社会治理创新的成果。随后,家风建设被以习近平总书记为核心的党中央提升为社会建设和国家治理体系与治理能力现代化建设的重要内容,而在贯彻这一宏观战略的过程中,地方政府又会根据基层社会的基础条件与现实约束设计相应的配套政策与实施方案,以确保家风建设取得最大成效。因此,地方政府的创新机制无疑是家风建设得以开展的政策支撑。鼓励地方政府创新治理模式,是超大规模国家实现对于社会有效治理的现实要求。从具体的治理经验来看,改革开放以来,许多地方政府创新的经验在纵向上演化成总体意义上的国家政策,在横向上则扩散到其他地方,构成了"地方实践—中央推广"的政策创新路径。但是这一能够将地方实践直接提升为国家战略的政策推广模式通常见于具有重大政治经济意义的治理模式创新,地方政府的具体创新行为所涵盖的范畴则通常覆盖到各个社会治理领域,具有深刻的地方性色彩,难以被系统总结为国家宏观层面的政策议程。因此,更加常见的模式是,地方政府在既有的政策创新基础上,通过自主对接、响应中央提出的宏观政策体系与发展战略框架,进一步深化既有的创新治理实践,将社会治理向纵深推进。这正是本书在后续章节中叙述的家风建设的奉贤经验所体现的政府行为逻辑。

　　社会制度是由各种具体的程序与环节组成的连续体,即使政府创新要求程序与环节逐渐嵌入既有的制度结构,也必然要求政府创新的程序与环节必须合理而完整地嵌入,而绝不是形式化地应用于某一个环节。社会制度的整体性结构要求每一个创新的程序与环节需要与其他部分相配合、呼应,否则,从长期来看原有的创新也将失去其可持续性。① 作为基层社会治理的创新机制的家风建设,必须与地方社会结构的整体运行逻辑相互匹配,才能发挥出其应有的治理效能。可持续政策创新的基础是"社会嵌入",即扩大政治参与、将社会力量吸纳或嵌入至治理过程中,并将某种新的异质性成分嵌入现有的社会政治结构中,通过这些异质性成分的介入激活或改造原有的政治结构的某些功能。而当政策创新不能与原有的社会结构与体系发生良好的"嵌入"与互动,由政府在外部设置的规则与基层社会内部的秩序难以融合时,政策创新将会遭遇巨大的阻力乃至造成某种程度上的社会治理危机。② 换言之,"嵌入式治理"的实现恰恰是实现政府创新行为获得持续、稳定的社会收效的结构性前提。"嵌入式治理"的实现,是推进家风建设这一治理创新的基础与前提。然而,反观之,家风建设本身恰恰是推动地方政府与党组织强化对基层社会的政治嵌入的治理机制。

前文已述,家风是高度地方性的社会知识体系,它本身就蕴含在基层社会的自我运作逻辑之中。家风建设虽然在形式上是政府主导的基层社会治理实践,但在内容上已经与基层社会生活本身的内容相耦合。家风对于基层群众来说不是陌生的事物,它化育在人伦日常之中,但是却能够转化为与基层社会需求相衔接的公共治理资源。家风建设是地方政府创新治理行为的优秀成果,它能有效地降低基层治理的社会成本,同时也能依靠政府行为获得更加普遍性的公共生活内涵。这一内涵的形成要求家风应当超越

---

① 韩福国:《中国地方政府创新的逻辑:从技术操作、结构生成到制度演化——基于中轴性概念的分析》,《探索》2021年第4期。
② 刘伟:《社会嵌入与地方政府创新之可持续性——公共服务创新的比较案例分析》,《南京社会科学》2014年第1期。

家庭与血缘所设定的社会边界,成为联系基层社会各个团体与个体的团结纽带。这一纽带的形成,植根于由党组织引领的地方各社会团体对家风建设的参与中。

(三) 基层自治:家风建设的制度内涵

家风建设并不是通过自上而下的政治权力人为理性地设计出来的治理资源,而是蕴含在地方共同体内生的社会演化的历史进程之中。为将这一极具地方性与历史性的文化资源激活并使之成为优化基层治理的社会要素,离不开地方居民自主性与参与度的发挥。充分激发基层主体各方的参与积极性,并在此基础上实现地方性社会知识向有效治理资源的转化,往往建立在特定的制度安排之上,亦即农村居民自治制度。奉贤区政府的家风建设作为一项地方政府基层治理模式的创新,离不开基层自治制度所构筑的参与平台的驱动,而家风建设也反作用于这一中国社会民主政治的制度与实践,并进一步丰富并发展了当代基层治理的内涵。

中国政治社会的民主建设之路,是在中国共产党领导的社会主义革命与社会主义国家的建设中缓缓铺开的。中国所实践的基层民主政治模式,在一开始就不同于西方国家所奉为圭臬的基于个体主义原则的、以理想化的公民权利行使为核心特征的民主模式,是基于集体利益而组织、协调居民参与的民主自治形式。特别是在改革开放以来的农村社会利益高度分化的局面下,如何协调各种不同的利益诉求,便成为农村政治过程所面临的一个基本问题,在实现利益、目标的成本驱动之下,基层自治便会获得组织化的动力。农村居民自治的展开依托于农村自治组织,如村委会及其他农民经济、社会、文化的互助组织,只要具备适合的政治与社会条件,利益的组织化将是一种行动趋势。这种利益的组织化恰恰意味着,中国的农村居民自治制度的目的并不在于单纯地提升农民的权利保障与民主参与水平,而是承载了更多的"超越民主"的治理内涵。治理的理想状态即所谓的善治,其核心不同于科层官僚制的统治,而是体现了对公民集体价值的有效商榷,寓意了社会自治的新诉求。[1]

利益协调的过程往往不是一个理想的、和谐的协商图景,而是包含了各种权力主体之间的复杂互动。基层民主的政治生活总是在一定的权力结构中进行,这种权力结构使得各种权力主体的博弈状况充分地体现出来,同时各类主体自这一博弈过程中亦能够实现变迁乃至重构。在中国共产党治国理政的进程中,农民被带到乡村权力结构的中心,村民自治成为国家以民主治理的方式将农民吸纳到乡村权力结构的重要形式。在乡村治理中,通常存在着代表国家权力的乡(镇)党委及乡(镇)政府、代表政治权力的村党支部、村级组织代理人或村委会干部、乡村权威人物或社会精英和普通村民等权力主体。在理论上来讲,农村居民自治就是在基层党委的领导和政府指导下,各权力主体之间相互协商互动、共同参与村庄事务的治理,也就是形成多元共治、各方协同的治理图景。[2] 在这一公共治理的议题上,家风建设与农村居民自治的理想与实践有效地对接起来。

家风建设内生于农村居民自治的治理需求。一方面,对丰富基层治理制度的内涵与外延而言,家风建设是创建新自治平台的尝试。家风建设通过强调家庭的社会政治意义和乡村共同体的集体性社会文化认同的方式,将家庭与亲族转化为农村居民日常政

---

[1] 陈浩天:《中国农村基层民主:生成、价值与运作——村民自治制度运行的政治社会学思考》,《求实》2012年第4期。
[2] 张波:《农村基层民主自治制度的回归与重塑——以上海H镇"草根宪法"实践为例》,《学术探索》2017年第9期。

治参与的空间,使其成为农民自主治理乡村公共事务并参与公共事务的场所,拓展了基层自治制度及其民主实践的覆盖面。另一方面,对基层自治的自我完善与发展而言,重新将家风家教引入基层治理,能够有效地处理基层自治过程所外溢的交易成本问题,使各方利益和权力主体的互动获得外部的规范和伦理支撑,进而保障公共参与的有序和谐。总而言之,农村居民自治制度是家风建设得以展开的制度基础,若没有基层自治的制度与实践,家风建设难以在一个高积极性与高参与度的前提下展开;同时,家风建设也是完善基层自治制度的创新举措,使得基层自治的民主图景得以延展到更深层的社会、文化与伦理层面。纳入家风建设的基层自治不再是单一维度的制度安排,而是多维一体的制度体系。

(四) 各方协同:家风建设的实施条件

在"嵌入式治理"的格局中开展基层治理创新,反映了中国共产党在基层社会中具备强大的基础性能力。基础性能力(infrastructural power)为社会学家迈克尔·曼(Michael Mann)首次提出,指国家渗透进入基层社会、并依靠社会力量合理地执行政治决策的能力,例如在取得民众同意基础上征取税收、收集信息等。基础性能力与专制性权力(despotic power)相对,不同于后者悬浮于社会之上、以暴力为最终依托的政治统治,其实际上是现代国家的特殊构造,即与社会势力妥协并向其中渗透的能力。[1] 基础型能力强,一般意味着政治组织内部制度化程度高、凝聚力较强,社会成员的组织化程度较高,以及政治组织与社会团体存在持续沟通与合作。[2] 家

---

[1] Michael Mann, "The Autonomous Power of the State: Its Origins, Mechanisms and Results", *European Journal of Sociology*, 1984, 25(2).
[2] See Peter Evans, *Embedded Autonomy: States and Industrial Transformation*, Princeton: Princeton University Press, 1995.

风之所以能够成为党开展基层治理的抓手,是因为其具备高度的社会公共价值,而不仅仅是家庭内部的伦理规范。实现家风向社区公共价值的转化,离不开党组织在基层社会各界之中的联结、沟通、协调与动员。各团体在党的领导下开展协同参与基层治理,共同营造社区良好的公共生活氛围。

社区在基层党组织的领导下转变为治理复合体,存在两种路径:第一是党组织在社区层面有效统合条块资源,化解条块矛盾,这主要是组织内部的协调;第二是社区聚焦自身特色的优势和问题,整合社区内部的人力资源、物质资源和关系资源,合理确定社区内部的治理单元,利用社会资本与居民的特长、优势形成自我组织的治理队伍,着眼于居民内部生活的公共秩序。[1] 家风是居民家庭生活的智慧,是群众在日常生活与社会实践中的伟大创造。家风建设正是基层党组织积极识别、利用居民社区生活中内生的关系与文化资本,将其转化为基层治理所依托的公共资源的努力。家风建设并不是纯然外生的政治设计,而是着眼于社区生活的内部,使其成为组织社区公共生活的有效抓手与协调居民个体、家庭与团体间关系的润滑剂。党的十九大报告提出"打造共建共治共享社会治理格局"的要求,家风建设正是形成社区共建共治共享格局的重要努力。"共建共治共享"的根本出发点是解决社会发展不充分、不平衡的问题,满足人民对美好生活的向往,其要求以社会共同体为主体,基于协商民主逻辑动员居民参与共同治理,实现善治效益的共享。[2] 家风建设着眼于打造社区伦理共同体,以居民

---

[1] 涂晓芳、刘昱彤:《嵌入式协同:基层党建与社区治理的联动——以 S 社区为例》,《北京航空航天大学学报》(社会科学版)2021 年第 6 期。
[2] 陈晓春、肖雪:《共建共治共享:中国城乡社区治理的理论逻辑与创新路径》,《湖湘论坛》2018 年第 6 期。

耳熟能详、喜闻乐见的家风资源扩展其社会参与的空间。

奉贤区的家风建设实践充分体现了上述体制机制,其具体内容将于本书后续章节详述,但不妨在此先做一个粗线条的勾勒,以结束本章的讨论。第一,家风建设的开展植根于基层党组织领导的"嵌入式治理"格局,依托于地方社会的自发创新,植根于广大人民群众的生活实践中。第二,地方政府在文化建设的语境下积极吸收基层社会实践的创新内容,并将地方性的先进经验推广到各个领域,是家风建设实现常态化开展的公共保障。第三,上层政策的支持与文化建设方针的调整是家风建设得以不断深化的政治基础。党的十八大提出"培育和践行社会主义核心价值观"的要求,是家风建设能够在文化建设的政策空间中定位自身的核心政治保证,习近平总书记对家庭工作的强调也为基层家风建设的不断深入推进提供关键的推力。第四,党组织在家风家训的推广实践中发挥的领导核心作用是家风建设的组织保证。家风建设不但聚焦家庭内部的伦理建设,更强调家庭风尚与社会公共价值的相互耦合衔接,因此是需要覆盖全社会各行各业、各家各户的大规模精神文明建设项目。在奉贤区的实践中,地方党委积极发挥领导作用与组织协调功能,以党组织带动社会各界的家风建设热情,在不同家庭与行业部门之间搭建沟通、协作的桥梁,推动家风家训渗入社会的各个角落。党员发挥先锋模范作用,积极与群众的建设实践相结合,不断涌现出优良家风,抵制了由家境差异产生的腐朽门阀观念。家风建设涉及多主体的共同参与,以地方党政机关为领导,以宣传部门为推广,以基层组织为阵地,以人民群众为归宿,党在这些部门、组织和主体之间,灵活地发挥协调、沟通和引领作用,推动了家风建设的覆盖面和参与面的持续扩展,使得家风家训成为地区的文化生活标志,带动了个体、家庭与社会的和谐发展,真正实现了"使家庭运转起来"。

对于家风建设,需要将其放在基层治理尤其是乡村治理逻辑的历史演变中理解。基层乡村社会历经近代与新中国成立以来的裂散与一元化的政治重建,在改革开放后,基层治理逐渐呈现向"双轨"基本格局的回归。一方面,中国共产党以自身的组织机体深入乡村社会的毛细血管,将村庄纳入国家治理的大局之中;另一方面,乡村社会逐渐为市场化逻辑所渗透,一种理性化的个人关系网络取代了传统的宗族秩序,法制取代了礼制,经济能人取代了族长乡绅,现代取代了传统,一种新型的乡村社会织体日渐形成。现代政治是大众政治,谁掌握了对大众的政治组织,谁就掌握了政治发展的未来。中国共产党以其成功的治国理政实践证明了这一点。政党嵌入乡村社会的织体,将乡村纳入全国性的政治网络,实现了政治整合与乡村间、地域间的资源共享。在基层党组织的引领下,进一步释放乡村社会的自我活力与公共参与,并提供更加高效、优质的公共产品与公共服务,强化协同治理的主旋律,将成为未来基层治理的演进方向。

乡村社会虽然形成了新的人际关系组织网络,却也失去了传统的乡土温情。乡村从古人心中的根脉所在,却在今天演变为需要帮扶、开化的代表。乡村人口不断减少,人才逐渐从乡村流失、向城市聚集。这背后折射出的不仅是乡村社会物质层面较为落后的发展状况,更是乡土文化与宗族传统的消散与流失。抛弃传统或被传统抛弃的个体在快速流动的社会中无处安放,游移不定,陷入了现代性所带来的精神困境。政治不仅仅是制度设计,更是人类的一种生活方式。如何重建乡土社会的文化根系与宗族伦理,重新涵育中华民族的精神根脉与灵魂秩序,正是当代中国的政治文明建设所需要回应的命题之一。

培育"家"文化、开展家风建设,不但是基层治理模式的创新内容,更是回应中国社会伦理危机的关键举措。家风是家族世代承袭的、用以约束家族成员行为的、并彰显家族风尚的一系列规范的综合。"家"文化的精神内核在于倡导修行、励志与维护伦常之道,其本质在于培育个体人格修养、维护社会关系和谐。因此,家风不但是家族的财富,也具备强大的基层社会治理功能。家风不仅可以提升公民的精神品质,而且可以优化基层社会的治理环境,以家庭的优良风尚带动社区崇德向善的共同追求。在中国特色社会主义新时代,打造人人有责、人人尽责、人人享有的共建共治共享的社区治理共同体,就必须充分发挥家风在新时代基层社会治理中的作用和功能。[①] 家风建设在基层党组织"嵌入式治理"的基础上,发挥地方政府创新的积极性,带动基层各界广泛协同参与,营造社区公共生活氛围。家风不再被限制在家庭内部,而是结合时代内容,依托基层社会治理的平台,成为培育社会公共空间与公共价值的抓手。这正是本书关注、总结奉贤区家风建设经验的目的所在。

[①] 胡书芝、何培:《论传统家风与新时代基层社会治理》,《江西社会科学》2020年第11期。

第三章
支撑:以家风促治理

在当今城乡社会结构、人口结构、人际关系发生巨大变迁的背景下,基层治理面临诸多困境,如社会关联弱化、公共规则缺失、社会整合低效等。针对这些新问题,奉贤区以家风建设创新基层治理模式,着眼于培育民众的公共责任意识、建立内生性社会规范、构建新的社会整合机制,以家风建设带动了党风、政风、民风、社风建设,从而产生了良好的治理效果,形成了公共治理的文化支撑。

一、基层治理的三重困境

奉贤的家风建设是以问题为导向的行动方案与治理机制,因此我们首先要深入理解当前基层治理存在的问题与困境。在快速的社会变迁中,当前基层治理面临新的挑战,主要体现为三重困境,即社会关联的弱化、公共规则的缺失、社会整合的低效。传统的社会关系不断被弱化,原有的社会规范遭到削弱,自上而下的整合机制难以发挥作用。在新的时代背景下,我们亟须新的方案与机制来解决当前的治理困境。

(一) 社会关联的弱化

中国城镇化的快速发展,改变了乡村的社会结构和人际关系,出现了严重的"空心化"和"原子化"现象。[1] 乡村社会已演变为

---

[1] 王春光:《迈向多元自主的乡村治理——社会结构转变带来的村治新问题及其化解》,《人民论坛》2015年第14期。

"半熟人社会"或"无主体熟人社会"。① 由于人员流动频繁,留守儿童、空巢家庭等现象日益突出。乡村社会的公共事务缺乏年轻人的参与,留下来的老年人、妇女和儿童群体参与程度不高、积极性不强。年轻一代与乡村社会的联系不断弱化,其认同感逐渐下降。这一切都削弱了传统乡村规则和道德规范对人们的约束力。因此,大量乡村人口外流,既侵蚀了原有内生性制度,也未能建立起有效的、正式的治理制度。②

同时我们也看到,在经济发展水平较高的城市,其郊区乡村的人员流动呈现双向趋势,既有本村人向中心城镇的流动,也有外地人员的流入。尤其是有的郊区乡村大力发展集体经济或工业园区,吸引了大量流动人口的到来,改变了当地的人口结构,甚至出现了"人口倒挂"的现象。这些也增加了当地的公共服务供给压力和人口管理难度。奉贤区奉城镇高桥村地处奉城镇经济园区,距离镇区只有 1.5 千米,是奉贤第一个工业产值亿万村和第一个工业百万利润村,在经济快速发展的同时,吸引了大量外地来奉人员居住在此。全村 9 481 名常住人口中,外地人员达 8 023 人,占本村常住人口的 84.6%,而村委会工作人员仅有 10 多名。这种"人口倒挂"的社会结构对高桥村的治理来说是一个严峻的考验。

在城市化进程中,家庭结构、代际关系与价值观念也随之发生了变化。家庭规模日趋变小,走向微型化,家庭结构呈现多样化的

---

① 吴重庆:《从熟人社会到"无主体熟人社会"》,《读书》2011 年第 1 期。
② See Jie Lu, *Varieties of Governance in China: Migration and Institutional Change in Chinese Villages*, New York: Oxford University Press, 2014.

特征,家庭关系趋向民主化和平等化,但家庭风险也日益扩大。① 在家庭伦理层面,传统的长幼尊卑和孝道观念逐渐被现代个人主义、家庭平等观念所替代。阎云翔指出,当代中国家庭内部权力关系发生了巨大的转变,父母一代的权威和地位日益衰落下降,年轻一代则日益独立自主,然而年轻一代个人意识的增强却表现为自我中心和缺乏功德的个人主义。② 城乡家庭结构和社会结构的变化对传统的伦理观念和人际关系带来了巨大的冲击,人与人之间的社会关联不断被弱化,人际信任难以建立起来,个人主义和自我中心主义盛行,进一步削弱了公共意识和乡村权威。

(二) 公共规则的缺失

有效的基层治理需要建立在公共规则及其权威之上。城乡社区治理的公共权威不能仅仅依靠外部制度所赋予,更重要的是人们基于内生性公共规则的认同而形成价值共识。杜赞奇提出的"权力的文化网络"(culture nexus of power)这一分析概念,强调了乡村治理中公共权威的重要性。乡村中的文化网络包括各种等级组织和非正式关系网络,如宗族、乡村水利会等组织,文化网络中存在着为组织成员所认可的象征和规范(symbols and norms),如亲戚情感或是非的道德标准等,而合法性权威来源于象征规范上的象征价值(symbolic values)。③ 文化网络中的权威,即权力的合法性,其"基础来自它对体现于话语中的集体价值和利益的认

---

① 林晓珊:《改革开放四十年来的中国家庭变迁:轨迹、逻辑与趋势》,《妇女研究论丛》2018年第5期。
② 阎云翔:《私人生活的变革:一个中国村庄里的爱情、家庭与亲密关系:1949—1999》,龚晓夏译,上海书店出版社2006年版,第239—252页。
③ [美]杜赞奇:《文化、权力与国家:1900—1942年的华北农村》,王福明译,江苏人民出版社2010年版,第5页。

同、支持"①。

在传统的乡村社会中,士绅阶层拥有治理的合法性权威,并依靠儒家礼治的规则来治理基层社会。研究者们普遍认为,在中国传统权力架构中,代表皇权的科层制只能到达县一级,也就是所谓的"皇权不下县"。②费孝通先生认为是"士绅阶层"填补了县级以下的权力真空,并且将传统中国基本权力结构称为"双轨政治",即同时存在着自上而下的皇权和自下而上的绅权。③瞿同祖的研究也表明,国家必须得依靠士绅阶层来管理乡村社会,形成了皇权与绅权既协调合作又相互矛盾的关系格局。④张仲礼将士绅定义为具有功名身份的人。⑤值得注意的是,这些乡村士绅未必都是地主阶层,甚至相当一部分士绅全无土地,对于大量士绅(尤其是下层士绅)而言,他们的主要谋生方式就是在家乡提供士绅服务以及教学服务。⑥但随着清末废除科举制,士绅阶层的制度基础被摧毁,导致士绅阶层大规模分化和迅速衰退。⑦清末新政至民国时期,国家权力试图在乡村社会进行组织化的政权建设,却造成了乡村社会的"劣绅化","土豪劣绅"替代了传统士绅。⑧传统士绅阶

---

① 李怀印:《二十世纪早期华北乡村的话语与权力》,《二十一世纪》1999 年第 5 期。
② 温铁军:《半个世纪的农村制度变迁》,《战略与管理》1999 年第 6 期。
③ 费孝通:《中国绅士》,中国社会科学出版社 2006 年版,第 45—56 页。
④ 瞿同祖:《清代地方政府》,范忠信、晏锋译,法律出版社 2003 年版,第 282 页。
⑤ 张仲礼:《中国绅士:关于其在 19 世纪中国社会中作用的研究》,李荣昌译,上海社会科学院出版社 1991 年版,第 1 页。
⑥ 张仲礼:《中国绅士的收入:〈中国绅士〉续篇》,费成康、王寅通译,上海社会科学院出版社 2001 年版,第 185 页。
⑦ 王先明:《近代绅士——一个封建阶层的历史命运》,天津人民出版社 1997 年版,第 322 页。
⑧ [美]杜赞奇:《文化、权力与国家:1900—1942 年的华北农村》,王福明译,江苏人民出版社 2010 年,第 180—205 页。

层在社会声誉上被污名化,成为被批斗和鄙视的对象,遭到巨大打击。①

改革开放以来,中国的乡村社会发生了深刻的变化。尤其是农业税费改革之后,国家加大了对乡村的扶持力度,推动新农村建设。虽然当前乡村经济水平显著提高,但是也潜藏着诸如乡村治理能力弱化、生态环境恶化、公共文化流失等多重危机,呈现为"复合性危机"。② 在乡村中,权力寻租者、地方富人、灰黑势力、谋利型的机会主义农民等主体竞相分割资源,形成了分利秩序。③ 大多数普通村民被排斥在公共利益之外,因此带来新的乡村治理内卷化。④ 传统的道德规范已经消失,新的道德秩序还没建立,目前乡村缺乏公共规则与价值共识。

(三) 社会整合的低效

在现代化进程中,国家对基层政权进行了重塑,并开始渗透基层社会和汲取治理资源,这重新界定了国家与社会的关系。国家通过科层组织模式深入基层社会,行政体系通过基层组织建构了城乡社区。社区成为国家治理的基础与单元,专业行政部门成为解决基层问题的基本结构。有学者认为当前社区处于"强国家-弱社会"的格局。⑤ 国家主导了社区建设和居民参与的方向与过

---

① 钱念孙:《乡贤文化为什么与我们渐行渐远》,《学术界》2016年第3期。
② 肖唐镖:《近十年我国乡村治理的观察与反思》,《华中师范大学学报》(人文社会科学版)2014年第6期。
③ 陈锋:《分利秩序与基层治理内卷化——资源输入背景下的乡村治理逻辑》,《社会》2015年第3期。
④ 贺雪峰:《论乡村治理内卷化——以河南省K镇调查为例》,《开放时代》2011年第2期。
⑤ 耿曙、胡玉松:《突发事件中的国家-社会关系:上海基层社区"抗非"考察》,《社会》2011年第6期。

程,自上而下将社区建构为国家治理单元。①

虽然这种集中化的行政管理方式能有效推行国家政令,维护政治稳定,但在基层行政动员过程中,行政部门的繁杂和固化,也影响着基层民众的利益表达和问题的解决。正如张静所批评的,现代国家政权建设使得地方权威官僚化,基层干部仅仅向上负责,与乡村社会形成了"利益分离结构"。② 这种行政导向的方式既会带来较高的管理成本,也不符合社区治理对居民自治的内在要求,③使得居委会承担大量下派的行政管理任务,陷入行政化和"内卷化"困境。④

在面对这些基层治理困境时,许多学者呼吁借鉴传统乡村治理资源以克服现代化乡村的治理困境。⑤ 徐勇提出"以文治理"和"以文化人"的方式克服市场经济"物化"的人际关系,重视传统德治的作用。⑥ 一些学者强调要发挥古代基层社会的道德教化功能,促进乡村精神文明和德治建设。⑦ 例如要再造新乡贤群体作为中间层,以替代国家直接治理的模式,或弥补乡村基层组织虚化

---

① 杨敏:《作为国家治理单元的社区——对城市社区建设运动过程中居民社区参与和社区认知的个案研究》,《社会学研究》2007 年第 4 期。
② 张静:《基层政权:乡村制度诸问题》(增订本),上海人民出版社 2007 年版,第 17—46 页。
③ 徐勇:《论城市社区建设中的社区居民自治》,《华中师范大学学报》(人文社会科学版)2001 年第 3 期。
④ 何艳玲、蔡禾:《中国城市基层自治组织的"内卷化"及其成因》,《中山大学学报》(社会科学版)2005 年第 5 期。
⑤ 李利宏、杨素珍:《乡村治理现代化视阈中传统治理资源重构研究》,《中国行政管理》2016 年第 8 期。
⑥ 徐勇:《两种依赖关系视角下中国的"以文治理"——"以文化人"的乡村治理的阶段性特征》,《学习与探索》2017 年第 11 期。
⑦ 白现军、张长立:《乡贤群体参与现代乡村治理的政治逻辑与机制构建》,《南京社会科学》2016 年第 11 期。

的能力。① 新乡贤被认为具备较高的知识水平、道德和经济基础，能为村民提供行动规则和带领乡村发展。② 因此，新乡贤群体不仅被赋予传统的文化意义，而且被视为解决现代乡村治理危机的新模式，成为"一条能够粘合传统与现实的乡村建设新路"③，能够"成为当前解决由乡村社会的治理性危机而引发的新一轮政治合法性困境的关键"④。

然而，这些研究较多着重于应然和规范层面的讨论，不少文献想当然地认为今天的基层治理可以顺利继承和接续传统模式，对此带有较浓厚的浪漫想象。如果有效的社会整合机制还没建立起来，单一依赖行政化治理方式，则容易产生个人与国家之间的紧张关系。

二、家风建设促进基层治理的机制

基层治理的三重困境，根源之一就在于文化的缺失。针对这一问题，奉贤区的家风建设通过培育公共责任意识、形成内生性社会规范、构建新型动员机制这三种途径，破解了基层治理困境，促进了基层治理绩效。家风建设虽然以挖掘家训、培育家风为始，但并不局限于个体家庭之内，而是扩展到基层社会的公共生活之中，

---

① 田先红、陈玲：《再造中间层：后税费时代的乡村治理模式变迁研究》，《甘肃行政学院学报》2010年第6期。
② 胡鹏辉、高继波：《新乡贤：内涵、作用与偏误规避》，《南京农业大学学报》(社会科学版)2017年第1期。
③ 季中扬、胡燕：《当代乡村建设中乡贤文化自觉与践行路径》，《江苏社会科学》2016年第2期。
④ 付翠莲：《我国乡村治理模式的变迁、困境与内生权威嵌入的新乡贤治理》，《地方治理研究》2016年第1期。

在家庭、社会与国家之间找到了接合点,推动了社风、党风、政风的良性发展。

(一)培育公共责任意识:从家庭生活到公共性的扩展

家风建设行动虽是以家庭为切入口,但家风家训不仅是关于个人的道德教化,其内容还涉及邻里关系、社区生活的参与,从而培育民众的公共生活责任心,促进民众从小家走入大家。

1. 重写家风家训:个人德性的重塑

中国人对于公共生活的责任心首先是从家庭开始培养的,尤其是在乡村社会之中。① 传统中国的家训集中体现了家庭教育的内涵,包含了关于个人自身修养、与他人关系、公共责任等方面的规定与要求。在人际信任和社会关联弱化的治理困境下,重新发扬家训家风的教育作用,有助于恢复邻里团结关系,增强邻里信任。

奉贤区积极挖掘本地优秀传统文化,从倡导和带动人们寻找家训、编写家训入手,创新家庭教育方式,重新塑造符合时代要求的个人德性和公共责任心。自2006年起,南桥镇杨王村连续开展了三轮村民家庭写家训征集评选活动,全村村民积极参与。在提炼撰写家训的基础上,杨王村统一制作了村民家庭信息公开栏,版面包含家训内容、星级户、文明家庭、党员之家等信息,将其安置在每家每户门口,既能让大家对照家训主动约束自己的行为,也能让村民之间可以互相监督提醒。杨王村又先后编写了村训、村歌、新农村建设三字经、《杨王村践行社会主义核心价值观》、杨王圆梦篇,把美丽家庭小故事做成了宣传折页,并绘制了"文明修身16个字"主题漫画等宣传内容,以一个家庭一天的生活来宣传好家风的

---

① 王雨磊:《精准扶贫中的家国关系》,《人文杂志》2018年第12期。

内涵,把家训的范围扩展到整个杨王村这个"大家庭"。这些家训体现了群众的智慧,既包含了对自我品德的要求,也蕴含了自我与他人的关系以及为人处世的规范。

奉贤区的各个社区综合运用学、讲、赛、写等形式,宣扬、传承家训家风,即张贴学习古今家训佳句、讲家风小故事、开展好家风竞赛活动、书写经典家训等,激发群众兴趣,并开设"家风小课堂",定期开展美育修身、家风传承等活动,营造"传承好家训,培育好家风,弘扬贤文化"的浓厚氛围,带来了良好的社会效应。

2. 从家庭到社区:公共空间的德性培育

编写家训、挖掘家风故事是培育个人德性的第一步,奉贤区在此基础上还采取了多种激励机制,促进个人从家庭生活中走出来,积极参与到公共生活中。

一是评选星级户,将家训活动与生活实践相结合。奉贤区南桥镇在全镇范围推广星级户评选机制,还探索完善的星级户奖励激励机制,每年在各级精神文明大会和各村年终大会上对获"星级文明户"的家庭予以表彰,发挥榜样力量,引导广大村民积极成为乡风文明的引领者和推动者。南桥镇对在星级户创评工作中涌现出的典型事迹进行适当的物质和精神奖励,并通过宣传阵地进行宣传报道。通过创评活动,形成了联组与联组、户与户、村民与村民之间的创先争优局面,以"示范户"促"后进户",变被动教育为主动教育,对落后者进行激励教育,帮助其后来居上,以创先争优的氛围来激励积极向上的动力。

奉贤区奉城镇同样以家庭评优为抓手,发挥家庭在公共事务中的积极作用,尤其针对外来人口家庭。比如开展"文明之星""奉献之星""创业之星""服务之星""学习之星""诚信之星""友爱之星"等星级创建和文明家庭、卫生标兵户等创建活动,倡导家庭遵守文明行为，践行社会主义核心价值观。还向每一户来奉人员家庭发放文明积分卡，对来奉人员参与宣传教育、遵守社会规范等情况进行积分，并将积分结果作为评先评优以及兑现妇女病筛查等优惠政策的重要依据。奉贤区注重推动家训家风落实到生产生活和日常言行之中，落实到实现个人理想和家庭幸福之中。

二是借助公共空间，将家训家风推及公共空间教育。南桥镇通过城乡社区的公共空间来普及家训教育，弘扬优良家风。南桥镇莱茵之恋小区以家庭为修身基本单位，组建"贤言贤语"讲师团，在睦邻客堂间里开展讲师团漫谈会。讲师团从"什么是家训""为什么要进行家训传承"和"古今优良的家训介绍"等方面向大家详述开展家训家风活动的重要意义，并通过社会主义核心价值观宣讲、客堂间里听"爷爷奶奶讲家风小故事"等活动让更多的居民理解何为家风家教。

奉贤区金汇镇百曲村在继承"徐氏家训"的基础上，通过"荷庭21号"青年中心、"蜂巢一号"活动点建设，积极发挥好家风宣讲队、"宅基老娘舅"、好家风乡村志愿服务队等队伍贴近群众的优势，有效地引导村民传承传统美德、弘扬文明新风，以家风促进民风。金汇镇明星村将闲置的老仓库改造为"四堂间"，为村民提供活动场所，并通过这个公共空间开展"亮家训"征集活动，"家风小故事"征集活动、宅基简史征集活动、宅基志愿者招募活动、最美家庭评议等活动，将家训整理汇编展示于各家门前，将家风小故事张贴在宣传栏供大家分享。夏家塘的"四堂间"活动开展得有声有色，真正发挥其"议事厅堂、休闲客堂、学习课堂、吃饭饭堂"的功能。一系列的活动在潜移默化中改变了夏家塘的村风民风，增进了村民间感情，促进了村民间的凝聚力，提升了村民的幸福指数。

(二)形成内生性社会规范:从家训到公约的延伸

乡村社区要达到有效治理,需要公共规则的支撑;乡村公共规则的有效运行,需要获得人们的认可。因此,内生形成的公共规则更容易获得合法性和权威。传统中国基层中的乡规民约就是内生性的公共规则,具有社会规范的约束力。在今天的基层治理中,由人们通过自治的方式来制定村规民约或自治章程,也是一种内生性的公共规则。

奉贤区积极引导各个社区在家训的基础上,通过民主协商的方式制定村规民约或社区公约,将家训扩展到村训、楼训、小区公约、行业准则等,为公共空间治理建立了公共规则。这种公共规则就是一种具有历史延续性、自下而上达至共识的社会规范,也是与"硬"法相补充的"软"法,既体现了基层的自治,也蕴涵了基层法治精神。

南桥镇沈陆村将家训家风建设与乡村公共规则相结合,制定的《自治章程》中强调,要大力培育和践行社会主义核心价值观,倡导好家风、好家训,规定村民日常行为要做到"传承中华孝道和敬老之风,子女要尽到赡养的责任,不与老人同住的子女应经常回家探望;邻里以团结为重,不计较小事,不损人利己,发生纠纷时应理智对待,通过正当途径解决纠纷等行为"。南桥镇民旺苑小区在推进好家风工作过程中,不仅征集家训,还通过征集楼训、集体讨论楼名。在征得全体楼道居民的认可后,由居委统一制作标牌树立在楼道下。

金汇镇引导群众将家训家风与市民公约、村规民约、行业准则等有机衔接,规范和约束社会个体在各领域的行为举止,并充分运用镇内各微信公众号等新媒体平台,及时宣传活动动态,挖掘和宣扬典型事迹。金汇镇和苑居委在家风建设工作中,组织居民代表参与了社区《居民自治章程》的制定与完善,提高居民自治的意识,努力调动居民的积极性以及增强其归属感,让更多的居民参与到社区建设中,引导群众自娱自乐的同时实现自治,促进社区和谐。同时,和苑居委以"为人和顺、家庭和美、邻里和睦、小区和谐"为主题,通过建立"搭把手"社区议事平台,对辖区内的各类团队进行优化调整,不断丰富活动内容,积极帮助群众解决困难、传递友善,探索社区自治,推进"三个注重"在社区的和谐发展。

奉城镇也积极开展行动,组织村居民家庭广泛开展村规民约、居民公约大讨论,在家庭成员中形成遵守道德准则、行为准则的行动自觉,将文明的行为规范外化为日常的生活习惯。

(三) 构建新型社会整合机制

奉贤区在家风建设中,通过党建引领将多元主体纳入治理中,建立起多部门协同与资源整合的制度架构,并发挥新乡贤的关键群体作用,极大地促进了民众的参与。因此,奉贤区通过多种途径或方式,构建了一套以家庭为基础的动员和社会整合机制,为民众的参与提供了激励机制。

1. 党建引领的作用

由于基层社会结构的多元化,以往的自上而下管理方式难以动员民众和整合社会。在市场化的背景下,人们的资源获取也不再依靠传统单位制那样的政治分配手段,而更多是通过市场配置的方式,加上工作场所和生活场所的分离,从而使得人们对党组织和基层政府的依赖极大削弱。为了应对基层变迁与挑战,中国共产党采取了多种方式的基层创新,实现了有效治理。

一是党组织发挥主体补位作用。基层治理实际上是一种集体行动,克服集体行动困境的关键是要找到合理的集体行动的制度安排。在以往制度供给不足的情况下,基层党组织提供了集体行动和多元主体合作治理的动力,形成了一种"有领导的合作治理"。① 这被认为是党组织在基层社会治理中起到了"元主体"和领导核心的作用。②

南桥镇建立"好家风"培育工作领导小组,由镇党委主要领导为负责人,相关职能部门负责人为成员,制定下发《关于深入开展"培育良好家风·寻找最美家庭"活动实施意见》,指导推进全镇工作。奉城镇高桥村针对流动人口家庭,专门成立了来奉人员服务管理委员会和党支部。在家风建设中,该党组织积极发掘高桥村来奉人员中的一些好家风、好家训,在来奉人员当中进行宣讲,给居住在村里的来奉人员开展社会治安、环境卫生、计划生育、文明礼仪等方面的授课。现在很多来奉人员能自觉遵守村规民约,来奉人员和本地人之间的邻里关系更加和睦。

二是发挥党员干部的带头引领作用。在"好家风"培育工作中,奉贤区着力发挥党员干部的带头引领作用,让党员在任务中身先士卒,带动群众参与。奉贤区把践行家训、培育家风情况作为领导干部选拔和人才引入评价标准的重要依据。

在制度建设上,奉贤区专门制定和实施了《区管领导干部德的考核评价办法》,把家风建设纳入领导干部的德能考核。该制度包含了这几个方面:细化量化考德标准,如把"模范遵守社会公共道德、抵制各种不文明行为""诚实守信、品行端正""孝敬长辈,严格要求配偶、子女等直系亲属"作为正向评价指标,又设置选择群众意见比较集中、社会反响比较强烈的负面现象作为负向评价指标;建立

---

① 张振洋、王哲:《有领导的合作治理:中国特色的社区合作治理及其转型——以上海市 G 社区环境综合整治工作为例》,《社会主义研究》2016 年第 1 期。

② 张平、隋永强:《一核多元:元治理视域下的中国城市社区治理主体结构》,《江苏行政学院学报》2015 年第 5 期。

完整的干部"考德链",对干部的社会公德、职业道德、个人品德和家庭美德实行全方位、多角度考评,比如个人诺德、民主测德、民意查德、联动审德;加强考德结果的运用,把家庭美德考评结果作为干部选拔任用的重要依据,对品质不好的干部坚决不用,作风不正的干部坚决不用,在全区进一步树立了德才兼备、以德为先的用人导向。

2. 多部门协同与资源整合

协同治理越来越成为一种新共识,被视为适合中国现实的治理模式。[①] 由于政府所面临的公共问题往往属于"跨界"(cross-sector)问题,需要建立起多主体间的协同治理。[②] 当前中国社区治理同样涉及多主体、跨边界,具有"国家与社会的二元性"。[③] 为避免与社会对抗,将多方主体纳入社区治理之中,国家积极推行党建引领下的协同共治模式。

在党委的全面统筹下,各个部门协同参与到家风建设之中,做到了加强联动和整合资源。奉贤区党政负责人高度重视,宣传、组织、文明、妇联、教育、文广等单位参与其中,全面统筹区域内的家风建设工作。奉贤区还把家风建设工作与党建、精神文明建设、区域经济发展、普法、双拥共建、卫生城区建设等工作紧密结合,不断增强家风建设工作的影响力和感染力。

南桥镇文明办负责牵头推进,镇妇联、党群办、总工会、团委、社事社保科、农业中心、社稳办等相关职能部门广泛参与,整合镇

---

① 郭道久:《协作治理是适合中国现实需求的治理模式》,《政治学研究》2016年第1期。
② Robert Agranoff, Michael McGuire, *Collaborative Public Management: New Strategies for Local Governments*, Washington, DC: Georgetown University Press, 2003, p.4.
③ 肖林:《现代城市社区的双重二元性及其发展的中国路径》,《南京社会科学》2012年第9期。

域内相关职能部门的力量,促进资源共享;并在全镇各单位、村、社区广泛发动,征集家训、治家格言和家风小故事,带动全镇村(居)民积极参与,切实推进全镇良好家风民风培育。

奉贤区还整合了线上线下的传播资源,多渠道宣传家风家训活动,以喜闻乐见的方式吸引更多群众的参与。比如运用"奉贤发布""奉贤文明网""最美半边天"等52家网站和微博、微信新媒体,多渠道、大规模地推送家庭文明建设公益广告、先进人物等,并在广播电视台创设"张惠老师谈家教"等品牌栏目,不断加大传播力、扩大受众面、放大影响力,切实形成线上线下融合传播的新局面。奉贤区文广局、区体育局联合开展"'舞动好家风、家和万事兴'——'好家风'主题歌词征集活动",将《家的故事》《奉贤好家风》等获奖作品谱曲并录制广场舞曲,努力让广大市民在舞蹈中感悟"家"的温暖。

3. 发挥新乡贤的"关键群体"效应

在基层治理中,新乡贤也发挥了作为"关键群体"(critical mass)的动员作用。[①] 由于新乡贤往往得到政府的支持,更重要的是,新乡贤得到了村民们的权威认可,他们基于自身各种不同情况而具备特定的影响力,所以,新乡贤能够发挥"关键群体"的动员作用,带动居民的参与。新乡贤比普通居民拥有更多的知识、经验、声望或关系资源,在社会网结构中占据重要位置,公认具有较大影响力,同时又不注重物质利益报酬,会被民众视为"自己人"。[②] 正如杜赞奇所指出的,如果"文化网络"中的乡村领袖要获取权威,就

[①] Pamela E. Oliver and Gerald Marwell,"The Paradox of Group Size in Collective Action: A Theory of the Critical Mass. Ⅱ.", *American Sociological Review*, 1988, 53(1).

[②] 唐朗诗、郭圣莉:《重塑社区的"文化网络":城镇化进程中的新乡贤治理——基于上海市外冈镇"老大人"治理的实证研究》,《南通大学学报》(社会科学版)2018年第5期。

不能仅仅满足个人私利益,反而"是出于提高社会地位、威望、荣耀并向大众负责的考虑"。①

奉贤区注重挖掘和培育新乡贤群体,区政府制定《关于推动"乡贤"骨干参与社区治理的实施方案》,积极挖掘区域内有德、有智、有才的乡贤,面向全区遴选新乡贤,培育扎根乡土文化、引导群众参与基层治理的乡贤力量,发挥新乡贤在家风建设、社区自治共治等方面的积极作用。

南桥镇光明村注重挖掘有一技之长且有意愿为群众服务的新乡贤,凝聚新乡贤群体等内生力量,推动优良村风的发展,如以阮氏家族为代表,依托"小红车"志愿服务直通村民家门口,以"翼课堂"学习积分卡等形式,让"好家风"转化为实事项目,解决乡村治理难题。南桥镇华严村成立了乡贤促进会,以乡贤促进会的力量,推动了《华严村志》的编撰与出版,致力于挖掘本土文化,弘扬本土历史,传承本土文化精神。华严村的乡贤促进会还带动村民参与美丽乡村、美丽家园的建设行动,提高了村民对村"两委"的信任度。

奉城镇通过挖掘乡贤名人故事、联络走访乡贤游子、开展"新乡贤"征集评选以及说说"乡贤故事"、晒晒"乡贤家书"、展示"乡音乡情""三乡"活动,产生了一批具有奉献精神、时代精神、创新精神的本土"乡贤"人物。奉城镇高桥村发掘和培育外来人口群体的新乡贤队伍,组建了一支由来奉人员和本地村民共同参与的群众活动团队——海融艺术团,通过创作编排文艺节目,宣传身边的好人好事和好家风好民风,引导来奉人员形成崇德向善、团结友爱的"新家风"。高桥村成立了一支由300多名来奉人员组成的服务

---

① [美]杜赞奇:《文化、权力与国家:1900—1942年的华北农村》,王福明译,江苏人民出版社2010年版,第5页。

队,通过开展孝亲敬老、关爱他人、保护环境、调解矛盾、社会治理等各类志愿活动,引导来奉人员主动承担起乡村治理的责任,妥善解决邻里之间、房东和租户之间的矛盾。

三、家风建设的治理效果

有学者认为,中国基层治理存在着"积极国家与被动家庭"的家国关系,即国家积极主导社区的发展,而"家庭的公共性具有内向性,缺乏向社区的外向输出和转化"。① 奉贤区的家风建设将家庭伦理外推至社区乃至社会,让老百姓走出家庭,承担公共责任,发挥共同体成员一分子的作用,增强人与人之间的社会交往,促进民众的治理参与,化解矛盾纠纷,弘扬文明教化,塑造廉洁文化,产生了良好的治理效果。

(一)增强社会交往

传统社会是一个熟人社会,存在着日常性的社会交往和丰富的社会资本,但是当今的乡村社区已经不是一个传统型的熟人社会,缺少人与人之间的信任。适当的国家介入(state involvement)对社区治理很重要。② 有研究表明,政府通过一系列的制度设计能够促进社会资本,如支持志愿性组织、扩大公众参与机会、增强决策回应性、加强民主的领导力和社会包容等。③ 在社会资本缺乏的

---

① 吴晓林:《理解中国社区治理:国家、社会与家庭的关联》,中国社会科学出版社2020年,第271—275页。
② Benjamin L. Read, "Assessing Variation in Civil Society Organizations: China's Homeowner Associations in Comparative Perspective," *Comparative Political Studies*, 2008, 41(9).
③ Vivien Lowndes, David Wilson, "Social Capital and Local Governance: Exploring the Institutional Design Variable", *Political Studies*, 2001, 49(4).

背景下，由政府推动的家风建设能够在社区中创造出社会资本，强化人与人之间的社会关联。

如前文所述，家训的挖掘与编写、村规民约的制定都有助于重塑个人的公共德性，形成内生性社会规范。因此，通过家风家训，人与人链接的纽带得以重新建立，个体、家庭和社区组织等多种力量被链接在一起，从而形成了温暖的情感共同体，极大地增进了人们的社会交往。金汇镇泰绿社区借助家风建设活动，成立了"一家人"服务社，为每一个家庭提供了融入社区大家庭的平台，以志愿活动为纽带加强各类人群间的交流互动。"一家人"服务社定期组织居民开展志愿服务、踏青游玩、手工制作、厨艺交流、摄影培训等社会活动，活动中居民互相了解、互相帮助，打造温馨和谐的大家庭。

家风建设有助于社区公共交往平台的建立。之前在陌生人社区中，即使人们有交往的需求，但缺乏平台的营造、渠道的供给，还是没办法促进人们的公共交往。现在有了家训家风的倡导，促进了人们的公共责任心，提升了人们为社区服务的精神，因此推动了更多公共活动、志愿服务的开展，使村（居）民之间的关系变得更加密切，也营造了具有共同体意义的社区环境。

南桥镇正阳二居为社区高龄老人、独居老人、空巢老人开展邻里结对互助，为这些特殊群体提供聊家常、买菜、打扫家务等帮助，进一步营造了"邻里一家亲，温馨在社区"的良好社会风尚。居委会通过搭建邻里学习平台和活动平台，加强了邻里居民间的沟通交流，使邻里关系由陌生转为熟悉，由熟悉转为密切，增进了友谊和信任。南桥镇莱茵之恋小区22号楼道的居民们开设微信群，谁家有困难只需发在群里，就能得到邻居的帮助。该楼道成为小区里大名鼎鼎的好家风楼道。

奉城镇高桥村通过建设市民家风广场和乡贤文化长廊,倡导"好家风、好家训",消除来奉人员与本地村民间的文化隔阂,增进了外来人员与本地人之间的交流。金汇镇百曲村同样注重建设公共空间,打造"荷庭 21 号"青年中心、"蜂巢一号"活动点,为村民们休闲娱乐、分享生活经验、交流心中困惑等提供了平台,同时开展各类摄影沙龙、亲子互动、家庭聚会等喜闻乐见的活动,吸引外出的青年回到农村。

(二) 促进治理参与

政府应向社区放权、赋权,以打破"行政化"困境,促进基层自治和社会力量参与。但在实践中,社区赋权未必会达到想象中的良好治理。即使实现了社区赋权,社区仍缺乏资源动员和集体行动的机制。① 由于一直以来政府在社区资源投入、参与动员、秩序建立等方面发挥主导作用,如果一味强调国家"退场"而缺乏相应的治理机制时,社区有可能遭遇权力真空,导致社会动员乏力、治理不作为或乱作为现象,呈现为赋权后"社会失灵"的困境。

为了克服这些困境,奉贤区通过家风建设,围绕家庭进行组织动员,引导人们走出"小家"、走向"大家",促进民众参与乡村公共生活和公共事务。南桥镇光明村通过新时代文明实践志愿服务、翼课堂学习积分打卡兑换,激励新老村民积极参与村级事务,浸润贤美文化、构筑自治家园。光明村建立了多支志愿服务队,服务于翼课堂运行、文明创建、路口执勤、环境保洁等公益活动。光明村还采取积分管理的激励机制,对翼课堂项目和志愿者团队实行积分管理,作为评优评先和奖励的主要依据。村民们可以根据所获

---

① 冯仕政、朱展仪:《集体行动、资源动员与社区建设——对社区建设研究中"解放视角"的反思》,《新视野》2017 年第 5 期。

得的积分到"学分商店"兑换实物，以吸引、鼓励村民积极参与思政、科普、健身、民俗等各类宣教和实践活动。根据访谈得知，光明村的治理参与程度普遍较高，平时有村民愿意降薪参加本村的工程项目，在外居住村民自愿回村参加公共活动，还有居住在本村的外籍公民举办"森林课堂"的亲子类公益活动。在疫情防控期间，村民们自觉地参与抗疫工作，这些都反映出村民对光明村非常高的参与度与认同感。

金汇镇建立了日常志愿服务与危机紧急援助相结合的邻里服务机制，依托"宅基老娘舅"服务队、"帮你"工作室等载体，利用"志愿服务日""周四义务劳动日"等时间节点，引导群众就近就便、力所能及地参与志愿服务。通过关怀特殊儿童、关爱空巢老人、关心特殊家庭、关注邻里和谐，引导大家积极参与社会管理、文明共建等社会公益活动。金汇镇百曲村成立好家风乡村志愿服务队，针对沿线道路、河道、宅前屋后等地方乱摆乱放、乱倒乱扔等现象，开展环境卫生整治行动，号召和带动全村村民积极行动，自觉地对宅前屋后的环境卫生进行清洁活动，并且每个季度进行一次环境卫生评比，逐步将好家风乡村志愿服务活动常态化、制度化。金汇镇和苑社区居委会探索成立了"新金汇人互助队"，通过"本地土著"与来奉人员家庭的结对，帮助来奉人员融入社区，参与小区的综合治理。和苑社区居委会还通过"搭把手"服务平台，以志愿者为基础点影响和带动家人、朋友提高其志愿意识，注重通过宣传发动，使辖区内的单位、群众团体、居民都来参与社区治理，使大家在治理参与中催生社区的责任感、使命感，形成了共同体的意识。金汇镇夏家塘村为了在村民们中牢固树立"宅基是我家，卫生靠大家"的理念，成立护村志愿队进行环境卫生宣传，逐步形成人人参与、处处是家、不分你我的良好乡风。

(三) 化解社会纠纷

当前社会结构趋向多元化。虽然社区治理网络中各方主体相互关联和依赖,但在现实行动中却未必会趋向于协作。① 此外,各方的背景与利益诉求亦呈现出多样性,容易产生利益分歧和损害合作关系。② 各个主体可能会基于自身的知识、能力与目标而提出不同的主张,从而带来众多分歧。

传统中国乡村在面对社会分歧时,往往会采取民间调解的方式。一般是乡村中拥有威望的乡绅或宗族长老作为调停人,利用各种资源优势来化解双方矛盾。因此,古代中国的社会纠纷往往是以一种"无讼"、非正式制度的方式得以解决。这种方式本身就具备儒家道德教化的示范作用。当然,这种方式能否取得效果,还得看双方是否认可用于解决矛盾的公共规则。

奉贤区的家风建设在基层治理中,致力于培育村民们的公共责任意识,建立乡村社区的公共规则,发挥新乡贤群体的民间调解作用,这些机制有助于让社会纠纷在社区内部得到化解,促进了邻里和谐、社会和谐,维护了基层秩序的稳定。金汇镇百曲村在每个村民小组中挖掘和培育"宅基老娘舅"队伍,发挥新乡贤群体的民间调解作用。"宅基老娘舅"队伍是由一些资历深厚的老党员、老干部组成的,他们经验丰富,热心为村民提供各类宣传教育,调处村民间的各类矛盾,把好的家风家训与家庭观念传播到每户村民的家里,为村民排忧解难。奉城镇高桥村家风建设在化解社会纠纷

---

① Weijie Wang, "Exploring the Determinants of Network Effectiveness: The Case of Neighborhood Governance Networks in Beijing", *Journal of Public Administration Research and Theory*, 2016, 26 (2).
② Siv Vangen, "Developing Practice-Oriented Theory on Collaboration: A Paradox Lens", *Public Administration Review*, 2017, 77(2).

方面也取得了良好的效果。高桥村的村容村貌和村民的精神面貌得到了显著改善,邻里纠纷、社会治安案件的发生率显著下降,村民的安全感、满意度显著提升,营造了来奉人员与本地居民和谐相处的温馨家园。高桥村因此而获得了第六批"全国民主法治示范村"称号。

(四)弘扬文明教化

在中国传统社会,儒家的道德礼俗在基层治理中发挥着关键的作用。乡村士绅平时依靠教化性的"长老统治"或礼治规则来维持运作,还负责如水利、自卫、调解、互助、娱乐等公共事务。[①] 今天的社会治理仍然需要符合时代要求的道德文明。外在的法律条文虽然可以对人们的行为形成约束与规范,但只有在道德风尚的熏陶下,人们才会形成内化的价值规范,转化为自觉的行动。

奉贤区结合全国文明城区创建活动,把家风建设汇入创建之中。家风建设弘扬道德新风尚,促进民风社风的改善,提升了社会文明素质,增强了文化软实力。

一是社会文明素质得到极大的提升。南桥镇杨王村通过先进党员、优秀乡贤的言传身教,大力弘扬"贤美"文化,把外在约束内化为自我认同,让村民自愿自觉地行动,在文明乡村建设过程中,增进和睦共建行为,构建向善向上的良好社会氛围。杨王村与从事儒学教育的社会机构合作,面向村民开办了家风课堂,邀请一批从事传统文化教育的志愿者为村民讲述自己身边的传统美德故事,这些生动的案例让村民们很有触动,村民们可以活学活用,在自己的家庭里进行一定程度的实践。

南桥镇光明村通过家风建设改变了村民们的精神风貌。之前

---

① 费孝通:《中国绅士》,中国社会科学出版社2006年版,第45—46页。

农民通过土地置换,从土地劳作中脱离出来,却沉迷于打麻将等娱乐活动。光明村通过家训编写与家风培育,改变了这种现状,激发了村民们积极向上的新风貌。金汇镇和苑社区居委会在"最美家庭"评选活动中,以家庭文明推动社区文明,把家风建设转化为人们的思想自觉和行动自觉,被评为"最美家庭"的来奉人员宋家洪不仅做到了自家"家庭和美、邻里和睦",还把"美"传递给身边的同事和老乡们,范围遍及社区整个"山东圈"。

二是文化软实力得到了极大的增强。奉贤区充分发挥领导干部引领作用,好家风培育做到了城乡全覆盖、行业全覆盖和年龄段全覆盖,为经济发展创造了良好的人文和投资环境,也大大增强了城市的凝聚力和号召力。奉贤区推出"滨海贤人"计划,吸引了近百名海内外高层次人才进驻奉贤,打造了上海唯一的"千人计划"创业园,引进了70余个先进制造业高端项目等。奉贤还将好家风培育延伸到企业,大力开展企业诚信创建活动,在企业家中间培养形成"奉德成、贤天下"的"贤商"精神等。

(五)塑造廉洁文化

家风建设不仅仅关涉私人作风和家庭关系,还与党风政风密切相关,影响到领导干部的政治作风以及整个政治生态。习近平总书记强调:"领导干部的家风,不仅关系自己的家庭,而且关系党风政风。"[①]因此,奉贤区针对领导干部这个"关键少数",通过学习培训、组织动员、制度建设等方式,以党员干部家风促党风政风,树立清廉家风,塑造廉洁文化,培育了党员干部的好家风,优化了政治文明生态,形成了良好的党群和干群关系。

---

① 中共中央党史和文献研究院编:《习近平关于注重家庭家教家风建设论述摘编》,中央文献出版社2021年版,第24—25页。

一是培育了党员干部的好家风。针对领导干部和基层党员干部，奉贤区以学习培训的形式常态化地培育党员干部好家风，整合区域"贤"文化、"好家训好家风"展示点资源，重点打造以贤园为代表，融社会主义核心价值观培育践行、"贤"文化宣传推广、"好家风"示范涵养为一体的开放性教育培训基地，建设领导干部"好家训好家风"现场教学点。奉贤区还组织动员党员干部带头践行家训家风。在金汇镇泰绿社区的家训、家规征集展示活动中，党员们纷纷带头晒出家训家规，带动大批居民踊跃参与，党支部将具有代表性的家训、家规汇编成册，印制了《绿色家园我的家》家训、家规小手册。金汇镇百曲村开展党员干部"立家规亮家训"活动，要求党员干部紧扣社会主义核心价值观要求，全村党员干部带头立家规，并在自家门口亮家训，发挥模范作用，接受各方监督，带动居民形成良好民风。

二是优化了政治文明生态。奉贤区将领导干部的家风培育从个人小家庭延伸拓展到工作大家庭。奉贤区在全区范围内组织开展"贤城先锋"系列争创活动，涌现了一大批"遵守社会公共道德，诚实守信、品行端正，孝敬长辈、关爱子女，严格要求配偶、子女等直系亲属"的先锋干部。奉贤区还率先从2012年开始，对拟提拔的领导干部将家庭美德测评作为必经环节，既要看其德的正向和反向测评，又要听取所在居委会对其本人及家庭的综合评价，围绕《中国共产党廉洁自律准则》和《中国共产党纪律处分条例》的重点内容，教育引导广大党员干部重视家庭建设，并通过加强各个部门和单位的作风行风建设来促进整体的党风政风优化。各职能部门也根据自身特点，开展有特色的家风家教活动，取得了不错的成效。奉贤区公安分局建成警嫂清风俱乐部，照顾到警务人员这一公共职业群体的特殊家庭建设需求，探索职业组织和家风建设相融合的工作方式。

三是建立了良好的党群关系和干群关系。基层治理工作说到底就是群众工作,是做人的工作,关键是要抓住人心,因此,基层治理参与不仅仅要强调党对基层社会的领导作用,更重要的是党在基层治理中的群众路线,只有形成了良好的党群关系、干群关系,才能构建起良好的政党与社会关系。可以说,能否建立良好的党群关系,是检验中国基层治理成功与否的关键指标。在上海市民主评议政风行风测评中,社会各界和广大群众对奉贤区的政风行风建设给予较高评价,综合满意度连续数年位居全市前列。奉贤区以家风建设促进党风政风,营造了廉洁的政治文明生态,获得了群众的认同,提升了群众的满意度。

四、家风建设对中国基层治理的重要意义

奉贤区通过家风建设来推动基层治理,在乡村社区的社会交往、治理参与、纠纷化解、文明教化、廉洁文化等方面取得了良好的效果。这种以"家"文化来改进社会治理的模式,对当今中国基层治理具有重要的启示意义:一方面,以家风建设促进基层治理的治理模式,有助于构建自治、法治、德治相结合的基层治理体系;另一方面,家风建设能够为"人人有责、人人尽责、人人享有的社会治理共同体"提供新的伦理基础,以此推动善治的实现。

(一)构建"三治融合"的基层治理体系

党的十九大报告指出,加强农村基层基础工作,健全自治、法治、德治相结合的乡村治理体系。党的十九届四中全会进一步强调,完善社会治理体系,健全党组织领导的自治、法治、德治相结合的城乡基层治理体系。奉贤区以家风建设为抓手,逐步形成了党

组织领导下的自治、法治、德治相结合的基层治理体系。

从基层的自治因素来看,民众在家风建设中的个人德性与公共责任心都得到了培养与增强,促进民众走出家门,关心社区事务,借助公共空间讨论、议事会等多种形式参与到治理当中。杨王村发动每家每户都写家训树家风,积极创评星级户,参与公共活动与公共事务,这些都促进了村民的自治参与和民主协商。

从基层的法治因素来看,家风建设促进了人们制定村规民约,建立乡村的公共规则,形成内生性社会规范,并加以新乡贤调解的途径,体现了法治精神,发挥了法治效力。有学者指出,基层社会治理中的法治,不仅指的是法律条文,更重要的是指法的精神,包括村规民约在内的一整套规则体系,是凝聚了农民意志的共识。[①] 村规民约虽然属于"软"法,其作用范围、效力与"硬"法有所差异,但"软"法与"硬"法两者相辅相成。伴随着公共治理的转型,现代法治呈现出寻求更多协商、共治的倾向。在基层社会治理中,能够通过社区利益相关方进行民主协商、共同决议的事务应尽量由"软"法进行约束,而当"软"法解决不了或者出现失效时,就需要国家公权力的介入,由"硬"法发挥兜底保障作用。"硬"法与"软"法的包容实施,体现了法治与自治的融合,经由基层和居民自治程序制定的"软"法,同样蕴含了法治精神,并能兼顾社区的自治原则和情感特点。

从基层的德治因素来看,家风建设致力于挖掘地方传统资源和红色资源,利用道德教化、礼仪风俗、人情文化等方式进行矛盾调解与治理,营造良好的家风、政风、社风,建立新的乡村道德

---

① 郁建兴、任杰:《中国基层社会治理中的自治、法治与德治》,《学术月刊》2018年第12期。

规范。

更重要的是,家风建设能够促进自治、法治、德治三者在基层治理中的结合。有学者认为,基层中的自治是促进乡村主体自觉行动,法治是制定与实施法律的公共规则,德治则要求重新发挥优秀乡土文化的作用。① 从这个意义而言,在面对当前基层治理三重困境时,奉贤区家风建设为人们的参与提供了激励,为乡村制定了公共规则,借鉴和转化中华优秀传统文化中对人在社会关系中体现的"差序的爱"的尊重,以家风建设带动社风、党风、政风建设,从而实现了自治、法治与德治的"三治融合"。奉贤区家风建设的起源与发展过程就清晰地展现了自治、法治与德治相结合治理体系的建立。2008年,为了解决杨王村村庄合并造成的不同来源村民之间的争端,村"两委"通过征集、公开、汇总家训,挖掘传统文化资源来培育村民们的公共责任心,之后又在编写家训基础上形成了村训、民约,推动乡村公共规则的形成,较好地维护了村庄公共秩序,促进了村庄内部的团结。杨王村将家风建设工作纵向上与基层党建、基层政权建设和因地制宜地发展村民自治相结合,横向上与"贤美"文化、村庄集体文化设施和集体记忆留存相结合,从制度和内容两方面巩固了家风建设的成果。奉贤区在杨王村经验的基础上进行了拓展、创新与推广,深入探索作为基层社会治理手段的家风建设规律,与地区发展战略相结合,开创了新的家风工作局面,并在全区范围内取得了良好的效果。

(二)塑造治理共同体的伦理基础

即使现在社会结构、人口结构与人际关系都发生了巨大变化,

---

① 王文彬:《自觉、规则与文化:构建"三治融合"的乡村治理体系》,《社会主义研究》2019年第1期。

但家庭在城市化进程中仍然发挥了重要的功能。有研究者认为,如抚幼需求、购房压力、流动人口家庭团聚需求,依然依靠传统大家庭来化解。① 阎云翔的研究发现,虽然传统的代际关系和孝道观念已经衰落,但是在面对现代化风险时,父母与子女重新界定了"孝顺"的规范,形成了"孝而不顺"的观念,即老年人放弃了对子女"顺"的权威性要求,而年轻人对父母提供更多情感上的支持和关心,并以实现父母期望作为"孝"的补充,以及形成了"下行式家庭主义"(descending familism)的代际关系,也即将家庭的资源集中于子辈或孙辈的培育与照顾上。② 可见,家庭对于个人成长和应对社会挑战起关键作用。

同样,家庭对于社会治理来说依然非常重要。习近平总书记强调:"无论时代如何变化,无论经济社会如何发展,对一个社会来说,家庭的生活依托都不可替代,家庭的社会功能都不可替代,家庭的文明作用都不可替代。无论过去、现代还是将来,绝大多数人都生活在家庭之中。我们要重视家庭文明建设,努力使千千万万个家庭成为国家发展、民族进步、社会和谐的重要基点,成为人们梦想启航的地方。"③ 党的十九届五中全会指出,要建设"人人有责、人人尽责、人人享有的社会治理共同体"。对于普遍存在人口流失严重、人际关系陌生化、公共规则缺失等问题的中国乡村来说,要形成人人有责、人人尽责、人人享有的治理共同体并非容易之事,这是一个任重道远的任务,它关系到乡村振兴能否顺利实

---

① 汪建华:《小型化还是核心化?——新中国 70 年家庭结构变迁》,《中国社会科学评价》2019 年第 2 期。
② 阎云翔、杨雯琦:《社会自我主义:中国式亲密关系——中国北方农村的代际亲密关系与下行式家庭主义》,《探索与争鸣》2017 年第 7 期。
③ 中共中央党史和文献研究院编:《习近平关于注重家庭家教家风建设论述摘编》,中央文献出版社 2021 年版,第 3 页。

现，更关系到国家治理基础是否牢固。

　　奉贤区的家风建设不但借鉴传统的本土文化资源，而且做出了创造性的转化，以回应当今时代的挑战与基层治理困境。例如，将社会主义核心价值观融入家训家风建设，挖掘新时代的道德模范与文明事迹；基于人们的现实需求，将家风建设与实事项目结合，让群众从中受惠，得到切切实实的好处。因此，家风建设既提升了人们的公共责任感，促进了人们的积极参与，也让人们享有了发展成果，这就是人人有责、人人尽责、人人享有原则的充分体现。基层治理共同体的建立需要符合时代要求的新的伦理原则给予支撑。因此，奉贤区的"家"文化重新塑造了乡村伦理，唤醒了人们的责任感，共享了治理成果，凝聚了人们对乡村社会的归属感与认同感，真正形成了基层治理共同体。

第四章
传统:奉贤的"贤"文化与"家"文化

第四章　传统：奉贤的"贤"文化与"家"文化

如果从南桥镇杨王村组织开展撰写家训（2006年）算起的话，奉贤的家风建设至今已有16年之久。在这十余年的实践探索过程中，形成了不少行之有效的经验和做法，它是展示新时代家风建设助力基层社会治理的鲜活样本。因此，很有必要对奉贤家风建设的探索历程进行系统梳理和深入总结。本章主要分为三部分：第一部分概述奉贤的历史文化禀赋，深厚历史文化土壤的滋养是奉贤家风建设能够取得显著成效的前提条件和坚实基础；第二部分梳理奉贤文化建设的历程，奉贤的家风建设自始就不是孤立进行的，它是在地方特色文化——"贤"文化以及"贤美"文化建设的过程中同步推进的，地方文化建设是奉贤家风建设的基本背景和底色；第三部分聚焦奉贤家风建设的基本情况，从家风建设的现实背景、推进路径到奉贤家风建设的着力点三个方面进行系统总结和阐述，并在最后对奉贤家风建设产生的成效和影响作一简短的总结。

一、丰富的历史人文资源为家风建设提供深厚的文化沃土

奉贤区地处长江下游三角洲平原，位于上海南部，北枕黄浦江，南临杭州湾，通江达海，气候温暖湿润。优越的自然地理环境为先民的生存发展提供了良好的条件，在千百年的历史发展

过程中,形成了灿烂的文明,积淀了深厚的文化底蕴和人文精神。

(一)文化底蕴积淀深厚

奉贤历史文化源远流长,其文化源头是古代吴越文化。在漫长的历史发展过程中,奉贤这片土地先后受到鲁文化、楚文化以及中原文化的浸润与影响,并最终汇入江南文化的大流之中。相传,孔子的弟子言偃(今江苏常熟人)涉东江(今黄浦江)来到奉贤境内的青溪结坛讲学。言偃是"孔门十哲"之一,擅长礼乐之学,在孔子后学中较有影响力。如果传说属实,那么源于鲁国的儒家文化早在春秋末期战国初期便已经传播到这片海滨之地。近代以来,随着上海的开埠,上海成为西方文化进入的桥头堡,东西方文化在这里交汇碰撞,江南文化和西方文化相互融合,相互吸收。奉贤由于临近上海,自然也受到辐射和影响,思想意识、文化观念乃至生活方式都在潜移默化中变得更为开放、丰富和多元。在20世纪上半叶,由于得天独厚的区位优势和社会条件,上海很快成为革命运动蓬勃开展和革命力量迅速崛起的重要区域。在这个过程中,奉贤也成为上海川南奉红色革命的中心,为奉贤的文化图谱又添加浓墨重彩的一笔。新中国成立后,上海第一家国营农场——五四农场——20世纪50年代建立,地址便位于今天的海湾镇区域内。上海在沿海滩涂围垦的伟大序幕正式拉开,一批批老围垦、复转军人和"知青"大军加入围海造田的伟大壮举之中。从五四农场开始,经过几十年的围垦造田,又陆续兴建星火农场、燎原农场,成为今天海湾镇版图的雏形。一代代农垦人艰苦奋斗、勇于开拓的农垦精神构成奉贤文化传统的新元素。

从文化流变的脉络梳理中可以看到,奉贤的文化传统是在千百年来的传承发展中逐步成长、逐渐丰富的,它是不同地域、不同时代、不同类型文明相互交织融合的结果,不仅具有深厚的中华传统文化根基,也广泛吸收了外来文化的精华和红色革命文化的滋养。它既具备江南文化、海派文化、红色文化的共性,也形成了自身独具特色的品质。

(二) 文化名人群英荟萃①

奉贤有着深厚文化沃土的滋养,在历史上闻人辈出。其中,萧塘卫氏家族尤为耀眼,乾隆《奉贤县志》收录的宋代12位进士中,有11位都是卫姓,声名较著者是卫肤敏和卫泾。卫肤敏是北宋宣和元年(1119年)以甲科第三名中榜,从政期间曾受命出使金国,因坚持原则、捍卫宋朝尊严而屡被金人羁留,展现出高尚的民族气节。卫泾是卫肤敏的侄子,淳熙十一年(1184年)状元,官至吏部尚书、御史中丞、参知政事,在诛杀奸臣韩侂胄的过程中,立下功劳甚多,曾与著名理学家朱熹交好,著有《后乐集》50卷。清代学者沈德潜称誉其人格"有如金石之坚贞"。明初,陶宅镇(今青村镇陶宅村)诗人袁凯因写《白燕》诗而获"袁白燕"之美称,其文学成就获得时人及后世赞誉,甚至有人推其为明初诗人之冠。明初著名书法家张弼也是陶宅镇人,长于诗文,工于草书,人称"吴中草圣"。明朝藏书大家何良俊是柘林人,酷爱读书且喜好藏书,藏书达四万卷之多,所著《四友斋丛说》所涉内容浩瀚广博,分为经、史、子、杂记、文、诗、书、画、词曲等17类,儒释道三教思想皆有涉及,里面保存了很多明朝时期的历史资料、地方掌故等内容,具有重要的学术价值。以上所举只是奉贤历史上名声较著、影响较大的几位人物。据光绪《重修奉贤县志》人物志所载,仅"文苑"就有124人,奉贤历

---

① 本小节及下一小节("爱国传统源远流长")中相关史实与数据俱来源于《上海地方志办公室》网站:《地方志资料库》《奉贤县志》。

史上人文鼎盛之况由此可见一斑。

20世纪以来,奉贤科学、艺术等方面的名人也一直不断涌现。奉贤庄行人庄心丹1937年毕业于浙江之江大学土木工程系,是我国青藏铁路首任总体设计师,由于其杰出的贡献,在1962年、1963年分别获得甘肃省先进工作者、兰州市先进工作者荣誉称号。奉城高桥人滕白也曾任英国皇家美术学院院士,是现代著名的雕塑家、画家。1928年出生于当时的浙江上虞县,后住在南桥的我国民间二胡演奏家孙文明,在乐曲创作、教学以及演奏技法创新上作出巨大贡献。科学领域有中国原生动物学的奠基人王家楫,以及中国盐类矿床地质学的开拓者和奠基人袁见齐。除此之外,在近现代以及当代,奉贤还有许许多多分布在各行各业的模范人物。深厚的历史文化滋养造就了众多的优秀人物,而历代的名人也让奉贤的历史文化更加丰富和灿烂,让奉贤这片海滨之地变得更加文明而厚重。

(三) 爱国传统源远流长

在奉贤人民的精神图谱中,还有一抹亮丽的色彩,那就是爱国主义精神和革命斗争精神。明朝嘉靖年间,倭寇屡屡骚扰东南沿海地区。奉贤地处海滨,在倭乱中首当其冲,但本地居民毫不屈服,奋起抵抗。至今,民间仍流传着本地居民运用聪明智慧诱杀倭寇的传说,并最终与明朝剿倭军队一起廓清倭患。明末时期,官至中书舍人的李待问(今奉贤区西渡街道灯塔村人)城破被俘后宁死不屈。其以身殉国、慷慨赴死的爱国精神和坚贞不屈的气节一直备受当地民众的尊崇和怀念。明永宁王世子妃彭氏也是奉贤人,她在家人殉国牺牲后带领家丁与集聚的义兵数千人,持续抗清多年,攻克多地,被俘后坚贞不屈。

特别是辛亥革命以来,随着中国革命运动的风起云涌,奉贤人民展现出积极参与革命活动的热情与极强的革命斗争精神。辛亥革命发生时,奉贤本地民众采用各种方式积极响应,还有不少奉贤籍的人士加入了孙中山先生领导的同盟会,专门从事革命活动。近代史上著名的五四运动爆发后,奉贤南桥商人罢市,学生罢课,积极开展爱国游行活动,声讨日本帝国主义的侵略图谋,反对北洋政府卖国求荣的行径,体现了奉贤人民的热烈爱国情怀。1925年,奉贤人民为了声援五卅反帝运动,专门成立了后援会,支持上海罢工工人。奉贤第一位革命烈士沈志昂在这次运动中因为组织同校学生罢课而被逐出学校。沈志昂后来走上革命道路,因路途耽搁参加南昌起义未果后又参加了广州起义。1928年在解放惠来县城的战斗中负伤,不久便因伤重牺牲,年仅22岁。从其生前写给家人的书信中可以看到一位革命青年寻求救国真理、最终信仰共产主义的心路历程。这些家书保存至今,已成为地方党史研究和党史学习教育的宝贵财富。1926年,奉贤第一批共产党员李主一与唐一新等秘密组建农民协会,带领农民抵抗土豪劣绅的压迫和剥削。1929年,陈云、刘晓、唐一新等在奉贤庄行领导农民举行武装暴动,极大地鼓舞了广大农民群众的斗争勇气与革命热情。1938年,奉贤组建了本地第一支抗日武装——奉贤县人民自卫团。此外,本地还有大量青年参加中国共产党领导的沪淞游击队第五支队等抗击日军的斗争。1945年10月,当新四军浙东纵队北撤途经奉贤时,得到广大人民群众的大力支援。在整个抗日战争期间,奉贤境内共有7个中共支部,60名地下党员。解放战争期间,奉贤人民在中国共产党的领导下,积极成立武装组织,开展游击活动,打击国民党的反动武装。自土地革命至解放战争期间,奉贤共有125名革命烈士付出了鲜血和生命。

（四）非物质文化遗产丰富多彩

在独特的人文历史传统与靠江滨海的自然地理环境共同作用下，奉贤人民在生产生活的漫长历史进程中，形成了众多独具特色的非物质文化遗产。如果说古代吴越文化、江南文化、海派文化到红色革命文化以及爱国主义精神是融入奉贤人血脉中的文化底色，那么形形色色、琳琅满目的非物质文化遗产就是其外在表现。相较而言，非物质文化遗产是更加有形的，是可触摸的，也是奉贤人民在现代化突飞猛进的今天，保留乡愁与人文记忆的重要载体。

奉贤的非物质文化遗产经过不断发掘、传承和申报，有不少已被列为非物质文化遗产保护名录，其中有两项还被列入国家级非物质文化遗产名录，其他列入上海市级非物质文化遗产名录、区级非物质文化遗产名录的共计20余项，涉及多个门类。传统音乐类有江南丝竹、孙文明民间二胡曲及演奏技艺；传统舞蹈类有打莲湘、滚灯；传统戏剧类有奉贤山歌剧；民间文学类有白杨村山歌；传统美术类有奉贤乡土纸艺、奉城木雕、琉璃烧制技艺；传统技艺类有鼎丰乳腐酿造工艺、传统戏曲服装制作技艺、土布染织技艺、神仙酒传统酿造技艺、风筝制作技艺、青团制作技艺、陶瓷修复技艺（锔瓷）、传统木船制作技艺等；曲艺类有奉贤清音；传统体育、游艺与杂技类有鞭杆技艺，传统医药类有王氏疗疮膏药制作技艺；民俗类有羊肉烧酒食俗。其中，孙文明民间二胡曲及演奏技艺和滚灯被列入国家级非物质文化遗产名录。

深厚的文化底蕴、辈出的名人先贤、源远流长的爱国主义传统、丰富多彩的文化遗产为奉贤的文化建设、家风建设提供了深厚的文化沃土。

二、社会主义精神文明建设的奉贤实践——从"贤"文化到"贤美"文化

从更高的层面来看,奉贤全域家风建设是在中华传统文化复兴的时代大背景下,作为推进地方文化建设的一个方面而开展的。因此,在总结奉贤家风建设的基本情况之前,先对奉贤文化建设的总体历程进行系统梳理。

(一)"贤"文化建设的缘起

1. 缘于自身的历史文化资源禀赋

在中国传统文化中,"贤"是一个非常重要的概念,它代表着德行和才能。"圣贤""贤人"等和"君子"一样是对理想人格的一种称谓,也是人们在进学修身过程中追求的目标,是值得模仿与效法的榜样。对贤者的尊崇,自孔子已然,"见贤思齐焉,见不贤而内自省也"的教诫正是其尚贤精神的鲜明体现。孔子门下弟子三千,"身通六艺者七十有二人",然而在《论语》中被孔子赞之以"贤"的只有颜渊,因为"贤"是一种综合性的品质,在孔子看来,也许其弟子中只有像颜渊这样,既有"不迁怒,不贰过"的道德美德,又有"闻一以知十"的理性和智慧,还有箪食瓢饮、身处陋巷而不改其乐的豁达境界,才够得上贤者的资格。在中国历史传统中,"贤者""贤人"不仅仅是个体性的自我完善的追求目标,"能者在职,贤者在位"也是传统中对理想政治图景的设想和诉求。如孟子要求在位者"尊贤使能",荀子要求在位者"尚贤使能"就是明证。这一诉求背后的理由就是先秦墨家所揭示的:"贤良之士,厚乎德行,辩乎言谈,博乎道术者乎,此固国家之珍,而社稷之佐也。"(《墨子·尚贤上》)贤者具备多方面的品质,决定了其是参与社会治理的适宜人选。

围绕"贤"而产生的一系列思想、观念,如果我们称之为"贤"文化的话,它的内容将是多方面的,"涉及教化、铨选、惩戒等诸多系统"①。它是由个体意义上的希贤、学贤、修贤、成贤,到政治意义上的尚贤、选贤、养贤、任贤等构成的一个具有内在关联的宏大文化传统。此一文化传统本是中国传统文化中固有的重要构成部分,并非奉贤所独有。然而,由于特殊的历史机缘,"贤"文化却成为奉贤地方文化的特色。这个机缘就是公元前444年,孔子弟子言偃来奉贤清溪讲学的故事,因其开启一方民智、教化一方百姓之功,受到当地百姓的尊崇和礼敬,由此在本地形成了特别敬奉贤人的传统。这一历史文化传统是一笔宝贵的精神财富。2007年,时任上海市委书记习近平在奉贤视察时指出:"奉贤的地名很有特点,敬奉贤人、见贤思齐,地名本身就体现民风之淳厚。"②奉贤"贤"文化所蕴含的"敬奉贤人,见贤思齐"的人文精神传统,是开展"贤"文化建设的底气所在,也是"贤"文化建设能够取得成功的坚实根基。

2. 缘于传统文化复兴的时代背景

自党的十一届三中全会拉开改革开放的大幕之后,中国商品经济飞速发展,社会主义市场经济制度亦随之确立。改革开放以来,中国经济建设取得了令世人瞩目的伟大成就,从解决温饱到全面建成小康社会,并继续向强国的目标迈进。与此相应,中国在国际上的地位也不断提升,日益走向世界舞台中央。国家走向富强

---

① 奉贤区贤文化研究会:《〈贤文化〉导论:中华传统贤文化的历史进程与现代转型》,上海人民出版社2019年版,第1页。
② 《上海市精神文明建设简报(总第762期)》(2014年12月29日),中国文明网,http://sh.wenming.cn/jb/201412/t20141229_2374531.htm,最后浏览日期:2022年5月1日。

激起了国人文化上的自信,改革开放40余年的历程从某种程度上说也是国人逐步认同、复兴自身文化传统的过程。其集中体现就是儒家文化重新回归国人的视野以及"国学热"的兴起。特别是中央电视台科教频道推出的《百家讲坛》栏目,对中国优秀传统文化的普及起到了极大的促进作用。20世纪下半叶,同属儒家文化圈的"亚洲四小龙"发展迅速,实现了经济崛起与腾飞,因此之故,以儒家文化为主的"亚洲价值"在国际学术界受到了重视。一个具有典型意义的事件就是1993年在美国芝加哥召开世界宗教会议,来自全球几乎所有宗教派别的6 500名宗教领袖通过了由孔汉思先生起草的《全球伦理宣言》,孔子的"己所不欲,勿施于人"作为全球伦理的基石被写了进去。另外,20世纪90年代李光耀提出的"亚洲价值观"也是其表现。

可以看到,中国传统文化的复兴有因经济社会发展的成功带来的文化上的自觉自信,但更重要的原因是中国传统文化中的优秀内容在今天展现出积极的时代价值。特别是其中蕴含的道德规范、治国理政的经验和智慧等内容,无论是在国家治理、国际关系,还是在解决当前人类面临的一些共同难题中,这些中国传统文化中的理念和智慧都可以为我们提供借鉴。在传统文化复兴的时代进程中,奉贤开展"贤"文化建设,发掘"贤"文化中蕴含的丰富内涵和时代价值,为本地社会经济发展提供精神动力,为精神文明建设提供资源,为优秀传统文化复兴贡献一份自己的力量,自是题中应有之义。

3. 缘于提升文化软实力的现实需要

我们经常会听到这样一种说法:19世纪靠军事改变世界,20世纪靠经济改变世界,21世纪则靠文化改变世界。还有一种与此相类似的说法:国家或地区之间10年比的是经济,50年比的是制度,100年比的是文化。这两种说法反映了一种共同趋势,即随着社会的发展,在未来的国际竞争中,文化的重要性将越来越凸显。1990年,美国学者约瑟夫·奈(Joseph Nye)首次提出"软权力"(soft power)概念,即利用文化、意识形态、制度等无形资源影响其他国家的能力。这种影响力的来源除了一个国家的政治价值观、外交政策等因素之外,还有一个更为重要也是最核心的方面,即文化上的感召力和影响力。[1] 正是在这一意义上,我们才说"文化是一个国家、一个民族的灵魂。文化自信是更基础、更广泛、更深厚的自信,是一个国家、一个民族发展中更基本、更深沉、更持久的力量"[2]。因为文化"总是'润物细无声'地融入经济力量、政治力量、社会力量,成为经济发展的'助推器'、政治文明的'导航灯'、社会和谐的'黏合剂'"[3]。

文化作为一种"软实力"的意义对国家而言是如此,对一个地域、一个城市而言同样如此。在现代社会中,地方文化建设作为"软实力"是体现一个地域竞争力的重要指标,它可以提高居民的整体素质,提升本地区的人文环境,进而提升本地区的形象和品位,在对外交流合作中,吸引人才上更加有魅力;它更是一条无形的纽带,独特的地域文化会使生活在其中的居民增进认同,从而促进社会团结和谐;同时,地方文化建设也会对一个地域经济社会发展产生强大的驱动作用,为促进其发展提供无形的内生动力。就此而言,立足本地文化资源禀赋,开展"贤"文化

---

[1] 舒俊:《中国文化软实力研究的回顾与思考》,《文化软实力》2017年第2期。
[2] 中共中央宣传部编:《习近平新时代中国特色社会主义思想学习纲要》,学习出版社、人民出版社2019年版,第138页。
[3] 习近平:《文化是灵魂》,载习近平著《之江新语》,浙江人民出版社2007年版,第149页。

建设是更好发挥文化在凝聚精神力量、提升市民文明素养、促进社会和谐、促进经济发展、增强区域竞争力等方面作用的必然要求。

(二)"贤"文化建设的探索实践

2007年,奉贤区确立创建上海市文明城区的目标,提出开展以"敬奉贤人、见贤思齐"为主题的文明城区创建活动,并于2009年10月制定了《关于进一步加强"贤"文化建设 促进区域文化发展的若干意见》,自此"贤"文化建设全面开展,全区上下广泛动员,采取一系列举措进行实践探索,取得了积极成效。

1. 搭建平台,传承创新"贤"文化

一是开设"言子讲坛"等平台,传承"贤"文化。截至目前,"言子讲坛"已举办百余场,内容包括传统人文、经典文化、科技知识、政策理论、法律法规等;"道德讲堂"开设了数百个,举办"贤系列"活动近千场,"话贤事、学贤经、谈贤德、看贤片、唱贤歌",参与群众逾8万人。

二是创建"三校一堂"等平台,培育"贤"文化。"三校",即2007年起在全区170多个行政村设立的村民学校、69个社区居委设立的市民学校、千余个规模以上企业设立的职工学校。"一堂",即全区开设的2 000多个宅基课堂,把课堂办到农民家门口。

三是探索"固定与流动相结合"的宣教平台,传播"贤"文化。为使"贤"文化进入村村户户,奉贤广播电台开办"话说奉贤"栏目、海湾镇中港居民区开设"百姓坊",采用讲座、展演、互动等方式,实现"党的方针政策讲一讲、邻里纠纷劝一劝、好人好事夸一夸",用身边人事迹创作的大型沪剧《风雨同舟》,宣传了贤人贤事,阐明了"贤"文化的真谛。

2. 开展系列活动，建设城乡精神文明

一是以"敬贤、学贤、齐贤"为精神引领贤良风尚。编写《经典诵贤》市民读本，组织"诵中华经典、做贤德之人"中华经典诵读活动。举办"圆梦行动"，发动全区人民为困难家庭和个人圆一个心中梦，每年征集梦想100个，并完成圆梦。建立"今日贤人网"，每年推出一批身边"微感动"人物的事迹，推出"感动奉贤十大贤人"道德模范人物。

二是以"宅基、街巷、教室"为阵地传播贤德之道。在全区2 000多个宅基课堂上，一支干部、党员和志愿者为主的师资队伍，以"言子"式的"布道传教"方式，传播"文明奉贤、礼仪贤城"新理念，培育"崇贤有为、践贤美德"新道德。在全区各类学校开展"争当贤少年、引领好风尚""做一个有道德的人"等主题活动，编印《中小幼学生中华经典诵读读本》《贤文化》校本教材等。

三是以"融经济、融社建、融条线"为途径建设贤能之城。倡导建设机关"贤"文化，培育一支德才兼备、贤人风骨的公务员队伍，争创群众满意的机关，推进服务型政府的建设。发挥有政治身份的企业家的作用，引导其所创办的企业100%建立工会组织，100%建立集体协商制度，100%建立职代会制度，精心打造"贤商"品牌，努力建设一支谦虚好学、诚信大度的具有奉贤特色的企业家队伍。整合社会资源，建设一支市民为主、专家参与的社区法治队伍，"一米阳光工作室""红马甲志愿调解队"等活跃在基层社区，成为社会稳定的"压舱石"。

3. 拓展"贤"文化功能，引领经济社会发展

丰富和拓展"贤"文化的内涵，发挥"贤"文化"以文载道、以文化人"的功能，促进"富区"战略实施，培育德才兼备的干部、集聚贤良之才；坚持弘扬奉贤人民敢于争先、不甘落后的精神传统和向先

进学习、向先进看齐的工作作风,努力提升经济增长质量和效益,积极适应经济发展新常态,促进经济结构调整升级;结合践行党的群众路线教育实践活动和"三严三实"专题教育活动,在全区党员干部队伍中开展"贤城先锋"系列活动,全面推进全区党员干部队伍建设。坚持在全区公务员队伍中倡导以"忠诚、廉洁、务实、创新、服务、奉献"为主要内容的机关"贤"文化,使"比学赶超"成为全区党员干部的精神追求和自觉行动。同时,通过继承"尊重知识、尊重人才"的优良传统,以"敬奉贤人、海纳百川、诚信友善"的开放心态构建人才高地和优化经济发展环境。此外,把"贤"文化建设融入社会治理实践,使社会诚信建设与环境整治、拆违控违等社会治理工作任务挂钩,将"贤"文化建设中形成的"软约束"转化为规范社会治理各主体的"硬规则"。

4. 广招"贤才人、贤达人",优化人才队伍结构

一是吸纳优秀人才落户奉贤。实施"滨海贤人"计划,开展区领导结对联系高层次人才活动,签订优秀人才工作目标责任书和结对带教协议,与国内知名院校开展人才培养合作。加大区校融合发展,搭建科技创新平台吸引人才落户,积极组建院士工作站。

二是建设"千人计划"创业园。出台相关人才政策,营造"近悦远来、群贤毕至"的氛围。近年来,上海"千人计划"创业园先后接待了数百名"千人计划"专家及其团队来奉考察洽谈,并有大量的高科技项目成功落户创业园。

三是引进新阶层人士挂职。奉贤区委建立新社会阶层代表人士奉贤实践锻炼基地,吸收上海新阶层代表人士到奉贤区政府部门挂职,发挥了"鲶鱼效应",给奉贤经济社会发展带来新的活力和专业优势。

(三)"贤"文化建设的拓展提升

随着时代发展,文化建设的内涵也需要与时俱进,需要不断丰富。进入新时代,围绕人民群众的美好生活需要和对美的向往追求,奉贤区委区政府将"奉贤美、奉贤强"确立为全区发展战略目标,在传承弘扬"贤"文化的同时,着力在"美"字上做文章。2018年8月23日,区委召开奉贤区实施全域"美育工程"推进大会,动员部署全区各地区、各部门、各单位和各行业全面参与,通过开展全域"美育工程",加大对"贤"文化、"美"文化的培育力度,打响"贤美"文化品牌,走出了一条具有奉贤文化特色的差异化发展之路。奉贤区委还在同年推出《奉贤区"美育工程"三年行动计划》,对全区"贤美"文化教育培训体系、关键领域的教育实践活动做了顶层设计和组织实施。相关工作综合起来着重在以下三个方面展开。

一是"贤""美"融合,创新文化教育。围绕"传统文化润贤城"主题,每年举办"美育修身"百场公益活动,精心打造"我们的节日""孝贤""书香""好家风"等系列修身主题活动,以及开展中秋游园会、孝贤文化节、言子讲坛、贤人颁证等美育实践活动。举办美育修身嘉年华、美育修身展示季等活动,编撰市民修身读本《画说修身》、美育展示画册《贤美奉贤》,推出"江南贤韵 美谷印象"——奉贤区"美育修身·人文行走"路线及手绘地图,利用多种载体、多种形式展示美育成果,引导广大市民寻找、发现、分享身边的美。依托"贤苑"等美育修身阵地,打造"讲贤堂"品牌,开设"乡土温度 贤城行走""贤城美谈"等美育修身课程,充分彰显"传统文化+美育修身"的社会文明新风尚。

二是"贤""美"融合,拓展文化空间。经过不断地建设和完善,"贤美"文化的宣传阵地——贤苑已成为集旅游休闲与"贤美"文化教育为一体的主题文化公园,成为展示了解"贤美"文化的窗口。坐落于上海市五星级公园——古华公园内的贤苑,已被打造成举行市民文化讲座、文化体验、文化品鉴的重要场所。九棵树未来艺术中心、奉贤博物馆等一批文化空间的落成和投入使用,极大地提升了广大市民美育修身的文化体验,成为"贤美"文化的新地标。近年来,以开展"文明之城·美在奉贤"十大最美系列创评活动为抓手,以评促创、典型示范,打造了最美乡村、最美家园、最美街区、最美河道、最美公园(绿地)、最美校园、最美庭院(阳台)、最美文化空间、最美灯光景观及最美厂区共110个"最美"点位。"贤美"文化空间不断拓展,为"贤美"文化的培育提供了坚实的物理载体。

三是"贤""美"融合,塑造文化品牌。"十三五"期间,奉贤区秉持"内外双修"的原则,培育形成了"慈善孝贤"文化研讨及微电影大赛、"文明之城·美在奉贤""齐贤修身"主题教育活动、全域"美育工程"等引领性的"贤美"文化特色工作品牌以及"群贤俱乐部""乡贤工作室"等群众性社会团体。此外,奉贤区将"贤"文化、自然生态、美丽健康产业等"贤""美"元素相结合,聚合品牌的传播力量,有力提升了"贤美"文化的知晓度与影响力。

通过近几年的持续推进,"贤"文化的内涵和外延由此得到了进一步丰富和拓展,"贤"文化实现了向"贤美"文化的跨越。当然,"贤美"文化提出的时间还不长,无论是在理论上还是实践上都有进一步提升的空间。主要有以下四个方面:一是"贤美"文化的内涵有待进一步研究,特别是融"贤""美"二者为一体的"贤美"文化还需要深入系统的研究,其内涵还有待进一步凝练明确;二是"贤美"文化的影响力有待提升,在知名度、辨识度、美誉度上仍需进一步加强宣传和推广,以增强外界对本地文化的了解以及大众对本地文化品牌的认可,提升本地的文化旅游、特色民俗以及相关文化产业产品的吸引力;三是"贤美"文化的资源仍需进一步开发,像言子讲学的历史故事、华亭海塘历史遗迹、各种非物质文化遗产以及近年来打造的"最美"系列景观,都是"贤美"文化的重要物质载体,但是本地普通市民以及外地人对这些历史文化资源的了解还不够深入,参访文化景点、场馆的外地民众不多,需要进一步串点成线,突出体现"贤美"文化品牌特色的文创产业和旅游线路,通过整体的整合形成强大的品牌效应;四是"贤美"文化的人才支撑仍较薄弱,奉贤在文化人才上面临的问题是高端文化人才数量不多,目前工作生活在区内的知名度高、影响力大的文化大师、文化名家少,文化经营管理人才缺乏,在文化事业单位和文化产业管理部门中,熟悉文化市场规则、把握该领域业务发展方向、具有先进管理理念的专业化人才数量不足等。这些都是在接下来的工作中需要着力破解的问题。

三、家风建设是"贤美"文化建设的重要构成部分

在"贤"文化以及"贤美"文化建设过程中,家风建设基于"家"文化与"贤"文化的内在关联,以及立意高、切口小的优点而成为地方文化建设的重要抓手,并逐步成为地方文化建设的重要构成部分和贯穿始终的主线。

(一)"家"文化与"贤"文化

"家"文化与"贤"文化看似属于两个不同的文化领域,实质上则相互交融。二者的关系可以从两个方面来看,从"家"文化来看,中国"家"文化中一个十分显著的特点是对家风家教的重视。千百年来,上到王公贵族,下到普通百姓,都有注重家风的传统。通过家风能彰显一个家庭、一个家族的价值取向以及为人处世的态度,

关乎一个家族的社会声誉。良好家风的形成则是通过家长对子孙乃至对族人的教育来实现,或者通过言传身教、耳提面命的方式,或者通过制定家规、家训以供子孙族人学习和遵守的方式。从那些留存于世的家规家训中,我们可以看到,里面涉及的内容相当广泛,以被誉为"家训之祖"的《颜氏家训》为例,它不仅涉及教子修身、治家,还兼论字画、音训以及养生等内容。但是概而观之,历代家规家训聚焦的重点仍在修身立德、读书为学、孝亲悌长等主要方面。家风文化的内在精神是对子孙后人完美人格的期盼与追求,其核心就是"教导后人成为一个完美的人——先君子,后圣贤,即同时兼具德性与智慧……进而形成优良家风,享誉乡里,福泽后世"①。从这里,我们就可以看到"家"文化与"贤"文化的某种内在统一性,即良好家风的形成过程本身也是君子、贤人抑或圣贤的养成过程。

"贤"文化固然是一个涉及多方面的广泛的综合性系统,但是从理论逻辑上讲,何谓贤人或何谓圣贤是"贤"文化论域中排在第一序的问题,从实践逻辑上讲,如何养成贤人、圣贤才是第一序的问题。只有在此基础上才有衍生性的个体角度的希贤、慕贤、学贤等一系列敬仰、效仿贤人的文化传统,同样,只有在此基础上才有社会和政治角度上的选贤、举贤、任贤等一系列旨在保障贤人能够充分发挥其社会政治功能的文化传统。于此而言,可以说如何养成贤人即使不是"贤"文化中的首要问题,起码也是一个重要问题。养成贤人和养成君子一样,在传统中是有一套基本程序和方法的,即朱子在《大学章句序》中所说的在学校接受从小学到大学,从洒

---

① 谢青松主编:《中国传统家风家训与当代道德建设》,中国社会科学出版社2017年版,第85页。

扫、应对、进退之节,礼乐、射御、书数之文到穷理、正心、修己、治人之道的整个教育学习过程。① 很显然,这里涉及的学习内容没有哪一项是可以纯粹在学校得以完成的。洒扫、应对、进退之节自不必说,家庭是最好的练习之地,即便穷理、正心、修己、治人之道也同样需要在家庭生活中,在以家庭为中心构建的人伦关系中才能得到践行和锻炼。所以,对于"贤"文化而言,乃至对一切有关于道德人格养成而言,家庭是其生发培育的重要场所。正是在此意义上,钱穆先生说:"故中国人的家庭,实即中国人的教堂。"②

"家"文化和"贤"文化不仅在价值追求上存在某种程度的一致性,而且二者本身也是互为目的与手段,家庭是养成贤人的场所,良好家风形成的同时也是贤人、君子的培养过程,而希贤、学贤、教导子弟做贤人君子本身也是家风、家训、家教的重要目标和导向。

(二) 家风建设的现实背景

1. 破解行政区划调整带来的问题

2006年,奉贤区南桥镇进行区划调整,一些临近的村子进行合并,合并初期,由于原来的村相互之间存在一些壁垒,村民之间无法完全融合,为了化解区划调整后产生的新矛盾,奉贤基层开始自发地探索通过推动家风建设促进基层治理创新。以杨王村为例,区划调整后,西胡村、牌楼村并入杨王村,合并后的"新杨王"出现了不少新问题和新矛盾。为了打破村民之间的隔阂,构建和谐的"新杨王"村,在基层党支部和村委会的组织发动下,杨王村开展全村家家写家训活动,倡导村民在延续、整理原有家训的基础上,结合各家各户自身的特点,按照与时俱进的原则和体现"昂扬向

---

① 朱熹:《四书章句集注》,中华书局2011年版,第2页。
② 钱穆:《灵魂与心》,广西师范大学出版社2004年版,第20页。

上,善于创新,争创一流"的杨王精神要求,推陈出新,撰写既符合时代精神又延续传统家训、家规、家风优秀内核的新家训。通过多轮的培育活动,几乎全部村民家庭都有了各具特色的家训,体裁形式生动活泼,内容积极、丰富,极具时代特色,既有关于敬老爱幼、睦邻友好等内容,也有关于爱护环境、倡导健康生活、反对迷信赌博等具有现实针对性的内容。村里还通过宣传栏、村报等平台把发生在身边的好人好事、先进典型进行公示表彰。正是通过这种方式,杨王村取得了以家风带民风、以民风带村风的显著成效。奉贤家风建设便是发端于此。此时的家风建设只是基层和个别村的一种自发自为的活动,还没有在全区范围内广泛开展,但是其对基层社会治理和精神文明建设所起到的效果却极具示范意义。

2. 落细落小落实"贤"文化建设的需要

在推进"贤"文化建设的过程中,如何找到一个有力的抓手?如何让"贤"文化更接地气?如何通过"贤"文化建设最直观地影响和改变个人、家庭以及社会的价值取向和道德风气?这些是相关部门始终在不断探索和思考的问题。因为文化建设只有和每个人、每个家庭息息相关,才能得到广大人民群众的积极响应与热情参与,只有接地气、有针对性和实效性,才能持续深入、行稳致远。家风建设正是一个好的突破口。一方面,奉贤域内历史上的一些大姓望族仍然留存大量的家规家训,只需要取其精华去其糟粕、创新转化就是现成的资源和德育"教科书"。前期以杨王村为代表的基层实践则提供了很好的范例,证明了开展家风建设的可行性,同时也积累了丰富的经验。另一方面,家训家风关联千家万户,以家风化民风,以民风促社风,能以文化人的作用将文化建设的效果很好地发挥出来。而且好家训好家风的培育切口小、立意高,得民心、切民情,不仅契合习近平总书记关于"注重家庭、注重家教、注重家风"建设系列重要论述的精神要求,也契合"贤"文化传承弘扬、精神文明建设的需求和社会主义核心价值观的要求。因此,在"贤"文化以及后来"贤美"文化的建设中,家风建设不仅是重要构成部分,而且是贯穿始终的主线。

(三)家风建设的推进路径

1. 系统规划,有序推进

首先,加强领导,建立推进机制。自2013年年初,奉贤区承办市文明办"推进'好家训、好家风'形成"试点工作项目之后,奉贤区便将培育好家训好家风工作作为提高家风教育水平、提升家庭文明素质、推进"贤"文化建设和文明城区创建的重要抓手,成立了由时任区委书记任组长的领导小组,建立横向到边、纵向到底的工作责任机制。同时,奉贤还组建专项工作组,形成区委牵头、条块合力的工作推进机制,并以文件形式向全区发出《关于开展传承好家训、培育好家风、弘扬"贤"文化、共筑"中国梦"系列活动的通知》,在全区内进行广泛发动。各街镇也根据自身情况建立相应的工作推进机制,成立由街镇党委主要领导为负责人、相关职能部门负责人为成员的组织领导机构。

其次,制订方案,明确推进任务。2014年2月,经区精神文明建设委员会研究决定,制定了《奉贤区全面推进好家风培育工作方案》,确定工作目标。奉贤明确了以"贤"文化孕育好家风、以家庭文明建设助推好家风、以传承好家训凝练好家风三项具体任务。从活动推进、理论研究、工作调研、经验提炼、成果形成等多个方面制定细分任务,责任明确到具体部门和具体时间节点。全区按照试点示范、面上发动、系统推进的步骤全面开展好家风培育工作。

最后,聚焦重点,全面覆盖。聚焦理论研究,与有关研究机构、高等院校、传统文化学术团体建立好家训、好家风研究和推进工作联席会议制度,积极举办或参与相关理论研讨会。2014年8月7日,在奉贤区召开"上海市家训家风文化的传承与发展"研讨会,参与由中宣部、中央文明办举办的全国农村精神文明建设工作交流会等,围绕弘扬好家训、好家风的时代意义、推行路径以及如何与培育社会主义核心价值观相融合等理论问题进行深入研讨交流,夯实家风建设的理论基础。聚焦重点村居,培育基层好家风建设的亮点,形成规模效应;同时聚焦群体特点,让好家训、好家风从家庭出发,延伸至市民、学生以及党员干部群体,通过家风建设促进村风、社风、校风、政风建设,逐步实现城乡、各行业、各年龄段全覆盖。

2. 发掘资源,传承创新

中华优秀传统文化是中华民族的根和魂,中华优秀传统文化中蕴含的哲学思想、人文精神、道德规范是非常宝贵的文化资源。奉贤区在开展家风建设的过程中,按照古为今用、推陈出新、有鉴别地加以对待、有扬弃地予以继承的原则对本地的传统文化资源进行发掘和利用。这主要体现在以下三个方面。

一是搜集整理本地留存的历代家规家训,对其中蕴含的积极内容和价值观念进行提炼概括,发挥传统家规家训对家风建设的滋养作用。自家风建设活动开展之后,先后对本地留存的庄氏家训、新寺赵氏家训、头桥周氏祖训等14种家规家训进行系统梳理,确立"贤、爱、慈、俭、廉、善、和、化、孝、勤、立、德、信、节、谦、礼、诚、义"十八字主题,鼓励广大群众依此编写家规家训,传承优秀的传统价值观念与道德规范。

二是结合时代发展,进行内容上的创新,突出时代特色。在继承弘扬优秀传统家规家训核心理念的基础上,广泛融入时代因素,一方面,将家规家训作为落实培育和弘扬社会主义核心价值观的新要求的重要载体,突出强调爱党、爱国、爱社会主义、爱家乡等内容;另一方面,将倡导诚实守信、勤劳致富、孝老爱亲、邻里和睦、见义勇为、学文化讲科学、讲文明讲卫生、倡导生态文明、反对封建迷信黄赌毒等社会主义文明新风纳入家规家训之中,在与时代的紧密结合中实现传统家规家训的创造性转化与创新性发展。

三是丰富家规家训的体裁和表现形式。广大群众在编写家规家训时,体裁不拘一格,既可以工整对仗,也可以通俗直白。人民群众把写家规、写家训当作关系个人和家庭形象的大事,全家上阵、人人动脑,努力把最适合自己家庭的、最希望做到的话写入家规家训。既有倡导勤劳节俭的家训,如"片瓦条椽皆非容易,寸田尺地勿使抛荒",强调珍惜当下的家训,如"得甜勿忘苦,饮水当思源",也有教导为人处世的家训,如"为子女要孝,为配偶要忠,为朋友要义,为同事要爱,为邻居要谦",还有针对子女教育的家训,如"忠厚传家久、诗书继世长",等等。这些简洁、易懂的家训,体现了群众的智慧,反映了价值观的大主题,弘扬了社会的正能量。

3. 宣传推广,营造氛围

奉贤区在开展家风建设的过程中,利用各种方式和途径进行广泛宣传,推动广大人民群众积极参与其中,营造出建设好家风的浓厚氛围。充分利用本地广播电视台、《奉贤报》、奉贤文明网以及橱窗板报、公益广告、微博、微信等各类传统媒体与新媒体资源,大力宣传开展家风建设的重大意义,介绍优秀家训格言,刊发身边的好家风小故事,及时报道全区各地好家风建设活动动态等,提高人们对开展家风建设的认同度,调动全区人民的参与热情。同时,动员区内各类文艺团体以好家训治家格言和好家风小故事为原型,创作出一批形式多样、内容通俗易懂、富有乡土气息的文艺节目,在各种场合和活动中进行演出展示。庄行镇通过"庄行故事会",用乡音土话讲述和表演好家风好家训故事;柘林镇把好家风小故事拍摄成三五分钟的方言版微电影,在每部微电影的结尾还附上征集到的优秀治家格言,到各村巡回展播。充分利用基层文化阵地,发挥宅基讲堂、流动教室、职工学校、农家会所、睦邻课堂间等基层阵地的作用,通过征集、书画、诵读、悬挂等环节对好家风、好家训进行充分展示,让大家相互学习、相互监督,形成有效的舆论场。除此之外,奉贤区还在全区内深入开展好家训治家格言和好家风小故事征集、评选和展示活动,截至2014年年底,已征集家训88 443条,家风小故事5 801个。在各村举办评议会,评选好家风、好家训并汇编成册,发给城乡居民学习借鉴。自2016年3月开始,奉贤区策划开展"传家风、扬美德、作表率"——"好家训好家风"系列展示活动。通过党员领导干部好家风培育工作研讨会、海上家风主题展进市委党校、好家训好家风原创沪剧展演及书法展览、好家训好家风理论与实践探索、好家训好家风四季采风、好家训好家风现场教学点建设等活动,展现奉贤好家风培育工作成果,激发党员干部廉洁修身、廉洁齐家,推动社会主义核心价值观落地生根。正是通过一系列的宣传推广活动以及广大党员干部的带头示范,奉贤人民对开展家风建设的重要意义与作用形成了广泛的共识,人们对撰写家规家训、建设家风也由从上层推动转变为积极主动参与,全区上下形成了人人学家训、家家写家训、户户重家教、争创好家风的生动局面。

4. 完善机制,引导践行

好的家训是好家风传承的载体,而不是好家风本身。撰写家规家训本身不是目的,其目的是通过撰写订立家规家训、学习家训从而落实到每个家庭成员的一言一行中,形成良好的家风,进而促进乡风文明、社风淳朴。对党员干部而言,撰写订立家规家训、学习家训、涵养好家风还有助于形成风清气正的党风政风。这些才是开展家风建设活动的最终出发点和落脚点。所以,开展家风建设最关键的是如何让人民群众以及党员干部去践行家训,塑造好自己的家风。为了切实让家风建设取得实效,奉贤区委、区政府在开展家风建设的活动中,从群众工作和生活实际出发,通过采取一系列举措,不断完善激励和约束机制,依托创建载体,引导自觉践行家风家训。

一是将家风建设融入日常的各类主题活动中,以活动促落实。在我推荐我评议"身边好人"、家庭美德进万家、家庭教育宣传周、学雷锋做好事、志愿服务活动等道德实践活动中,突出好家风、好家训的内容,推动家训家风落实到生产生活和日常言行之中,落实到实现个人理想和家庭幸福之中。

二是将家风建设融入文明城区创建中,以创建促落实。把评选好家风、好家训活动纳入文明城区创建整体框架,与文明家庭达标创建、"星级文明户""贤城好婆媳""贤城最美家庭"等创建活动有机结合,深入开展教育,不断扩大影响。杨王村把家风家训连同"星级户""党员之家"等标识一起挂在村民家门口,鞭策村民正衣冠、做好人、行善事便是这种结合的典型。

三是将家风建设融入干部评价中,以考核促落实。把践行家训、培育家风情况作为领导干部选拔和人才引入评价标准的重要依据,以此推动社会公德、家庭美德、个人品德同步提升。

(四) 家风建设的着力点

第一,突出时代要求,着力于社会主义核心价值观落地生根。社会主义核心价值观是马克思主义中国化的重要成果,是中华优秀传统文化创造性转化、创新性发展的生动体现。"富强、民主、文明、和谐,自由、平等、公正、法治,爱国、敬业、诚信、友善"二十四个字把涉及国家、社会、公民三个层面的价值要求融为一体,深入回答了要建设什么样的国家、建设什么样的社会、培育什么样的公民的重大问题。社会主义核心价值观反映了现阶段全国各族人民的价值共识,在凝聚全社会意志和力量上起着文化中轴作用,是国家的重要稳定器。培育和弘扬社会主义核心价值观是一项长期和系统的工程,需要多举措多途径共同推进,特别是要从中华优秀传统文化中汲取丰富营养,传统文化中蕴含的丰富道德资源,是涵养社会主义核心价值观的重要源泉。着眼于此,奉贤区在推进家风建设的过程中,将家风建设作为推动社会主义核心价值观落实、落地、落细的重要抓手,把家风建设与培育弘扬社会主义核心价值观紧密结合起来。在编写家规家训以及村规民约过程中,紧扣时代要求:一方面,对祖上传承下来的家规家训中关于宣扬封建社会纲常伦理,如"三纲五常"等明显不适应现代社会文明理念和价值取向的内容,以及如带有私刑性质的家规族规等明显违背法治要求的内容,坚决予以去除;另一方面,对传统家规家训中适应现代社会的部分或对涵养道德、养成良好品质、促人上进仍有积极作用的内容,如"孝友明德,仁礼正心"(庄行庄氏家训)、"静心读书,静心学业"(泰日朱氏家训)等加以保留传承。同时,充分发挥"贤"文化的基础作用,结合实际,积极融入社会主义核心价值观的内容。这在奉贤区一些姓氏宗族近年新修的家谱对族人的要求中有大量体现,如《宋氏家谱序言》中写到"遵纪守法、爱国爱乡、固土守家、敬业乐群",体现了爱国、敬业的社会主义核心价值观,其他如平等、公正、法治、诚信、友善等价值观皆有体现,不胜枚举。此外,在公园、展馆等各类文化设施中,在开展的各类文化公益活动中,以老百姓喜闻乐见的方式融好家风的培养与社会主义核心价值观的培育于一体。

第二，突出党员干部，着力于党风廉政建设。党的十八大以来，习近平总书记非常注重家庭、家教和家风建设，特别是领导干部的家风建设。领导干部作为"关键少数"，带头树立良好家风，具有重要意义。一方面，注重家风建设有利于加强干部作风建设进而促进党风政风优化。近年来反腐过程中的一些案例表明，少数领导干部正是由于家教不严、家风不正，甚至把家庭当成了"权钱交易所"，才一步一步走向腐化堕落之路，对党和国家的事业发展造成了严重损害。因此，领导干部的家风不是个人小事、家庭私事，而是直接关系到领导干部的作风，深刻影响着党风政风的优劣。另一方面，党员干部特别是领导干部带头树立良好家风，对于促进广大人民群众积极参与家风建设具有极大的示范意义与带动作用。以此之故，奉贤区在开展家风建设中紧紧抓住党员干部这个特定群体。围绕"从政、用权、修身、齐家"等重点领域，着重从意识提升、制度建设和典型引领几个方面，狠抓"关键少数"的家风建设。一是开展经常性教育，提升党员干部注重家风建设的自觉意识。对于领导干部，重在以知促行，将与好家风有关的社会公德、传统风尚、道德准则等内容纳入培训课程，邀请社会贤达与相关专家学者给全区干部做关于家庭文明建设的相关讲座、报告，引导广大干部树立守家有责的意识，增强拒腐防变的内生动力。对于基层党员干部，重在以行促知，利用宅基课堂等各类载体，将家风教育与服务、议事、调节功能结合起来，让党员干部在讲自己家里事、学身边典型人中加深对建设好家风的理解和认识。二是完善制度机制，加强对党员干部家风建设的监督考核。通过制定实施《区管领导干部德的考核评价办法》，开展干部家庭美德考评工作，引导和推动党员干部正好家风、管好家人、处好家事。将"孝敬长辈，严格要求配偶、子女等直系亲属""有违背婚姻、家庭伦理道德的反映"等与家风建设密切相关的内容纳入量化考德标准，并将家庭美德的考评结果作为干部选拔任用的重要依据。三是带头先行，强化党员干部的典型引领作用。鼓励动员党员干部积极参与社区活动，带头宣传党的政策，带头参与社区服务，带头帮助困难家庭，带头维护社区治安，带头参与文明创建，带头践行好家风。奉贤区家风建设中聚焦党员干部群体，紧密结合党风廉政建设，有力地促进了地方政治文明生态的改善，社会各界和广大人民群众对奉贤区的政风行风建设给予高度评价，综合满意度连续数年位居全市前列。

第三，突出未成年人，着力于扣好"第一扣"。青少年是家庭的未来和希望，更是国家的未来和希望，帮助未成年人扣好人生的第一粒扣子，引导下一代热爱党、热爱祖国、热爱人民、热爱中华民族，是培养担当民族复兴大任的时代新人的必然要求。奉贤区在开展家风建设中，始终把促进未成年人形成正确的世界观、人生观、价值观放在重要位置。以立德树人为基本要求，积极传播中华民族的传统美德，宣扬新时代文明风尚，采用多种途径加强对未成年人进行教育引导。在工作中，把家风家训内容编入各类校本课程，贯穿到学校教育的各个环节，如编写和推广《"贤文化"中小幼系列读本》和未成年人《家庭教育读本》，切实将优秀乡土文化和中华传统经典植根于孩子们的心灵，把家庭表现纳入中小学生的综合素质评价体系，贯穿于未成年人成长的全过程，让孩子们在阅读学习和日常生活中养成良好的习惯，从而树立正确的世界观、人生观、价值观。紧密结合学校、家庭、社会形成连贯无缝的教育网络，根据三者不同的特点相互补充，积极发挥学校教育系统性的优势，依托思想政治教学教材体系和校本课程,将优秀的家风家训内容以及其他优秀传统文化内容融入其中,促使孩子们在知识教育与品德教育上均衡发展。积极发挥家庭教育在未成年人教育中的涵养作用,呼吁家长们注重言传身教践行家训,在一言一行上做孩子的表率,把尊老爱幼、诚实守信、助人为乐、勤俭朴实、爱护环境等要求体现在生活中,把家规家训首先体现在自身的行为中,让未成年人在家庭生活中得到潜移默化的情操陶冶。倡导父母共同营造和睦温馨的家庭氛围,为孩子的健康成长、人格养成提供一个健康的环境。教育部门和学校通过定期或不定期地邀请家长共同参加各类亲子关系、家庭教育类知识讲座,提高家长教育素养和家庭教育理念,以及开展"大手牵小手"主题实践、"我爱我家"关爱留守儿童等活动,引导家长与孩子共同学好家风、好家训。积极发挥社会这个大课堂的教育作用,依托乡村学校少年宫、学生社区实践指导站等阵地,利用春节、清明、端午、中秋、重阳等传统节日,精心组织好家风、好家训经典诵读、家风小故事演讲比赛等活动,让孩子们感受家风家训的熏陶。

第四,突出城乡基层,着力于促进社会治理。社会治理是国家治理的重要内容,而社会治理的关键在于基层治理,古人云"郡县治,天下安"。基层治理直接面向广大群众,涉及面宽、量大、事多,是社会治理中最复杂、最具难度的部分。家庭作为社会最基本的单元,尽管随着时代变迁,已不具有在传统社会中的一些功能,但是从家庭在每个个体成长中具有的无可取代的作用来看,它对每个个体的价值取向、性格养成以及行为习惯有着至关重要的影响,家庭仍是现代社会中推进基层治理的一个重要切入点,新时代开展家风建设对实现基层善治仍有着极为重要的现实意义。党的十九届四中全会通过的《中共中央关于坚持和完善中国特色社会主

义制度 推进国家治理体系和治理能力现代化若干重大问题的决定》明确提出："注重发挥家庭家教家风在基层社会治理中的重要作用"。因此，奉贤区在开展家风建设中，不断拓展家风建设的内涵和外延，将家风建设与解决基层现实问题相结合，促进基层社会治理创新。一是搭建平台和载体，发挥群众的治理主体作用。依托"道德讲堂""励志讲堂"等原有阵地，在村（居）委和机关企事业单位普遍建立"道德评议"活动，并延展设立"孝贤堂""群言堂""宅基堂""睦邻堂"，作为市民、村民参与议事、表达意见建议、凝聚共识的平台，凸显市民、村民的自治管理作用。二是政府引导，激活乡贤的参与力量。区政府通过制定《关于推动"乡贤"骨干参与社区治理的实施方案》，建立组织化的平台和载体，寻找区域内有德、有智、有才且有时间、有意愿为广大群众服务的乡贤，重点培育一支扎根乡土文化，引导群众依法、理性、有序参与社会治理的乡贤力量，激发广大乡贤在社区事务协商、社区自治共治等方面发挥积极作用。三是德、法结合，提高居民文明素质。针对车抛垃圾、高空抛物、宠物扰邻等市民生活中常见的不文明行为，突出德治与法治双重教育功能，组织开展群众性主题宣传整治活动，切实提高市民的文明素质、强化市民的法治观念，努力降低不文明行为的发生率。针对奉贤区作为人口导入区，户籍人口、外来人员"倒挂"的局面，创新推出外来人员家庭文明积分卡，激励来奉人员视奉贤为第二故乡，不断引导其遵纪守规、和睦乡邻，争做奉贤好市民。

经过多年的持续实践探索，奉贤区家风建设取得了显著成效。

一是社会文明素养显著提升。好家风引领和促进了社风民风的根本好转。近年来，奉贤区不但涌现出"全国最美家庭""海上最美家庭"等，社会治安状况在上海全市也连续数年名列前茅，在上海市城市文明进步指数测评中连续多次获得郊区（县）冠军，并在

2015年成功创建成为上海市郊区第一个全国文明城区。

二是政治文明生态持续改善。由于家风建设中牢牢抓住领导干部这个"关键少数",结合各部门、各单位的作风行风建设,将领导干部的家风培育从个人小家庭延伸到工作大家庭,促进了整体的党风政风优化,社会各界和广大群众的综合满意度连续数年位居全市前列,党群关系、干群关系持续好转。

三是区域文化软实力显著提升。家风建设作为文化建设的重要构成部分,在形塑良好的社风民风、党风政风的同时,也为经济发展创造了良好的社会环境,大大提升了奉贤的美誉度,提升了城市的吸引力和影响力,大量海内外高层次人才加入奉贤,大量先进制造业企业和高端项目入驻奉贤、投资奉贤。家风建设不仅增强了奉贤区的文化软实力,也有力助推了奉贤硬实力的快速提升。

奉贤区的家风建设工作也产生了广泛的社会影响。好家风培育工作得到了中央文明办、全国妇联、市委宣传部、市文明办的高度关注和大力推广。2014年2月13日,中央文明办调研组来奉参加上海市"我们的节日·元宵"暨奉贤区"好家训好家风"主题展示活动,中央文明办、市文明办的有关领导出席活动。同年3月25日,全国妇联书记处书记一行专程来到奉贤,调研家训家风征集、寻找最美家庭等工作的开展情况;同年5月12日,中央文明办专职副主任一行专程来奉贤调研"贤"文化和"好家训好家风"培育工作并入村、入居、入校、入户开展深入调研。同年8月,在中宣部、中央文明办召开的全国农村精神文明建设工作经验交流会上,奉贤区作为全国九家之一、上海唯一的代表作了题为《传承好家风好家训,培育好村风好民风》的大会发言;市文明办在奉贤区举办"上海市家训家风文化的传承与发展研讨会",奉贤作为唯一的地区代表作主题发言;在主要由沪台学者参加的"家训家风与文化传承"学术研讨会上,奉贤作为上海唯一区县代表发言。同年9月29日,中央文明办、全国妇联在奉贤区召开"传承好家风、奉敬贤德人"华东地区现场会,全面总结推广奉贤经验。经过中央文明办及各类媒体的大量刊播推广,奉贤区的家风建设经验成为各地学习效仿的对象。

第五章
模式：家风建设的奉贤模式

第五章 模式：家风建设的奉贤模式

在中华大地上，无论其理论建构还是实践脉络，家风建设在历史上都起到了十分重要的精神支撑作用，发挥了不可替代的社会功能。在新时代中国特色社会主义条件下，家庭建设的总体要求和治理目标，就是要努力使家庭成为国家发展、民族进步、社会和谐的重要基点，要推动形成爱国爱家、相亲相爱、向上向善、共建共享的社会主义家庭文明新风尚。要把握党的家庭建设的方略，贯彻落实习近平总书记关于家庭建设的论述，各级党和政府机关、党的群团组织、政协和人民团体以及专业化社会组织就需要在各自层级主动结合本地的具体情况开展家庭建设工作。也就是说，家庭建设在基层社会治理中发挥作用，既要依靠国家层面总体的价值导向和制度支撑，也需要基层各社会治理主体在党的领导下挖掘地方特色资源，结合具体治理场景，探索具体的家庭建设模式。奉贤模式就是上海市奉贤区委和区政府摸索出的这样一种具体家庭建设模式，既具有地方特色和时代特点，又与国家整体的家庭建设要求相衔接。

一、中国特色社会主义家庭建设需要地方模式

作为家庭建设的重要组成部分，家风建设在精神文明领域集中体现了家庭与国家、社会的正向反馈，包含着作为中华传统文化、红色革命文化和社会主义先进文化辩证统一的文化建设。家

风建设传达的具体内容,既包括国家层面推动的以中华民族伟大复兴为目的的各个文化传统,也是三种文化在具体区域、具体治理场景中的辩证统一。奉贤区委一直以来推动的"贤美"文化建设,弘扬奉贤的"家"文化,就是这三种文化在具体领域的统一,为奉贤探索自身的家庭建设模式提供了基础,其家庭建设特别是家风建设,也由此与其他领域的文化建设对接并且有机共生,生成可以持续进步的建设纲领。

家风建设在国家—地方—基层各个层面,既有一般的具体要求,也有每个层面的特殊具体要求。在一般的具体要求中,家风建设指向的对象是家庭与国家、社会总体的关系,比如家国同构、舍小家为大家等说法,以及古典的"修齐治平"的理想秩序。这些一般要求集中体现于社会主义核心价值观体系。有学者认为"当代优秀家风在价值内蕴上应当是与社会主义核心价值观相一致的,在内涵体系上应表现为:以国家层面的核心价值观为引领,体现爱国爱家、家国共建的新型家国关系;以社会层面的核心价值观为引领,体现共生共荣、共享发展的新型群己关系;以个人层面的核心价值观为引领,体现敬业奉献、向上向善的新型处世原则"[①]。这是从全国、全社会的范围出发,家风建设的一般内容和要求,优先于局部的、特殊的家风建设内容。

然而,要让家风建设的一般内容和要求落到实处,必须在各个层级结合具体情况,找到工作抓手。家庭是社会的基本细胞,家庭工作必须抓住具体家庭所属的直接社会有机体的特点,才能够明确这个具体的社会与家庭之间的关系如何把握,应当如何发力。

---

① 顾莉:《家风建设与社会主义核心价值观的家庭培育》,中国社会科学出版社2020年版,第163页。

现代社会主要是根据经济系统分工分化而成：都市、小城市、地方厂矿、城乡接合部、农村、草场林区、渔区、军队，各有各的小社会有机体特点。其中主要的差异类型是城市化背景下的城市和农村。在城市化程度高的地区比在城市化程度低的地区，城市身份认同时间长的居民相比城市身份认同时间短的居民，更没有生育性别选择偏好、更认同多主体共同担责的养老模式、更注重性别平等的家庭分工。① 和西方既有的理论预期不同，城市化所带来的个人原子化，并没有进一步表现为家庭围绕"夫妻关系"而组织，而是继续保留了以"父（亲）子关系"为中轴的组织形式。② 总之，城市化程度高的地区与城市化程度低的地区，家庭建设可以利用的资源和主要达成的目标都有所不同。这一特点也应该在实际的家庭建设模式中有所体现。

家风建设需要根据其所处的小社会有机体的特点，准确结合家庭建设的一般要求和个体化要求。在这里，家庭建设的各个主体需要把握的是家庭在社会中的横向差别，除此之外，还要考虑家庭在社会中的纵向差别。家庭建设对象在社会中的纵向差别有两个维度，一是客观的方面，即对党员、领导干部特别是"关键少数"的家庭家风要求，和对群众的家风要求应当有所不同，前者比后者有更严格的要求。另一个是主观的方面，无论家庭成员的客观社会关系与身份如何，都能涌现出比较先进、可以起到模范典型作用的家风家教文化实践，也有最普通、更适用于推广的优秀家风家教。这就是家风建设中引领性和普及性的差别，其中又有主观和客观之分。

---

① 谢桂华：《城市化在路上：城市化对家庭与社会关系的影响》，社会科学文献出版社2021年版，第88—89页。

② 同上。

总结前文论述我们可以看到,作为社会治理现实要求的家庭建设,如果要由全国、全社会一般的指导要求和文化载体下沉到基层治理实践,就必须依据其工作对象(具体家庭)之间的横向差别与纵向差别有针对性地开展工作。这种具有针对性的工作,同样要在各个环节体现出中华民族优秀传统文化、革命文化和社会主义先进文化的辩证统一,服务于培育社会主义核心价值观,满足中国特色社会主义文化建设的一贯要求。家风建设是家庭建设的最终文化体现和突出部分。

正是在此基础上,上海市奉贤区在长期探索中形成了可以被称为奉贤模式的本地化的家风建设工作板块。本章主要论述奉贤模式如何是一种具有自身特色的家风建设模式,奉贤模式如何做到将家庭建设的一般性要求与地方具体治理场景相结合、在各个有差别的治理场景下有针对性地开展工作并有效纳入一个"家"文化的整全系统。

二、从全过程人民民主看中国特色社会主义家庭建设的地方模式

家风建设的基层治理实践,必须牢牢建立在新时代中国特色社会主义家庭建设的总体要求之上,也就是建立在对家国关系各个环节的把握之上。中国社会独特的家国情怀和家国关系在中国社会中的重要地位,是在传统文化中一以贯之阐明了的。然而,正如瞿同祖先生指出的那样,中国古典的家国关系和"家国同构",是建立在家长制支配的逻辑之上的。① 尽管家长制支配已经不适应

---

① 瞿同祖:《中国法律与中国社会》,中华书局1981年版,第85—87页。

现代社会,但是家长制社会下的"家国同构"实践产生的合理、积极的文化因素,仍然广泛地存在于社会实践中。因此,为了既能吸取这些积极因素,同时又不倒退回家长制支配逻辑中,关心中国现代化建设的人必须批判性继承、创新性转化既有的家庭建设文明成果。

这种继承和转化立足于现代社会中的现代家庭。现代社会的根本原则在于承认每个个体的人格权利,基于此形成现代国家保障其公民的合法权利。现代国家既保护家庭这一实体,辅导和监督社会成员组成家庭直到家庭裂解的全过程,为千千万万的家庭尽可能和睦美满创造条件,又保护家庭成员作为个人的基本权利不受侵犯。因此,国家通过法律同等保护每一个个人的人格尊严和法定权利,这就首先剥夺了家长制支配逻辑下古典国家所认可的家长根据家庭内部不平等关系随意处置家庭成员的特权。

(一) 现代中国的"家国同构"体现于全过程人民民主与倡导家庭民主作风的"同构"

古典状态下的"家国同构",实质是建立在家庭的不平等结构与政治共同体不平等结构的分形相似性之上的。既然现代国家不得不要求平等的家庭结构,其国家本身也应当建立在公民之间平等的政治权利结构上,那么古典状态的"家国同构"的社会关系基础就遭到了瓦解。然而,从中国现代化的历程来看,这里似乎出现了一个悖论。一方面,持续再生产着"家国同构"的不平等机制在现代化过程中必须也确实遭到了瓦解;另一方面,中国近代早期乃至由中国共产党领导的中国新民主主义和社会主义现代化时期,指向家国情怀的家风又切实起到了培养精英、团结干群、推动现代化建设的实际作用。于是,我们就有必要进一步挖掘中国式现代化背景下的"家国同构"从何而来,支撑其再生产的实际机制是什么。这一机制关系到基层治理实践中,应当沿着什么样的思路,依照什么样的原则制定家庭建设工作方案。

单纯从打破古典中国的"家国同构"中家长制支配的因素来看,现代社会带来的仍然只是抽象的平等。在抽象平等权利的意义上,人们无法谈论家庭与国家的关系,因为抽象平等权利是由现代社会本身容纳的交往方式和再生产运动构造出来的,如果用它来刻画家庭内部结构和国家内部结构,这种刻画无非是说出了其所刻画的家庭和国家所处的具体社会运行所不得不接受的一些原则,失掉了家庭和国家具体的伦理特征。构造现代家庭为基础的新时代"家国同构",则必须从家庭和国家的伦理特征出发。

中国式现代化首先是党领导全国各族人民开展的国家现代化建设,因此,要阐明现代家庭如何得以延续"家国同构"的文化,就必须从国家现代化建设的要求出发思考问题,特别是关注国家现代化过程中政治现代化的表现。《中共中央关于党的百年奋斗重大成就与历史经验的决议》指出:"坚定中国特色社会主义制度自信首先要坚定中国特色社会主义政治制度的自信,建设社会主义民主政治,发展社会主义政治文明。"[1]也就是说,中国特色社会主义下"家国同构"中的"国",其规定性是社会主义民主政治。国家在社会主义民主政治制度的框架下,对家庭建设进行指导,规定家庭和家庭成员的合法利益并予以保护。相应地,家庭根据其享有的合法权利,有同样的义务培养适应社会主义民主政治生活的公民。为此,家庭也需要根据民主的原则安排其家庭成员关系,发扬民主作风,正如国家政治生活根据民主的原则展开。新时代中国特色

---

[1] 《中共中央关于党的百年奋斗重大成就和历史经验的决议》,载《〈中共中央关于党的百年奋斗重大成就和历史经验的决议〉辅导读本》,人民出版社2021年版,第50页。

社会主义的"家国同构",体现于二者实践民主原则的同构性,由此批判性继承和超越了中华民族"家国同构"的文化,是新的"家国同构"。这种同构性需要通过中国共产党领导下的全过程人民民主加以有机协调,才能焕发生命力,而基层的民主实践又是全过程人民民主得以连接贯通家庭生活和政治生活的关键机制。

(二) 中国特色社会主义家风建设的地方模式是基层民主实践的产物

前文的论述表明,家风建设与基层民主建设之间不是孤立的,而是从属于同一个共同建设、同步推进的过程。以基层民主实践构建新时代的"家国同构",是基层家风建设模式的关键点所在。基层社会治理主体需要结合当地的社会特征,利用当地特色资源,有效结合基层民主与家风建设这两个环节。当地的党政机构以及人大、政协、妇联、共青团,都要参与促进基层民主与家风家教的共同建设。

以奉贤区南桥镇杨王村为例,杨王村自2006年根据村集体合并带来的治理需求推进"传承好家训·培育好家风"工作以来,不仅在基层民主自治的基础上开展了写家训、育家风的有关文化活动,还同步推进了党支部接待制度、人大代表接待制度、妇女委员接待制度、乡贤议事和接待制度等一系列社会治理的制度建设。这些制度织成了一张共建、共治、共享的社会治理网络,其中的每一环都起到了支持和巩固家庭建设的作用。党组织统筹总管,把握家庭建设的社会主义方向,引导村居家庭听党话、跟党走。人大代表普及保障家庭和家庭成员权利的国家法律,针对经济社会发展涌现出的新问题,深入调研群众意见,参与沟通、化解矛盾,并向上反映民情、改善立法。妇女组织保护家庭中的妇女儿童权利,调节家庭矛盾,为妇女介绍教育和工作机会。以村民议事堂、乡贤议事堂为表现的新型基层民主组织，灵活处理基层社会治理的突出问题，监督和评议社会治理机制的运行状况，就当地家风家教凝聚成的社会风气形成共识。

社会治理网络各自分工保障和发展家庭建设的各个方面，而家庭建设本身也支持着社会治理网络的良好运转。党员和领导干部只有严格要求家庭成员，自身做到弘扬优秀家风，才能够抵御以家族势力从公权中攫取私利的腐朽文化侵蚀，才能切实带领群众听党话、跟党走。人大代表必须对良好家风家教有深刻认识，才能够在复杂多变的基层环境中，既尊重群众的首创精神、保护当地社会的优秀风气，又捍卫国家法律、将法治与德治和自治融合。妇女组织本身就以保护家庭为己任，只有领悟良好家风建设需要把握好保护家庭和保护家庭成员二者之间的平衡，才能有针对性地开展本职工作，让妇女儿童的权利得到尊重的同时，又发挥妇女在家庭中与男子同样不可替代的支撑作用。村民议事堂、乡贤议事堂必须对何为良好家教家风有底线的认识，才能够在集中反映和处理社会治理过程中涌现的矛盾时，既不流于无效争吵，又有建立共识的基础。

基层民主和社会治理实践对家庭建设的互补作用，不仅仅体现在一个个家庭上，还体现在一系列"无家"的居民和村民身上。所谓"无家者"，除了最通常意义上的鳏、寡、孤、独以外，还包括意愿成家而尚未成家的青年男女，以及在外打拼未能享受家庭生活的群众和其他因为主客观原因未能成家的群众。与先进的家风建设相适应的基层民主与社会治理实践，应当温暖"无家者"并为其提供通常是家庭提供的家风教化，让向往美好家庭、保护美好家庭、以国家社会为大家庭的理念深入人心。在奉贤区青村镇吴房村的乡村振兴实践中，上海国盛集团发起、联合社会资本和集体资本投资的思尔腾公司,在村庄中运营新兴产业项目。思尔腾的年轻人与村庄中的老人结对开展活动,为子女不在身边的老人带来温暖,激活和延续着当地家风建设。在西渡街道的城市社区治理实践中,街道在文明委和妇联的支持下引入社会投资,聘请专业艺术社工组织,用文艺活动努力消解新城市居民间的隔阂,并且在活动中实现优秀家庭文明的濡化作用,在城市中努力滋养新时代家风建设的土壤。

(三) 中国特色社会主义家庭建设需要什么样的地方模式

综上所述,贯彻习近平新时代中国特色社会主义思想有关家庭工作的科学论述,各个社会治理主体需要衔接国家发展的一般需求与地方特色,因地制宜地探索各地的家庭建设模式,特别是家风建设模式。一套家风家教工作做法之所以能成为一种模式,从学理上讲,是因为容纳并有机协调了几个相互之间有差异的环节。

首先是城乡之间的横向差异。一种家风家教模式必须兼顾城市和乡村,特别是考虑到中国的现代化进程已经发展到了深入的城市化这一大背景。要结合城市治理和乡村振兴两个具体场景,既要有差别地开展城乡家风建设,又不能割断二者之间的联系,而是要形成融会贯通的治理体制机制。

其次是引领性和普及性家风建设之间的纵向差异。这一纵向差异的客观方面在于理应发挥模范带头作用的党员和领导干部群体,应当加以特别的约束和要求;主观方面在于既要宣传社会贤达的优秀家风家教经验,也要注意结合最广大群众广泛的朴素良善家风家教实践。一种家风家教要成为模式,在肯定以往社会精英家风中科学成分的同时,绝不能让少数人、少数家庭借机搞"门阀化",也要防止把先进表彰异化成"特殊化",而是要发动广大人民群众参与其中,让社会精英的引领性家风与百姓的普及性家风得以有机统一,不断建立家风家教工作的公共性,让家风家教真正通过每一个公民的实践敦化文教社风。

最后,一种家风建设模式不仅仅是对家庭和家庭成员展开,还要兼顾社会上的"无家者"。习近平总书记指出的"无论过去、现在还是将来,绝大多数人都生活在家庭之中"①,这里不仅仅是在说目前已经组成家庭的人,还包括尚未组成家庭的人和有过家庭的鳏、寡、孤、独之人。《礼记·礼运》中的大同理想就指明了这一点:"大道之行也,天下为公。选贤与能,讲信修睦,故人不独亲其亲,不独子其子。使老有所终,壮有所用,幼有所长,矜寡、孤独、废疾者,皆有所养……是谓大同。"②中国特色社会主义要形成的家庭文明,不是"大道既隐"而是"大道之行"的家庭文明。这种中国特色社会主义的新家庭文明风尚,也必然最终体现在各地一个个具体的家风建设模式上。奉贤模式就是奉贤区委区政府在党中央国务院和上海市委市政府的领导与支持下,探索出的这样一套家风建设模式。

三、奉贤模式的特色:奉贤"贤美"文化品牌与家风建设

奉贤地区自古以来有"敬奉贤人"的文化榜样和历史资源。在现代城市文化建设中,奉贤区委、区政府又在已有的历史积淀和基

---

① 中共中央党史和文献研究院编:《习近平关于注重家庭家教家风建设论述摘编》,中央文献出版社2021年版,第3页。
② 李学勤主编:《礼记正义》,郑玄注,孔颖达疏,北京大学出版社1999年版,第658—660页。

础上突出环境美、人文美的要求。长期的文化品牌建设,为奉贤区有关治理主体开展家风家教工作和落实党中央有关家庭工作要求提供了有利的准备条件。奉贤在城区建设的历程中,涌现出乡村振兴和城市化道路上各种居民生活形态,产生不同层次的社会治理要求,共同构成了家风建设的现实约束和实践目标。家风建设既反映奉贤城市文化建设的阶段发展,也深入贯彻"人民城市人民建,人民城市为人民"的新时代党的城市工作宗旨,丰富奉贤城区的文化内涵和人居环境。

家风建设就其本身而言,在奉贤自身的城市文化建设过程中发挥着不可替代的作用。奉贤以"贤美"作为文化建设的品牌,其中"贤"与"美"是两个层次的概念。"贤"是具备专业素质和人文关怀、能够解决复杂社会矛盾的品质。敬奉贤人标志着一种专业素质和人文关怀相结合、以解决矛盾为导向的良性文化氛围。生活在这种文化氛围中的居民,需要在社会主义核心价值观的基础上,形成何为贤人、贤人何为的共识。因此,"贤"是一种建立在一系列复杂的价值观和实践判断之上的品质。

"美"则与"贤"不同,"美"是感官直接体验的愉悦。也就是说,"贤"与"美"并不是直接统一的。奉贤城市文化品牌建设的要求,则体现了"贤"与"美"可以在人们有意识的治理实践中实现有机统一。这是因为"贤"只有借助"美",才能在居民中间催生见贤思齐的朴素情感,使居民不需要通过复杂的理论和实践也能直接感受和认同"贤";"美"也需要借助"贤",与社会现实发生关系,使居民对美的追求不流于空泛,而是可以在生活的和谐幸福中不断培育感受"美"的能力,进而产生对"更美"的需求。各个社会治理主体在实践中有意识地促进"贤"和"美"的有机统一,方能孕育出可持续的文化发展机制,而巩固这一机制是"贤美"文化建设的深刻意义所在。"贤美"文化建设因而也是奉贤根据自身资源禀赋和发展阶段,为满足人民日益增长的美好生活需要而发展出的具有哲学高度的实践。其中,家庭正是"贤美"文化的整体构架中处于基础地位的现实社会机制,而家风建设是促使这一机制健康运转的重要力量。

家庭生活是人最直接的现实生活,这是家庭的第一属性。除极少数例外,人首先在家庭中发展自身感官、获得语言能力,进而形成最基本的善恶美丑的认知。家庭的第一属性,使得家庭首先和以感性和直观为根本条件的美育紧紧结合在一起。然而,从人的社会生活角度看,家庭又是其成员的物质和精神依靠,而家庭在社会中的处境是家庭成员的第一个社会生活环境,人对社会生活的基本认知,也是对"贤"的认知,一般也是在这第一个社会生活环境中产生的。家庭的社会属性,则令家庭在以社会和谐发展、个人素质提高的自觉追求为核心的"贤"文化建设中发挥关键作用。由此可见,家庭生活是将"贤"与"美"结合起来的核心环节,而家庭的良好发展是"贤美"文化立足的基础。

家庭建设包含多个方面,其中,与"贤美"文化同为精神文明建设的则是家风建设。于是,家风建设与"贤美"文化呈现出两重关系。在第一重关系中,家风家教不断巩固的现实基础是美好的家庭生活,不同的家庭生活产生出的家风家教有着不一样的特殊内容,其中有"贤"文化与"美"文化统一的具体表现。除了这种以具体家庭生活为中介的关系外,其他方面的"贤美"文化建设成果又将为家风建设提供先进的形式。第一重关系重在家庭生活内部产生的有关家风家教的特殊内容,第二重关系重在社会主流价值观为这些特殊内容提供的一般形式。这种家风家教的形式与内容的统一,在奉贤模式中既体现为家风建设的地方具体化,也是国家层面用好家风家教敦化政风民风、使社会主义核心价值观濡化其中的一般要求。奉贤模式不仅在家风家教工作内部完成了有机统一,而且在同样的基础上完成了国家和基层家风家教工作的有效贯通。

综上所述,奉贤区家风建设的特点,是既促进"贤美"文化的内部统一,又做到家风家教形式和内容的统一。可以说,"贤美"文化是奉贤模式家风建设的名片,不但达到了理论高度,而且富有实践特色。接下来笔者将用本章第一部分确立的家风建设模式分析方法,阐述在奉贤区的"贤美"文化建设过程中,家风建设的各个环节如何具体展开。

正如"贤"与"美"二者有差别一样,家风建设要促成"贤"与"美"的统一,也有两个与"贤"和"美"各自对应、有差别的维度,即前文所论述的引领性和普及性。因此,奉贤模式的家风建设,在顶层设计上必须兼顾引领性和普及性,才能以此为依据将家风建设与"贤美"文化建设整体有机地结合起来。

(一)奉贤模式家风建设的引领性

不同的家庭都有自己的家庭传承,都处于不同的社会关系中,从而形成了各自不同的家风家教。在这些不同的家风家教中,有一些相对于其他在内容上更加先进、与时代结合得更加紧密,从内容角度而言,这些家风家教就是具有引领性的。此外,社会大众期待的那些家庭成员是一些重要的社会政治精英的家庭,有引领性的家风。也就是说,实际上处于领导或者模范地位的人,也应该能够提供家风家教上的引领。因此,家风家教的引领性在很多时候体现为一些具体的社会精英个人,他们作为家庭成员为家庭赋予的家风。从以上分析可以得出家风家教引领性的三个相互关联的要素:(1)家风家教的内容更加先进丰富、结合时代;(2)家风家教所出的家庭，其中有家庭成员是社会精英；(3) 家风家教工作的一部分内容，就是要挖掘出尚未充分挖掘的引领性家风家教，使之成为模范典型。

引领性的家风建设在家风建设全局中有关键地位。这是由于任何历史上存在的家风建设，最终都需要落实到文本和上升到模范的地位。这些范本既需要体现同时代具有引领性的家风家教，又需要能够与各种各个时代的引领性相比较。只有对比才能看得出各个时代的特性，以及对于每个时代而言较为优秀和先进的家风。历史上起到重要的文明传承作用的家风建设所需要的文本，都是在不同历史时期、不同地方社会经过自觉或不自觉地筛选和淘洗而留下的精神财富。如《颜氏家训》《朱子语类》《曾国藩家书》等，尽管带有同时代地主阶级的阶级局限和时代局限，然而一则体现了这些家风家教文本在特定历史环境下如何结合时代精神和个人生活体验，二则体现了一些直到今天仍然对个人生活有指导意义的思想。这些文本是今时今日中国家风建设者不能绕开的。中国近现代的民主主义革命党人以及老一辈无产阶级革命家的家书和家风家训，也是我们这个时代具有引领性的家风家教文本。这些被当作模范、化为文本的引领性家风家教，是社会大众用来对标自身的标尺，也是家风建设在历史中前后相继的路标。可以说，有了引领性的家风家教本身，才有了家风建设的命题。

显然，这些宝贵的模范经典文本，需要现实中引领性家风家教的实践来激活。引领性家风家教的实践主体，是广大人民群众的家庭。但是，实践引领性家风家教，是一个社会对其中起引领作用的个体的现实要求。因此，全社会对于党员、领导干部以及社会上有影响力的人士的家风家教要求，比一般群众要高。2018年，习近平总书记在参加十三届全国人大一次会议重庆代表团审议时的讲话中就提道:"要把家风建设摆在重要位置,廉洁修身,廉洁齐家。"①中国的现代化建设(包括现代家庭建设)是在中国共产党的全面领导下展开的,因此,党是社会上树立引领性家风家教的根本政治保障,应当有相应的体制机制,促使党员承担起实践引领性家风家教的责任,切实成为改善社会风气的表率。2017年,习近平总书记在党的第十八届中央纪律检查委员会第六次全体会议上强调:"我们着眼于以优良党风带动民风社风,发挥优秀党员、干部、道德模范的作用,把家风建设作为领导干部作风建设重要内容,弘扬真善美、抑制假恶丑,营造崇德向善、见贤思齐的社会氛围,推动社会风气明显好转。"②

所谓引领性的家风建设,不只是说对社会上客观要求的"引领者"要强化自身家风建设,也要考虑到家风建设内容载体上的引领性。家风家教的缔造者是千千万万的人民群众组成的各个家庭,在这些家庭中不断涌现出优秀家风建设方式,这是值得作为"引领者"的党员、领导干部和其他社会精英虚心向其学习的。特别是党员向群众学习提高家庭作风先进做法、调研反馈群众在家风建设中出现的实际问题,本身也是践行党的群众路线的具体要求。总之,对"引领者"加强家风建设是一方面,加强什么样的家风则是另一个需要仔细考察的问题。

以上有关重点人群、"引领者"的家风建设具体要求,主要是就这些人群如何用好权、防止以一家之私害国家社会之公而言。这是一个主要方面,但不是全部。要认识到引领性家风家教的各个内容规定是相互联系的,如果在一些其他内容(如健康生活

---

① 中共中央党史和文献研究院编:《习近平关于注重家庭家教家风建设论述摘编》,中央文献出版社2021年版,第38页。
② 同上书,第34页。

方式、崇尚科学抵制迷信的态度)上发生了动摇,作为对"重点人群"家庭核心要求的廉洁奉公的内容也必将难以坚守。习近平总书记在河南省兰考县委常委扩大会议上的讲话,就对这种相互联系着的家风建设内容做了重要阐述和提示:"即便有了一点空闲时间,陪伴家人、尽享亲情,清茶一杯、手捧一卷,操持雅好、神游物外,强身健体、锤炼意志,这样的安排才有品位。领导干部自觉追求健康的工作方式和生活方式,久久为功,庸俗的东西就近不了身。"①

优良的引领性家风建设内容,不是无源之水、无本之木。除了运用在前文已经提及的已然成为文明财富、垂范后世的家风文本,地方治理主体也应当善于挖掘本土资源,塑造鲜活的集体记忆和加强朝向良好家风家教的集体意识。奉贤区委区政府在"贤美"文化建设的总背景下,将引领性家风建设主动与"尚贤"结合在一起,从"贤"文化的角度出发,开展引领性家风建设。"贤"文化的内涵,一是旨在根据时代命题提炼总结和扬弃升华贤者的家风家教,二是让大部分群众内化贤者的家风家教榜样力量,并因此"尚贤""慕贤",进而力求"皆可以为贤"。

在"贤"文化建设的过程中,一个重要的实际问题是如何拣选"贤者"。这一拣选过程必须鲜明地体现党的文化工作方针,即有机统一中华民族优秀传统文化、红色革命文化与社会主义先进文化于新时代中国特色社会主义伟大实践的方针。奉贤区委区政府在拣选典型"贤人"上就认真考虑了这一点。奉贤区选取南桥镇沈陆村的沈志昂烈士故居和西渡街道灯塔村的李伯才家庭,作为主

---

① 中共中央党史和文献研究院编:《习近平关于注重家庭家教家风建设论述摘编》,中央文献出版社2021年版,第33页。

要的本地家风建设典型宣传。依托沈志昂烈士故居,奉贤区在沈陆村建设了"忆红居"。围绕烈士生前红色家书、以红色家风为主题,"忆红居"已成为一处颇有特色的村级红色教育纪念馆,是奉贤区目前唯一的"四史"学习教育村级"打卡地",也是沈陆村在乡村振兴示范村建设中打造的红色文化景点。

李伯才是竹冈李氏家族第 24 代传人,有"重光先德、延续忠良"的传世祖训。在李伯才家庭中,李伯才的儿媳陆卫清是一名中共党员,曾获得上海市 2017—2018 年度三八红旗手,她主动担任所在村委的义务宣讲员,宣讲好家风好家训,还经常为邻里纠纷矛盾作调解。新冠肺炎疫情初期,李伯才家庭运用自身在村中的号召力,组织了抗疫志愿者队伍。李伯才本人借鉴王阳明的《南赣乡约》,因地制宜地为灯塔村制定抗疫期间特殊的村规民约,得到村民支持,被称为"灯塔防疫八条"。李伯才家庭的事迹生动地体现了中华民族的优秀传统文化,如读书传家、乡贤参与治理等传统,可以创造性地和男女平等、劳动光荣,以及法治－德治－自治"三治融合"等现代先进价值相互成就。

沈志昂烈士和李伯才家庭是两类不同的模范典型建设,一个是革命青年和红色家风的结合,一个是在城市化过程中的农村里依然在发挥作用的传统的优秀家风,两者很好地体现了中国特色社会主义文化的多元一体,也很好地体现了引领性家风建设工作内部的有机统一。

(二)奉贤模式家风建设的普及性

家风家教不只是一些历史和当代的楷模家庭所具有的先进品质,它存在于千千万万的家庭中。这些人民群众中间活生生地存在的家风家教,可能没有形成自己的独特内容,甚至可能没有文本形式,但正是这些绝大部分人的家风家教,才确立了一个社会真正的伦理基石。面向这样一类家风家教的建设工作，就是普及性的家风建设。

普及性的家风家教，看起来缺乏精辟的理论论述、系统的礼仪规章，甚至体现为口号和大白话的杂糅。但是，这种缺乏条理的表征下面，实际上是对直观的强调。比如，不一定每个人都说得清楚热爱国家和勤俭持家之间复杂的社会机制关系及其限定条件，但是在千千万万个类似家风家教口耳相传之下，每个人都可以在家庭中把握对善恶美丑的直观。因此，在"贤美"文化的视角下，普及性的家风家教主要体现的是家风家教之"美"的部分。将家风建设模式中的引领性与普及性有机统一，则是"贤美"文化建设的题中应有之义。

家风家教工作的引领性和普及性，在实践中必须紧密结合，缺一不可。没有了引领性，普及性的家风家教缺乏可靠模范和中坚力量，不能充分发挥其基础性作用。没有了普及性，引领性的家风家教可能流于形式和脱离群众生活，也不能充分发挥其关键性作用。引领性的家风家教范本本身也要从人民群众朴素的家风家教实践中涌现，群众当中的家风家教的良善实践足够多，才能在家风建设中的引领性和普及性中建立正反馈回路。

然而，正是因为普及性的家风家教并不直接地以文本的形式出现，其本身也有较强的即时性甚至随意性，所以更需要各个治理主体有意识地引导、记录、交流、编纂、监督，并将其作为一项基础性工作。这项基础性工作在中国社会有着悠久的历史。在中国古代社会，至少不晚于东汉时期，专制主义中央集权王朝的统治者就已经在民间"采风"以备帝王使用敦化政风文教。班固、何休等人所持的《诗经》中的国风诗有些乃是周王朝"王官采风"而成的传统观点，尽管因为材料不足，难以补足论证链条，但从现有证据来看也绝非不可能。① 总之,将群众的普及性家风采编成集,进一步升华为文化财富,这一做法本身也是中华民族一直以来传承的优秀传统文化。当然,中国古代的"王官采风"是为封建王朝服务,其文化资本被地主阶级出身的军事贵族和士大夫阶层垄断,并不能说是人民群众主动参与某种社会化的家风建设。在这样的社会中,王朝之"家天下",一家既可以教化万家,也可以残破万家,皇室家庭承担起所有公共生活,使得人民群众的家庭生活都成为相对于这个家庭的附属品。也就是说,中华民族优秀传统文化中有关于"家"的深刻理解和智慧,恰恰难以在前现代的社会中发挥出来。在中国共产党领导的社会主义革命过程中产生的人民民主专政,通过法律保障了人民群众民主参与国家社会管理和文化塑造的权利。广大人民群众的家风家教实践,不再是被"垂听"的对象,而是主动参与国家的文化与道德生活的实践。党和政府对这些实践的采集编纂,不是"借群众智慧装点少数人门面",而是切实在人民群众的监督下,创造出属于人民群众自己的家风建设出来的文明成果。

由此可以看出,与家风建设的引领性不同,普及性家风建设是只有在现代政治条件下才得以展开的。前现代国家的统治阶级,尽管也面向社会大众有家风家教的敦化工作,但只是作为其施展意识形态权力的一部分。只有在中国特色社会主义民主政治的条件下,人民群众自发创造的家风家教才得到了制度化的尊重。人民群众和党员干部之间存在着紧密联系,不仅有自上而下的教化,也有人民群众中间涌现出来的、具有强烈时代意义的自觉实践。

---

① 李山:《礼乐大权旁落与"采诗观风"的高涨——"王官采诗"说再探讨》,《社会科学家》2014年第12期。

在新社会里，人民群众不再是作为"忠君"的臣民，而是主动参与振兴中华的历史主体。国家尊重人民群众的家风家教实践，运用各种机制推动家庭建设，人民群众也可以行使民主权利，要求政府为创造自己的家风家教文化提供帮助。因此，普及性的家风建设以中国特色社会主义民主政治为根本依托，在新时代新社会条件下开展的家风建设中处于基础的地位。

普及性的家风建设工作的基本方式是发动群众，面向社会征集家风家训。奉贤区委区政府自2018年以来，每年将"好家风好家训"作为重要内容，在年度美育修身重点工作和百场活动中予以体现，使之成为吸引全体市民共同参与的项目。其中一个最早也最为普及的活动，就是编写家风家训。这一做法最早起源于南桥镇杨王村的自发实践。2006年5月，杨王村三村合一后，村民之间的摩擦、争吵和纠纷随之增多，对社会治理提出了全新挑战。自2006年下半年开始，杨王村通过写家训、创"五星"、育家风等三个阶段的层层推进，通过发动群众搞家风家训征集、成文、监督、自治，围绕培育践行社会主义核心价值观，以家风建设带动社风民风转变。有了杨王村这个先行点，南桥镇从2013年起，在全镇范围内开展了写家训展家风的活动，2015年开展了全镇老物件故事征集和展示活动等，2018年建成全市首个以家风家训为内容的主题展示馆，进一步带动村民、市民素质提升。

除了直接作用于社风民风建设这一社会治理环节以外，在城市化的背景下，普及性的家风建设还有一个不可替代的作用，就是塑造共同体的集体记忆，并在新的居住环境中扬弃和发展以往优秀的集体生活规范。南桥镇杨王村建设了家风教育展示馆，馆内除了本地典型事迹宣传和百姓家风展览外，还有本地农民生活、农用器具、产业发展等展览。在乡村振兴规划下的村庄平移改造工程中，其他村镇也有类似的留住农村记忆的改造活动。如南桥镇光明村、金汇镇百曲村等，都建设了类似的家风家训和村史、农民生活史展览馆，不止展示作为文本和家谱的家风家训，还展示了支撑起家风家训产生和延续的具体生活。展现时代变迁，体现国家、社会发展与家庭、个人奋斗历程之间的关系，这是普及性家风工作向纵深开展的教化目标，有着重大意义。

四、时代变迁中的奉贤模式：变化中的城乡关系和家庭形态

一种家风建设的工作模式，除了要兼顾其工作对象的引领性和普及性，也要在时代变迁中保持其工作的连续性和可持续性。无论是引领性还是普及性的家风建设，既不能一讲了之，每次都是老内容，也不能天天编新词，换了一套又一套，而是特别要突出时代发展的主题。尤其是对于家庭建设这一领域，代际关系本来就是家庭关系中特别重要的一环，在中国甚至表现为最重要的一环。也就是说，家风家训原本就是一个家庭面对时代变迁作出伦理选择的记录，其存在的意义本来就是让人的伦理生活中美好的方面在时代冲刷下持守不变、守正创新，其在精神风貌上则又要跟上时代乃至引领时代，吸收时代的精华、克服时代的糟粕。因此，家风家教工作也要随时代变迁而发展。一是要根据以社会主义核心价值观为基础和核心的新时代社会共同价值，扬弃既有的家风家教，对其赋予与时俱进的解释。二是要以让人体会到时代变迁与家庭和个人奋斗关系为重要目标，让人感到家风家训不是完全的私事或公事，不是以往生活套在现在生活上的教条枷锁，而是一个私以报公、公濡化私的过程和现实生活中有教益、有传承的活生生的信

念体系。

每个时代的家风家教,都是建立在当时的生活交往方式上发展出来的,在家风建设的过程中,需要加以有意识地改造以适应现阶段的社会生活交往方式,而当代中国社会生活交往方式的一个大的主题就是城市化进程。农村地区因为其背后的土地制度和其他经济制度,以及这些制度约束下的实际生活方式与城市不同,其家风建设工作也必然与城市的工作方式有所不同。

(一) 现代化道路上城乡家风建设地方模式的特点

农村的家风建设工作,从某种程度上说比城市更加容易,因为农村生活中家庭生活和集体生活之间的关系非常直观,中介环节少,家庭生活品德高尚与否直接作用于社风民风。在城市生活中,市民的财产关系分散,即使在同一个社区中,居民之间的关系也很有可能要经过保安公司、物业公司、城市管理部门、公检法部门、企事业单位等来介入。关起门来的家风,往往是居民的私事,而城市居民家庭生活的品德即使有参差,在共同生活中经过这些介入,其直接作用也不明显了。相应地,农村的家风建设能够直接以家风家训的收集、编纂、监督、展示呈现,而家庭的内外纠纷更能(甚至不得不)通过对家庭的直接干预化解。城市中的家风建设,由于各家庭生活方式不同,家庭成员所属社会关系以及家庭成员内部的财产关系复杂,从家风家教到治理绩效的中介环节多,不能通过直接干预的方式去做。因此,城市中的家风建设工作必然要以精细化和专业化的方式开展,结合专业的企事业单位和社会组织,对处于各种家庭情况的个人有针对性地开展建设活动。

以上对乡村和城市的刻画,是从理论逻辑出发的探讨。奉贤区实际存在着的社会样态仍然是城市化过程中的社会。城市化过程意味着:(1)一部分人从村民到市民,其所熟悉的乡村生活和社会关系复杂化了的实际生活存在差异,如何既保存此前乡村生活产生的好的风气,同时又适应城市生活状态及其治理模式,乃至于产生更好的城市社区风气,是摆在新市民社区面前的难题;(2)同一个家庭,一部分人是村民而另一部分人是市民,乡村生活和城市生活的差异带来家庭内部的张力;(3)城乡人口多层次跨地域迁徙,带来不同风俗习惯、文化信念的碰撞,容易触发居民间的矛盾,乡村地区因为其能够承载的低支付能力人群比城市中心区域多,也容易转嫁城市内不同地域来源人群文化差异带来的矛盾;(4)在城市的一些"城中村"和基础设施处于衰落期的地带,市民的民风社风随着社区的衰落也有退化、劣化的风险。城市化过程对引领性和普及性家风建设都提出了全新的要求。

城市化过程中的引领性家风建设必然以抓"引领者"的家风家教为主。由于中国的城市化进程时间还不长,各地城市化的速度也不同,特别是市场经济改革之后的代际差异还未充分显现,而且城市阶层分化状况复杂,这些原因共同决定了中国的城市治理中尚未出现、也难以在近期出现全社会普遍认同、广为人知的先进家风榜样。但是,塑造更加积极向上的家风家教,模范引领社会主义家庭文明新风尚,是社会精英特别是党员和国家机关领导干部义不容辞的责任。"引领者"要首先把握城市化进程中家风建设命题的复杂性,就如何看待城市生活带来的一些问题提出适用于新时代的先进家风家训。在这方面,老一辈党和国家领导人提供了许多符合时代发展的有益教导,将这些教导通过鲜活的案例和生动的语言,结合城市生活中具体问题加以宣传,将是本地化的引领性家风建设的重要工作着力点。

（二）奉贤模式如何应对城市化挑战

目前,奉贤区较为系统地应对的是城市化进程为普及性家风建设带来的疑难问题。这一疑难问题具体来说,就是普及性的家风家教因为其朴素的特征,使人不再能够直接地以此为切口处理城市中更加复杂的社会关系。单纯地按照乡村的广泛动员、直接干预的方式,容易使城市社区中的家风建设流于空泛。让家风建设真正走进千家万户,切实凝聚起被打散了的不同阶层、不同职业、不同生活境况的城市居民的家风家教,要比在农村社区更复杂且间接。奉贤区提倡的"贤美"文化,以及对美育工作提出的要求,及时回答了这一疑难问题。

上文已经论述,美育工作因为其提高人直观感受美的能力,本身就与普及性家风家教工作的要求相契合。在城市化过程中,由美育引导的家风建设不仅可以做到,更是大有可为。在一个缺乏直接的公共伦理社区的场域,来自各个治理主体的美育依然可以为居民之间互惠包容、共同提升、和谐相处提供支持。此外,城市化过程中服务专业化、市场化,虽然给家风建设工作带来了新的复杂性,但也带来了更多可以用于家风建设的资源。党的群团组织和人民团体,可以联通起专业的社会组织提供家庭支持服务和美育服务。奉贤区妇联在西渡街道通过连接社会服务,开展了合唱、插花、亲子教育等一系列辅导活动,提高了居民生活情趣和审美追求,也为面临育儿问题的家庭提供了有益帮助,与这些家庭携手提升人居美观水平。

长期来看,城市化也有利于推进乡村的家庭建设工作。城市在建设发展过程中所汇聚的社会资源,通过党组织及其群团组织、人民团体在乡村的覆盖网,可以反哺到乡村。在城市社区的某些治理场景下率先试验成功的制度化实践,可以扩大到全域一体化工作，服务于城乡融合发展。奉贤区妇联近年来积极推动家庭教育指导区域一体化进程，成立奉贤区家庭教育指导团，建立0—3岁婴幼儿早教联席会议制度，加强家长委员会建设，强化学校家长的主阵地建设，强化家长在家庭教育中的主体作用，引导家长树立终身学习的理念，营造良好的家庭环境，树立良好的家风家貌。在为治理主体提供模范、推动区域工作一体化以外，企业在城市发展中获得的收益也可以定点服务乡村振兴建设、提升村民的生活质量，使得家风建设可以更好地在城乡间协调发展、逐渐消除城乡对立。

综上所述，尽管城市化进程为家风建设带来了诸多挑战，但如果正确认识应对这些挑战而形成的机制，就可以发现其中有利于更好完成家风建设所要达到的治理目标的方面。城市化进程的现实，尽管使得城市-乡村的二元区分朝向更加复杂的方向发展，但只要抓住了引领性和普及性家风家教工作的性质，弄清它们如何在不同社会条件下演进，就可以把握其在城市化背景下需要结合何种具体举措而实施。这种适应不同社会条件的能力，是一种家风建设模式成熟的标志。

要实现国家推进家庭建设的总体目标与本地实际工作模式的连接，关键在于贯彻党领导下的全过程人民民主。本章首先讨论了中国古代"家国同构"观念与情感结构与当代中国"家国同构"的同与异，并说明了家风建设作为家庭建设的最终体现，显示其重要地位。本章分析并主张，当代中国社会的"家国同构"，应当从古代以家长制、不平等为核心的旧基础，转变为由国家治理的民主参与和家庭民主作风有机联系的新基础。这种新的联系，关键在基层民主治理实践中如何因地制宜地贯彻家风建设工作。为此，本章提供了一个理论框架，用来说明一种内部自洽且各个要素相互有机支撑的家风家教工作模式。这样一种模式，既必须兼顾引领性的家风建设工作和普及性的家风建设工作，以及引领性家风建设的主客观两个方面，也必须考虑到城市化的时代背景和各种小社会环境下家风建设实践之间的融贯关系。

其次，本章结合奉贤区"贤美"文化品牌建设的逻辑，阐释了一种兼顾引领性与普及性的家风家教模式，何以在奉贤区已有的"贤美"文化品牌的理论框架内实现，这正是奉贤"家"文化的精髓所在。

最后，本章将奉贤模式放在城市化的实际背景下，展示这一家风建设工作模式中的各个部分绝不是机械地拼接在一起的，而是在实践中与时俱进、一起发展的。奉贤区进一步探索家庭建设工作的区域一体化发展道路，体现了奉贤模式的生命力和广阔前景。

第六章
对策:家风建设的前景与展望

在长期家风建设的实操过程中,奉贤模式体现出了家风建设经验的普遍性和特殊性。奉贤模式的特殊性在于其特殊的地理区位、城乡结构、历史文化资源和经济发展水平。就地理区位来说,奉贤区位于上海市郊区,定位是"新片区西部门户、南上海城市中心、长三角活力新城"①。区位因素导致外来人口不断流入奉贤,本地年轻人又流入到市区。就人口结构来说,奉贤区的户籍人口和外来人口长期"倒挂",截至2020年年末,常住人口为115.53万人,其中,外来常住人口为57.94万人,占常住人口的比重为50.2%②,60岁以上老龄人口占比超过30%③。在社会治理和精神文明建设过程中,奉贤面临着外来人口融入、乡村空心化和人口老龄化的三重问题。

奉贤模式的普遍性在于党组织领导下各个社区、乡村具体工作模式的发展与相互结合。这对更大范围内、更大级别上的行政单位如何稳健地推进家庭支持和家风建设具有一般性意义。奉贤

---

① 《奉贤新城"十四五"规划建设行动方案》(2021年4月9日),上海市人民政府网站,https://www.shanghai.gov.cn/nw12344/20210409/13b71e3e3590408d80182276cafbc007.html,最后浏览日期:2022年4月11日。
② 《走进奉贤》,上海市奉贤区人民政府网站,https://www.fengxian.gov.cn/shfx/subzjfx/,最后浏览日期:2022年4月11日。
③ 张轶帆:《澎湃下午茶 | 庄木弟、诸大建谈奉贤新城的构想与实践》(2021年4月3日),澎湃新闻网,https://www.thepaper.cn/newsDetail_forward_12039332_1,最后浏览日期:2022年4月11日。

在实际工作过程中,将各个社区、乡村具体的工作模式与区委区政府的精神文明建设规划结合起来,在这方面探索出一条从特殊到普遍、自下而上、上下一体的发展路径。2006年,奉贤区南桥镇杨王村发动全村家家写家训,取得了以家风带民风、以民风带村风的显著成效。2009年,奉贤区委出台了《关于进一步加强"贤文化"建设促进区域文化发展的若干意见》,将家风、家训、家教建设与"贤"文化建设融合起来。在奉贤家风建设的过程中,各级党组织领导下的基层探索和上层设计都发挥了重要的作用。

村级区划在家风建设中体现出灵活自主的特点,党组织在创新路径探索、村民组织动员、模范带头上发挥了重要作用。光明村在家风建设过程中,发挥退休干部和老党员的凝聚作用;杨王村在党史学习活动中,动员老中青三代自己找英烈故事,相互交流,以家风传承党风;华严村举办乡贤会,积极参与村级事务,减轻村"两委"的工作负担。鼓励村委会、居委会在党组织的带领下对家风建设的具体方向进行探索,进而有利于形成"百花齐放"的家风建设格局。2013年,奉贤区承担"推进'好家训、好家风'形成"上海市试点项目①,以家风促民风、以民风扬贤风,体现了区委区政府在上层设计上的重视。首先,区委区政府加强了家风建设的统筹工作,融家风建设于精神文明创建,各项工作的统筹有利于综合利用资源,既增强了家风建设对精神文明建设的推动作用,又保障了家风建设的资源供给和制度配套。其次,区委区政府在总结基层家风建设经验的基础上,不断地总结奉贤经验,与奉贤传统文化资源和红色资源对接起来,充实了社会主义精神文明建设的内涵。最

---

① 洪梅芬:《努力营造全市良好氛围 让好家风深入每个家庭》(2014年8月8日),人民网,http://cpc.people.com.cn/n/2014/0808/c87228-25425832.html,最后浏览日期:2022年4月11日。

后,区委区政府将政府的行政资源、党组织的组织资源与社会自发性结合在一起,走出了一条文明共创的路子。

学术界一般认为基层政府创新有三种主要模式:设计试验、自主探索与请示授权。① 奉贤区家风建设工作始于南桥镇杨王村2006年自发创新的家风家训活动,属于基层党组织及群众自治组织领导下的自主探索。在实践过程中,奉贤区家风建设的创新发展对社会主义精神文明建设的实操和理论价值都产生了贡献。地方政府创新能够取得政策扩散的前提是,尊重政策实施领域的一般规律,模式解决的问题具有普遍性,模式提供的方案具有可设计性和实操性,模式遵循的价值符合治国理政的基本方略。随着党中央对于家庭建设工作的重视,奉贤区家风建设工作需要增强普遍性规律的探索,增强基层自发创新与制度设计之间的联动,将个案经验上升为普遍性知识和规律。

奉贤模式要上升为一个完整的体系,应该在六个方面提供知识:(1)奉贤的实践可以将从严治党和家风建设结合起来;(2)奉贤能够总结在人口结构多元化的地区实现精神文明建设一体化的经验;(3)完善以开放式党建和群众自治引领家风建设的常态化机制,统筹兼顾农村和城镇两个场景;(4)提供精神文明建设中各级党组织领导下各个社区、乡村具体工作模式的发展与相互结合的可能性;(5)奉贤在不同地区家风建设个案的基础上博采众长,展示自身特殊性的同时总结普遍性规律;(6)家风建设工作丰富整个社会主义精神文明建设的内涵,走出对既往中华优秀传统家风和红色传统家风的简单重复。

---

① 郁建兴、黄飚:《当代中国地方政府创新的新进展——兼论纵向政府间关系的重构》,《政治学研究》2017年第5期。

一、统筹结合党风政风

在2015年春节的中央团拜会上,习近平总书记在讲话中指出:"家庭是社会的基本细胞,是人生的第一所学校。不论时代发生多大变化,不论生活格局发生多大变化,我们都要重视家庭建设,注重家庭、注重家教、注重家风。"①在十八届中纪委六次会议上,习近平总书记指出:"领导干部要把家风建设摆在重要位置,廉洁修身、廉洁齐家。"②在2015年春节的中央团拜会之后,奉贤就根据中央精神专门出台了"注重家庭、注重家教、注重家风"的实施意见,将领导干部家庭美德培育纳入了创新社会治理工作体系,并把它作为领导干部提拔晋升和评优选先进的重要依据。③

要在家风建设中统筹结合党风政风建设,首先就要确保家风家训内容的先进性,坚持用马克思主义和中国特色社会主义理论武装思想,学习马克思主义中国化的最新成果,运用科学的世界观认识世界,树立正确的价值观。其次要弘扬社会主义核心价值观,不仅要大力宣传社会主义核心价值观,在党和政府的工作决策中,在党员干部的日常工作中,也要融入对于社会主义核心价值观的思考。最后,要重视党员干部队伍的建设,中国共产党是中国人民和中华民族的先锋队,党员干部的日常形象、一言一行,直接影响到普通群众对于执政党的看法、对于公权力的看法,要通过党员干

---

① 中共中央党史和文献研究院编:《习近平关于注重家庭家教家风建设论述摘编》,中央文献出版社2021年版,第3页。
② 《习近平谈治国理政》(第二卷),外文出版社2017年版,第165页。
③ 《市领导科学学会等举办党员干部好家风培育工作研讨会》(2021年3月3日),中共上海市委党校网站,http://www.sdx.sh.cn/html/xw/xyfxxw/93461.html,最后浏览日期:2022年4月11日。

部队伍的建设塑造良好的公权力形象。要让群众从每一件事情上感受到公平正义,进而凝聚社会的共识和力量。

在实操层面,加强党员干部家风建设,有利于党风政风优化和加强党员干部队伍建设。目前,奉贤家风建设工作模式应该进一步统筹结合党员干部家风建设工作,形成相对完善的监督考核机制。家风建设与从严治党之间的联动有利于深化奉贤模式为社会主义政治文明建设贡献普遍性知识和经验。

科学谋划家风建设实施方案,依法落实家风建设的责任主体。要将家风建设、基层治理和精神文明建设作为一盘棋,统筹规划、科学谋划,为家风建设提供组织资源、制度保障,以区委区政府发布《深化、落实家风家训建设具体实施意见》为契机,明确家风建设的实施标准和年度工作任务框,以家风实施和考核为主要内容,积极探索完善区党委、文明办和各级党(工)委、党组织、机关事业单位签订的《家风建设协议》,明确家风建设内容、工作要求、目标标准、完成时限、责任主体、考核办法,确保家风建设得到有效实施。将各单位各村品牌项目的建设纳入年度工作任务框,全区各行各业、村居"两委"要结合自身实际形成好家风培育特色品牌项目,探索实现"一单位一品牌""一村一品牌"的常态化管理机制。

继续巩固将家风建设纳入党员干部考核和监督的做法。目前,奉贤区委区政府已经出台《区管领导干部德的考核评价办法》,在量化考德标准、建立"考德链"、加强考德结果运用方面将家风建设与党员干部考核工作结合起来。[①] 在实操过程中,需要强化监督机制,确保考德过程和考德结果的运用落到实处,避免出现"走

---

① 《市领导科学学会等举办党员干部好家风培育工作研讨会》(2021年3月3日),中共上海市委党校网站,http://www.sdx.sh.cn/html/xw/xyfxxw/93461.html,最后浏览日期:2022年4月11日。

过场、说空话"的现象。比如在民主测德的过程中,要强化过程透明、结果公开的原则,保证测评人和参评人随心所欲不逾矩地发表自己的意见。

在既有的内部监督的基础上,落实外部监督,拓展和优化群众的意见反映渠道,将党员干部及其家属的德行操守纳入反映内容,确保党员干部及其家属的美德表现和德行操守同样受到监督。认真落实领导干部个人有关事项报告办法,从制度上巩固将家风建设纳入党员干部考核和监督的做法。将党员干部的选拔和考核过程向社会开放,让群众在干部的选拔考核机制上有发言权,健全干部的民主评议机制,干部任命之前向社会公开。

加强党员干部家风建设必须发挥家属的作用。奉贤在家风建设过程中,已经在学校、社区、乡村中开展了一系列活动,党员干部和他们的家属也应该积极参加家风建设活动,过好家庭生活。党员干部的家庭建设既有其特殊性,也有其普遍性。就其普遍性来说,党员干部应该从群众中来到群众中去。党员干部及其家属应该带头参加所在街道、社区、学校、村居的家风建设活动,以更严的标准要求自己,承担更多的参与作用,党员干部要鼓励家属参与到精神文明建设的活动当中去。从其特殊性来说,党员干部的家庭建设事关纪律意识和规矩意识,一些腐败分子正是因为家风不严才导致全家腐败的现象产生。① 新修订的《中国共产党纪律处分条例》对涉及家风和生活作风的问题也画出了纪律底线。领导干部的家风不是个人的私事,关系到群众对全党的看法。无论是在古典文化当中,还是在现代东西方政治文明实践当中,权力行使者

---

① 习近平:《在第十八届中央纪律检查委员会第六次全体会议上的讲话》,人民出版社2016年版,第11—12页。

的德行和操守都受到全社会的高度重视。

要发挥家属的作用,既需要党员干部主动去培育良好的家训家教,避免家属以权谋私等不法行为,又需要加强家属的廉洁自律教育,形成奉公守法的家庭氛围。从制度建设上来说,要加强对党员干部家属的教育,形成具有实际约束力的监管机制,建立党员干部家风"家访"制、家风备案制,研究制定党员干部家风负面清单。党的组织部门和纪律部门在干部考核和选拔时要考察领导干部的家风建设情况,不能仅限于其本人的考德情况,要将其家庭整体的家风情况,特别是直系亲属的考德情况纳入考察范围。对于女性党员来说,在家风建设中的独特作用有三个方面:一是对子女的教育作用,二是对丈夫的影响作用,三是对长辈的陪伴作用。①

二、建设覆盖面更广、参与性更高的家风体系

社会融入理论是研究移民的经典理论,借助这一理论可以分析奉贤外来人口的社会融入。法国社会学家涂尔干在研究自杀时最早提出"社会融合"(social integration)的概念。② 美国社会学家帕克(R. E. Park)提出的"社会同化"理论(theory of assimilation)认为,移民一般要经历定居、适应和同化三个阶段。③ 外来人口的融入,首先伴随着经济融入,然后伴随着制度融

---

① 张丽丽:《发挥独特作用,树立良好家风》,"传家风、扬美德、作表率"——党员干部"好家风"培育工作研讨会主旨发言,2016 年 3 月 19 日。
② 参见[法]埃米尔·迪尔凯姆:《自杀论》,冯韵文译,商务印书馆 1996 年版。
③ R.E. Park, E.W. Burgess, *Introduction to the Science of Sociology*, Good Press, 2019.

入和文化-心理融入,文化-心理融入是最高阶段的融入[①],象征着外来人口能够融入该地区的文化,产生对该地区文化和社会规范的认同感。如果没有文化-心理的融入,在外来人口的眼中,本地社会只是获取经济资源的渠道,容易产生外来人口与本地人口之间的隔阂乃至矛盾。要让外来人口在文化-心理层面真正融入本地社会,首先要开放公共文化资源,破除歧视性的制度障碍,让外来人口融入本地的公共生活和文化生活,其次要发挥政党在社会组织方面的基础性作用,通过整合社会资源,完善配套制度,帮助来奉人口更好地融入家风建设。

奉贤位于上海市郊区,围绕工业区的农村、城镇社区居住着大量的外来人口,这些外来人口与本地人口之间呈现"杂居"的居住格局。从年龄结构来说,外来人口以年轻人为主,本地人口尤其是乡村居民的年龄结构呈现老龄化趋势。外来人口与本地人口在文化背景、用语习惯、生活方式、价值理念等诸多方面之间存在差异。

奉贤乡村的年轻人流动到市区定居工作已经成为趋势,这部分人平时没有时间参与到奉贤的社会生活当中。这些现象在我国东南部经济发达地区的城市中普遍存在,例如,苏南地区和珠三角地区都存在人口结构多元化和外来人口比例增加的现象。因而奉贤在开展精神文明建设的过程中,需要进一步统筹流动人口和尚未成家的年轻人参与到家风建设的工作上来。同时,要将家风建设作为精神文明建设的重要组成部分与社会治理结合起来。

要统筹外来人口及未成家者的家风建设工作,需要从制度、技术和资源方面克服客观的阻碍因素,千方百计地为群众参与精神

---

① 王佃利、刘保军、楼苏萍:《新生代农民工的城市融入——框架建构与调研分析》,《中国行政管理》2011年第2期。

文明活动创造条件,千方百计地提高党员参与社区党建的积极性。在制度方面,要探索年轻党员"一方隶属、多重管理"的方式,实现机关事业单位、企业党组织与在地社区党组织之间共创活动、共享资源;在技术方面,要推动公共文化资源数字化,方便群众通过手持设备预约、欣赏;在资源方面,要丰富公共文明资源的供给,推动公共文化资源均等化,提高文化资源的覆盖范围。

鼓励外来人口融入奉贤本地的精神文明建设,借助社会资源形成精神文明发展合力。针对奉贤户籍人口、外来人口"倒挂"的局面,应该引导外来人口将奉贤视为第二故乡,鼓励外来人口参与精神文明的创建活动。弭平外来人口和户籍人口在文化资源方面的身份性差异,为外来人口配置相应的文化资源,借助社会资源,形成国家资源和社会资源合力助推精神文明发展的新局面。统筹外来人口的精神文明建设,对于东南部发达地区城市治理中的精神文明活动开展具有普遍示范意义。

开放公共文化资源,将奉贤全区的公共文化资源数字化,借助小程序、手机应用软件、公众号、网页等形式,本着均等化、广覆盖、不浪费的原则,将全区公共生活空间、文化设施、体育设施、文化艺术场馆、文艺活动等资源的预约使用在线化,降低预约门槛,方便居民通过各种方式预约。上海市"十四五"规划提出,"十四五"期间,上海要基本建成现代公共文化服务体系,基本公共文化服务标准化、均等化全面推进,中心城区 10 分钟、郊区 15 分钟公共文化服务圈不断完善。[①] 奉贤区委区政府可以在此基础上,进一步地

[①] 《上海市国民经济和社会发展第十四个五年规划和二〇三五年远景目标纲要》(2021 年 1 月 30 日),上海市人民政府网站,https://www.shanghai.gov.cn/nw12344/20210129/ced9958c16294feab926754394d9db91.html,最后浏览日期:2022 年 4 月 11 日。

给予适当的帮助和支持,鼓励居民利用公共资源自行举办文化活动,政府给予适当的指导和少量的资金支持。

打造奉贤公共文化生活的数字空间。数字资产对于公共文化发展的关键贡献在于,降低文化建设的重复成本,克服文化辐射的物理限制,为文化服务创造物质积淀。宣传阵地要从图文媒体走向视频媒体、全真虚拟现实场景,随着虚拟现实产业的兴起,虚拟现实接入设备的生产成本会持续下降。奉贤应借助 VR(虚拟现实技术)、AR(增强现实技术)和云计算技术,推进文化资源的网络化,将奉贤自然人文风景、人文艺术文化场馆、文化艺术活动通过虚拟现实技术延伸到数字空间当中。与科技公司合作,举办沉浸式数字体验展,方便居民通过手机、平板电脑等手持设备欣赏,增强社会影响力。通过大数据、"互联网+"的技术,推动学习强国、党建学习的数字化,方便党员干部利用业余时间学习。支持原有的图文媒体、门户网站向视频媒体全面转型升级,带动全区的信息传递和组织协同走向数字化。

打造奉贤文化 IP(intellectual property,即知识产权)。重视文化传播的新渠道,从图文传播走向视频传播,借助抖音、快手、B 站、西瓜视频等视频媒体平台,通过短视频、长视频、直播的形式,打造一批涵盖生活情景、现代艺术、戏曲戏剧、传统习俗的具有奉贤特色的优质 IP。近年来,抖音人气暴涨的东北农村主播张同学(抖音 ID:张同学)带动家乡营口市走红网络,B 站的视频账号"导演小策"(B 站 ID:导演小策)带动了山东淄博地方文化的流行,沪剧演员徐祥(抖音 ID:徐祥)在抖音平台传播上海话,这些 IP 都以家乡文化、方言、本土演员为滋养,又带动了家乡文化 IP 化,实现了经济价值和文化价值双赢。奉贤要通过新媒体渠道、依靠本土文化、提炼普遍性的价值和内容,打造具有奉贤特色的优质 IP。

鼓励文化创意领域创业创新,实现公共文化资源精准配送。奉贤每年有大量文化演出活动配送,政府采购市场和私人消费市场充足,文化市场处于高速增长当中。2020年,奉贤全区规模以上文化企业实现营业收入107.7亿元,较2018年增长22.2亿元,增幅为25.96%,文化产业的基础较好。① 此外,奉贤商业租金和租房成本相对于市区较低,这些都是有利于奉贤推动文化领域创业创新的条件。奉贤应该适当地加大文化领域创新创业的政策支持,鼓励文创产业从业者以家风为主题创作文化产品,给予启动资金、办公场所和税收政策扶持,实现家风建设与文创产业互相促进的良性循环。

在使用沪语的同时尊重外来人口的语言习惯,化解因为语言差异带来的隔膜。语言问题关系到文化和身份的认同,在外来人口融入当地的文化过程中,鼓励年轻人学习沪语,为外来人口营造沪语的学习使用环境。同时,也要尊重外来人口的语言习惯,在地方文艺演出中维持普通话使用的比重,有意识地形成沪语和普通话双语使用的习惯。

把握好学校活动和文艺活动这两项重要资源,引导外来人口参与本地的家风建设。重视学校的教化功能,将学校作为家庭和社会的连接,形成家校联动,鼓励家长参与学校组织的文艺活动和文艺演出。将家长对子女的教育行为融入家风建设活动,将家风建设作为亲子教育的重要过程,将亲子教育作为家风建设的具体形式。文艺活动本身具备娱乐和休闲属性,易于调动本地人口和外来人口的积极性,促进本地人口和外来人口在排练、表演和观

---

① 薄小波:《加速"破圈"的文创产业正为城市发展赋能》(2021年3月22日),文汇网,http://www.whb.cn/zhuzhan/cs/20210322/396896.html,最后浏览日期:2022年4月11日。

赏中相互熟悉、增加了解。

各级党委与机关事业单位、企业党组织与在地社区党组织探索签订家风共建协议。通过"一方隶属、多重管理"的方式开展组织活动,打通机关事业单位、企业党委与在地社区党组织的学习实践活动,互相承认积分、学时,鼓励年轻党员选择适合自己的学习活动,以弹性的方式引导尚未成家的年轻人和在市区工作的年轻人,全面提升全区党建和家风建设工作的层次和水平。鼓励年轻人举办符合社会主义价值观的文化活动,提供相应的资源和条件,将社区的公共资源向居民开放,鼓励居民使用。加强基层教育站点规范化建设,提升基层公共空间的信息化水平。

三、统筹兼顾农村和城镇两个场景

家风建设应注重多样性,达到统筹兼顾。从场景来看,家风建设应充分考虑到农村和城镇地区的不同特征,两者之间的差异也决定了其他方面的细微差别。从家庭结构来看,现代家庭和传统家庭千差万别,传统家庭以四世同堂的主干家庭为主,现代家庭以核心家庭为主。从家庭成员的职业属性来说,不同家庭的经济状况和价值观千差万别。因此,要注重发挥家庭的个性特征,条条道路通罗马。同样,在具体的做法上,家庭教育指导要结合科学理论,以培养适应社会需求的人生目标,而不是干涉具体的个人选择和人生道路。在公民教育中,要注重培养守法爱国、独立思考的品格;在学校教育中,注重培养健全的人格和奋斗的精神;在社会教育中,要坚守公平正义的标准。

家风实践多发轫于传统性资源,伴随着人口流动和家庭形态的变化,这些传统所具有的社会功能必将产生相应的变迁,家风建设需要适应行政村规划下的村民社区。总体上来看,中华人民共和国成立后,农村基层党组织建设主要经历了两个阶段。在改革开放前,以生产队为载体的党组织统管一切,全面领导农村生产生活和社会管理。政权和政党下沉打破了中国农村的传统组织形式和以此为基础的传统文化和价值观念。但高度集中的计划体制束缚了农村经济发展的活力和农村文化的活力。改革开放后,有一部分传统的价值观念得以复归,在乡村生活和文化发展中扮演了重要角色。[①]

传统的家风维系端赖于血缘宗亲的大家庭形态。奉贤的外来人口多,本地户籍中的年轻人流出较多,同时现代家庭形态开始向核心家庭演化,这些社会结构的变化导致单纯依靠血缘关系难以支撑家风建设的持续开展。当制度背景日渐趋同,社会关系网络和经济资源获得方式的互动关系、各自变化的时间序列决定了原先宗族主导的村庄私人部门和公共积累的增长方式。在改革开放早期,亲属网络是组织原子化的农民的重要纽带。随着社会经济环境的变化,原来的亲属网络不可避免地走向松散,部分村庄同心圆结构的亲属网络逐步被多中心的网格状结构取代。

新的社会关系网络基于基层党员的组织化关系、普通村民的人际关系与居住格局等特征形成,网格状结构的特点是多中心、多维度,村民组的居住格局、乡贤的示范作用、退休党员的带头作用都有可能贡献新的中心节点,而村民的工作所在地、村民组中的退休党员为关系网络提供了新的扩张维度。新的关系网络逐步解决了亲属网络逐渐势弱后的信息传递、资源互助和合作等问题。应

---

① 王朔柏、陈意新:《从血缘群到公民化:共和国时代安徽农村宗族变迁研究》,《中国社会科学》2004 年第 1 期。

该注意到,农业税费改革以来,历年的中央"一号文件"都提出加强基层党建工作,发挥党组织的领导作用。在多中心的网格状结构中,党组织在整合基层社会资源方面发挥重要作用,与此同时,在各级党委的指导下,基层党组织不断扩展自身权力空间与边界。因此,在村民社区开展家风建设需要发挥基层党组织的核心作用。

在城镇居民社区开展家风建设时,需要把握城市社区治理的规律,以家风建设促进党建,以党建引领家风建设。如果将村民社区比作熟人社会,城镇居民社区可以看作原子化社会,在原子化社会开展家风建设需要营造共同体氛围、促进社会交往,挖掘家风建设的资源存量,发展资源增量。居民自治和开放式党建是实现家风建设常态化、社会化的关键途径。完善居民自治和开放式党建是基层治理创新的应有之义,既有利于调动基层民众的积极性,又有利于广泛听取民意,从群众中汲取智慧和力量。

细化家风建设工作的颗粒度,推动家风建设的精细化工作。行政村的村民社区中,以村民组为单位,以村民组的党员、退休公职人员、乡贤为骨干,带动村民组的积极性。城镇的居民社区中,以楼宇为单位,以参与社区报到的党员、机关事业单位公职人员为骨干,线上组建微信群,线下组建睦邻小组,加强楼宇邻居之间的交往,化解邻里纠纷,小矛盾不出楼宇。将社区公共空间、党组织办公空间、党建活动室向社区居民开放,鼓励居民根据兴趣爱好结对成立兴趣小组和学习小组。完善好家风入村、入居、入户、入校的常态化机制,聚焦各类群体特点,注重各个行业特性,挖掘不同群体、不同行业的社会贡献和价值理念,让好家风从家庭出发,走向村训村风、校训校风、行风政风和民风社风。例如,南桥镇文艺团队的建设、演出、比赛分为企业、居委、村委三个组别,有利于充分调动各自群体的积极性。

加强基层组织建设,以基层党组织建设和群众自治组织建设为中轴,强化基层党建工作作为主线,落实基层家风建设工作的责任主体和组织核心。提高基层党组织和群众自治组织的组织建设能力,对于工作薄弱的村庄,要选派精明强干的第一书记,保证基层党建活动的常态化开展。提高基层党员干部的工作能力,依托党校、高校、社会机构培训基层党组织,培训在基层工作的党员干部和社区工作人员、社区志愿者,完善基层党员、流动党员的管理体系。提高基层组织的信息化水平,推广在线协同办公软件,在家风建设的开展中,探索无接触的信息传达、办公和宣传方式。

以居民自治、培育社会资本为途径,盘活家风建设的资源存量,发展资源增量。家风建设不是运动式的动员,而是在新时代的社会条件下的精神文明体系的建构。家风建设需要依靠国家的引导和社会的自发性力量走上良性发展道路,使美好家风内化为普遍性的社会价值遵循。经典意义上的制度创设需要走过观念产生、社会动员、确定创制权、创建规则和社会化五个阶段。① 目前,奉贤家风建设已经走过了观念产生和社会动员的阶段,要形成培育家风、遵循良好德行的常态化规则,需要盘活已有的社区资源存量。名悦居委积极利用在职党员社区报到的契机,建设志愿者队伍。积极挖掘小区里的教师党员、骨干积极分子,把社区各类优势资源的能量集中起来,围绕志愿者的特长成立兴趣小组,设立社区宣传服务岗服务居民。再如,可以通过举办社区运动会、亲子活动等形式,促进社会交往、培育社会资本。这些社区资源的累积,有助于以睦邻为内涵的家风文化在社区扎根发芽。

---

① See Shiping Tang, *A General Theory of Institutional Change*, New York: Routledge, 2010.

支持居民自治,提高社区居民自我服务、自我管理、自我教育的能力。支持和保证社区居民自治组织依法实行社区居民自治,探索和完善居民自治的形式,广泛吸纳基层党员和群众的参与,例如采用社区居民议事会、社区居民理事会、社区居民监事会、社区工作联席会议、社区党建工作联席会等行之有效的方法,为各方参与社区治理创造条件。在有条件的情况下,将在社区里举办的精神文明创建活动交给居民自治组织,自己的活动自己办。居民自治能够调动社区居民参与精神文明创建活动,依靠组织基础、社区习惯、文化氛围促进居民自发培育良好家风、注重德行。

以开放式党建为契机,通过社区党建引领家风建设。社区治理的关键是基层党组织的领导。开展社区家风建设,需要加强基层党组织建设,切实发挥其领导核心作用。众多退休党员从原有单位离开,在职党员下班以后回归到社区当中,这些党员都可以作为骨干力量,补充到原有社区的家风建设当中去,使得基层党组织、基层党建活动能够更好地融入人民群众的日常生活当中去。要通过社区党建引导家风建设,一方面,要抓好党建,将街道社区中各类分散的党组织和党员纳入统一的党组织体系中,形成纵向到底、横向到边的基层党组织网络体系,提升党组织的凝聚力和战斗力。2019年,中共中央办公厅印发的《关于加强和改进城市基层党的建设工作的意见》中明确提出:"提升街道党(工)委统筹协调能力,确保社区党组织有资源有能力为群众服务,增强街道社区党组织政治功能和战斗力。"[1]提升基层党组织的资源整合、组织建设能力,是在社区持续性开展家风建设的基础。另一方面,要推

---

[1] 《中共中央办公厅印发〈关于加强和改进城市基层党的建设工作的意见〉》(2019年5月8日),中华人民共和国中央人民政府网站,http://www.gov.cn/zhengce/2019-05/08/content_5389836.htm,最后浏览日期:2022年4月11日。

动开放式党建,将党组织举办的各类活动、党组织的办公场所向普通群众开放;建立党员群众的意见表达和整合机制,实行党委决策、党务信息、干部选拔任用向基层党员、普通群众开放,确保社区党组织能够最大程度地倾听民意;建立党员干部考核的群众评议机制,各部门的绩效考核要接受社会评价。

扩大新兴领域党建有效覆盖,推动机关企事业单位与在地社区共同参与家风建设。开展国有企业党建工作经验总结,推进非公企业党建工作,召开各条线系统的党建工作座谈会,统筹推进各领域党建工作。《关于加强和改进城市基层党的建设工作的意见》提出:"依托物业服务企业、产权单位、骨干企业等建立楼宇党组织;依托街道、市场监管部门、协会商会或产权单位建立商圈市场党组织;依托各类园区建立党建工作机构,推动入驻企业单独或联合建立党组织。"[①]推动机关企事业单位党委与所在地区社区党组织利用大数据技术,探索形成党组织之间的常态化合作机制,促进资源共享、活动共建、信息互联,减轻党员干部负担、削减无效投入的同时,提高党员参与精神文明创建活动的效率和活力。细化基层党建的颗粒度,鼓励商业楼宇、市场街道根据自身情况成立党小组,在增强基层凝聚力的同时,在家风建设中加强自我管理、自我教育、自我服务。

四、社区、乡村的具体工作模式相互结合

基层社会的创新主要有两个发展方向:一个是创新在不同地

[①] 《中共中央办公厅印发〈关于加强和改进城市基层党的建设工作的意见〉》(2019年5月8日),中华人民共和国中央人民政府网站,http://www.gov.cn/zhengce/2019-05/08/content_5389836.htm,最后浏览日期:2022年4月11日。

区之间的横行扩散,即地方之间的学习和模仿;另一个是政府在创新内容上的深化,从行为创新走向制度改革。[①] 后一种创新包含创新在纵向行政单位上的扩展,直至上升为高层级行政单位的制度内容并得到推广和确立。地方和中央面临着不同的工作内容,但是在集中领导的政府结构内,地方创新和中央创新在基本目标上具有一致性。从这点来说,把握中央的政策动态和制度改革方向,需要将具体的工作模式总结为一般性的经验。"从大局看一域"有利于奉贤在更大范围内、更大尺度上,为家庭建设、社会主义精神文明建设乃至社会治理创新作出贡献。因此,奉贤模式的最佳发展路径就是将纵向推广与横向扩散联系起来,将在地经验和中央精神呼应起来,加强对中央关于家庭建设和精神文明建设精神的持续学习和关注。从创新扩散的角度来说,面对问题的共性和解决方案的普遍性是决定不同行政单位之间是否互相学习的关键因素,这包括三个方面的因素:首先,既有工作模式是否尊重了所在领域的一般性规律;其次,是否针对某一类实践问题取得了实际效果;最后,是否有一个科学化、可操作化的设计流程和决策程序。

奉贤在家风建设过程中,要尊重文化发展的一般性规律。尊重文化本身的规律,不能按照经济建设的规律理解文化发展的规律,不能按照行政动员的方式促进文化建设。在很多地区家风建设的案例当中,过于强调建设而忽略了对于家风文化本身的理解,将新时代的家风文化简单地理解成传统家风家训,不加甄别地从传统文化的典故、伦理、书籍当中寻找家风建设的内涵。文化是发展的,家风建设需要尊重群众的首创精神;需要尊重时代发展的客

---

① 韩福国:《中国地方政府创新的逻辑:从技术操作、结构生成到制度演化——基于中轴性概念的分析》,《探索》2021年第4期。

观现实,为家风家训注入新的时代内涵;需要移风易俗,突出社会主义核心价值观的引领作用。

奉贤家风建设的过程体现了文化发展的一般规律。首先,奉贤尊重群众在文化生活中的首创精神,鼓励群众依法组建文化队伍,引导群众自发组织的文化队伍自我管理、自我教育、自我服务。其次,奉贤注重从历史传统中汲取文化发展的资源。南桥镇紧扣践行社会主义核心价值观这一目标,把传播和弘扬"贤"文化作为全镇精神文明建设的一项重要工作。南桥镇在挖掘历史资源的过程中,寻南梁古训,在文化中挖掘历史底蕴,在全镇范围内寻找和挖掘南桥古训和家谱,发掘了李氏宗亲家谱。最后,奉贤注重在家风家训培育中推进移风易俗。传统家风家训注重宗族内部的互助互惠,这是一种血缘性的价值认同,但现代社会不具备血缘认同的社会基础。因此,现代社会的家风家训需要在自身家庭建设的基础上,突出个人对于社区、社会、经济发展的贡献。南桥镇按照培育和弘扬社会主义核心价值观的要求,强调爱党、爱国、爱社会主义、爱家乡等内容,倡导诚实守信、勤劳致富、孝老爱亲、邻里和睦、见义勇为、学文化讲科学、讲文明讲卫生、倡导生态文明、反对封建迷信和黄赌毒等文明新风。注重将传统伦理和现代社会的价值理念结合起来,突出社会主义的先进性和纯洁性,能够提高家风建设的水平。

如何更好地适应社会结构的变迁和时代的发展,关系到家风家训能否更好地融入社会发展的潮流。通过为家风家训注入新的时代内涵,定期开展公共文化活动和公共文化资源的主题研讨会、选题会,探索更加多元、群众更加喜闻乐见的文化活动和文化资源,完善公共文化资源配送过程中价值关怀的普遍性、内容表达的深度,从而更好地适应时代语境和社会情景。

奉贤在家风建设过程中,要开放政府和党组织的决策过程,重视决策的科学化过程和决策结果的反馈机制。就决策过程来说,决策前公开征求意见,通过媒体和政府官网公示会议内容,广泛听取党员群众的意见,汲取基层经验,凝聚群众和党员干部的智慧,重视专家的意见,避免拍脑袋决策。在决策中,邀请群众、基层党员、专家学者和人大代表、政协委员列席会议,方便党员群众了解决策的过程。就决策结果来说,注重决策内容的及时公示,决策文件在网站上进行发布,部分文件可以授权新媒体渠道发布,做好决策结果的量化反馈,接受党员群众的评议。对于效果不好的工作模式,及时调整或者停止,避免资源浪费和目标不集中;对于取得一定效果的工作模式,要进行总结。

奉贤在家风建设过程中,要注重从各个社区、乡村的工作经验中寻找共性。奉贤在乡村开展家风建设的工作经验包括几个方面。首先,光明村、杨王村、华严村在工作过程中,注重发挥村党支部领导下的退休党员干部和乡贤的作用,探索建立发挥退休党员干部和乡贤作用的常态化机制。乡村治理和乡村建设需要发挥党组织的轴心作用,村党支部和党员小组在整合乡村社会的资源方面具有关键性的作用,例如,光明村在拆除违建的过程中,退休生产队队长起到了带头作用。农村地区的家风建设要探索以党组织为核心的领导机制,形成镇村两级党组织定期看望、拜访退休党员干部、乡贤的习惯,邀请退休党员和乡贤出席村"两委"会议。其次,在奉贤各镇的家风建设中,重视组织下沉和资源下沉。例如,选派工作能力强的第一书记通过村委会选举的方式,对村"两委"一肩挑;对村级干部进行培训,充实专业教师队伍;加强对党员干部队伍的培训。最后,奉贤区在开展工作中,重视公共文化的下沉,公共文化资源配送覆盖到全区的村居。例如,南桥镇就有

100多支群众文化团队全部下沉到村居层面。这些都是奉贤在家风建设过程中应该加以总结的经验。

在家风建设过程中，要从基层工作中汲取经验，注重从各个社区、乡村的工作经验中寻找共性，探索家风建设的一般性规律，设计一套科学化、可操作化的工作流程。这不仅有利于自身工作的推广，也有利于输出家风建设的奉贤经验。因此，在日常工作中，各级党委政府部门和基层组织，要定期开展工作总结会议，认真总结各个社区、乡村各自的工作经验，并将其转化为在农村地区开展家风建设的一般性经验。

五、共同汲取文明创建经验

近年来，全国各地的家风建设蔚然成风，提供了一些普遍性的规律，对于不同地区家风建设经验的总结和思考，能够帮助奉贤博采众长，少走弯路，更好地开展相关工作。我们发现，来自不同地区的家风建设案例普遍重视家风家训内容的收集、总结，整理家风家训读本，还重视和高等院校的专家学者团队开展合作，对本地区家风家训的内容和家风建设的价值进行理论化，并编写实操手册，提炼家风家训的学术价值。在政党引领方面，各地重视将家风建设和党建工作结合起来，通过基层党组织的建设带动家风培育常态化，又通过家风建设提振党建工作。在制度设计上，一些地区直接将家风家训的项目纳入政府工作和党建工作要点，探索家风建设的常态化领导机制，成立地区党委层面的家风建设领导小组，一把手直接抓家风建设。从家风家训品牌打造来看：一些地区的家风主题活动每年都办，已经成为地区性的品牌，在群众中有影响力；一些地区通过家风家训建设打造廉政文化品牌，初有成效，在全省都有声誉。此外,在成果较为突出的案例当中,它们普遍具有较为优越的历史文化资源,因地制宜,将历史文化资源和现代社会的家风建设相结合。

一些地区在家风建设上也面对着相对共性的问题,例如:未能很好地统筹未成家者、青年群体的家风建设工作,尚未建设覆盖面广、参与性高的家风体系;家风建设工作和社会主义精神文明建设、基层社会的治理之间联动不足,通过一把手抓、运动式动员的方式开展家风建设,缺乏一个培育家风文化的长效机制;对本地的传统文化和红色传统家风简单重复,在家风建设中对于时代内涵的把握不够,对于现代社会家庭形态、价值观念的变迁没有很好地做出回应,造成家风建设难以有效覆盖更多的群众,本身的社会化效果不明显;一些地区受经济发展水平和财政资源影响,公共文化资源的供给相对单薄,群众的精神文化生活尚不够丰富。总之,汲取各个地区家风建设的经验,克服相对共性的问题,才能更好地培育家风文化。

(一)北京市东城区东四街道

北京东四街道拥有优越的地理区位和人文资源,走出了一条"以点带面"的家风建设道路。东四街道位于东城区,辖区面积1.53平方千米,下设七个社区居委会。辖区内以朝内北小街为界,划分为东、西两个部分。东部有众多地标式商务楼宇建筑群,西部有元明清时期的胡同四合院,东部的现代街区与西部的传统街区相互融合,形成东四街道特殊的风貌。同时,东四街道的人文历史资源丰厚,历史最悠久的胡同建成距今700多年,文化名人侯宝林、孟小冬、沙千里、叶圣陶、楚图南、廖沫沙、姜昆等都曾在此居住。四合院的居住格局也致使邻里关系紧密,社会资本稠密。

东四街道在家风建设中,将邻里关系紧密、文化资源优厚的条件加以利用,以家训、家风建设为切入点打开了东四街道精神文明建设的局面。东四街道推动家风家训建设的途径包括:征集家训格言和家训背后的故事;每年清明举办"忆家训、谈家风、促和谐"系列活动;选择有代表性和典型性的家庭讲说家风故事;定期举办精神文明活动,取得了不俗的成绩,"家训格言"活动还被收录在东城区非物质文化遗产名录当中。① 2015年10月,由北京市社会科学联合会协调,东城区委宣传部、东四街道委托北京师范大学国学经典教育研究中心在东四地区开展"家训堂"课题研究,总结东四街道持续了八年之久的"忆家训、谈家风、促和谐"活动的经验,征集到的家训总量已达1 300多条,家训故事约百篇,并在此基础上编写了《东四社区家训读本》。②

东四街道如何扩大家风建设成果,还有一些课题可以突破。首先,东四街道东部有众多商业写字楼,这些商业写字楼的入驻企业是否有党组织?商业楼宇是否有党组织?其次,东四街道的家风建设以户籍人口为范围还是以行政区划为范围?如果以行政区划为范围,东四街道的商业区以办公为主,职工以非东四街道户籍人口为主,是否将商业楼宇纳入家风建设的范畴?如果以户籍人口为范围,东四街道存在户籍人口和常住人口"倒挂",至少15%的户籍人口不在本街道生活,如何将在其他街道社区工作生活的年轻人纳入家风建设的范畴?

---

① 《街道开展"追忆先祖训诫,弘扬民族精神,共创乐和家园"清明节主题活动》(2021年4月14日),北京市东城区人民政府网站,http://www.bjdch.gov.cn/n1711930/n2681117/c2732172/content.html,最后浏览日期:2021年12月20日。
② 徐梓、潘帅、梁堂华、石娾娾:《现代都市社区家训与家风建设研究——以北京市东城区东四街道为例》,《河北师范大学学报》(教育科学版)2017年第2期。

(二) 江苏省淮安市洪泽区

洪泽区隶属江苏省淮安市,地处江苏省中部,位于洪泽湖东畔。2015年4月,洪泽成立了由县委书记[①]为组长的家风家训主题教育实践活动领导小组,由县纪委、宣传部、组织部牵头,召开六次家风建设和家训教育活动座谈会,开展家风家训主题教育活动的调研。

洪泽区地处江苏省淮安市,为古京杭大运河的交通枢纽。洪泽是周恩来总理的故乡,历史悠久,社会文化资源丰厚。洪泽区在家风建设的过程中,注重从组织建设和制度建设的角度,加强家风建设。注重"一把手责任制",把家风建设作为"一把手"工程,由县委书记任组长,下设"一室五组",各镇、街道和相关部门也成立相应机构。成立全国首家县委层面的家风活动领导小组[②],家风活动成为全县上下"一把手"工程,书记抓、党委管,将家风建设列入各级党组织的主体责任和监督责任。洪泽将家风建设工作纳入《洪泽县2016年党建工作要点》,将家风建设作为各级党组织的工作重心之一。[③]

洪泽作为全国首个在县委层面成立家风活动领导小组的县,具有极强的参考价值。洪泽区在家风建设过程中,建立了党组织和"一把手责任制",按照项目考核责任主体,将家风建设纳入党建工作的重心,通过党委和下级党组织之间签订责任书、项目考核、绩效考核的方式强化了家风建设规划的执行效果。此外,洪泽将

[①] 2016年撤销洪泽县设立洪泽区,以原洪泽县的行政区域为洪泽区的行政区域。
[②] 《洪泽县党建工作情况专报第1期》(2016年8月10日),中共淮安市洪泽区委党建网,http://221.181.139.42/index.php?c=show&id=1148,最后浏览日期:2021年12月20日。
[③] 同上。

党员干部家风家训与廉政文化品牌建设结合起来,完善党员干部及其家属的监督、评议和考核机制。

洪泽区也在不断探索未来家风建设的新路径。首先,家风建设和基层党建、群众自治如何有机结合?过度强调"一把手责任制"会不会造成以建设推动家风的做法成为一阵风?洪泽区目前的家风建设中,将家风家训作为核心内容纳入党建和党政部门考核、党员干部考察的范畴,有将家风建设制度化的趋势。须知家风家训不是无源之水,制度、文化都会对家风家训产生重要影响。在制度方面,如何建立完善的党建制度,增强党建和家风建设的联动,仍然需要探索更多的途径,让群众也可以参与基层党建的过程中。在文化方面,完善优质公共文化资源供给、公共文化资源配送,对于群众的家风培育和精神文明素质的提高具有"润物细无声"的效果,洪泽应持续加大公共文化资源的建设和配给,进一步解决公共文化资源供给和群众精神文化需求的矛盾。

(三) 江苏省扬州市

扬州市古称江都、广陵,位于江苏省中部,长江北岸。全市总面积6591平方千米。扬州是中国首批国家历史文化名城,也是南京都市圈及长江三角洲城市群的重要城市。扬州是长三角地区历史文化底蕴最厚重的城市之一。扬州市在开展家庭家教家风建设过程中,尤为重视家庭教育的指导服务。

扬州市以2020年江苏省妇联启动"三全"(社区全域、家长全程、家庭全类型)社区家庭教育支持行动省级试点工作为契机,推动家庭教育指导服务的创建。江苏省政府工作报告明确把"建设600个家庭教育指导服务示范社区"列入"2021年度省政府民生实事项目"中,其中,扬州市2021年要在45个社区(村)创建家庭教育指导服务示范社区。① 扬州市妇联在向市委、市政府作专题汇报后,由此为契机,成立了创建领导小组,"一把手"亲自抓,全市四级妇联组织参与领导,将家庭教育指导服务示范社区创建工作纳入妇联工作总体安排和重点任务中。②

扬州市把家风建设作为家庭文明建设的重点,常态化地开展"最美家庭"寻访活动,围绕家庭教育配送公共文化资源,累计开展家庭家教家风教育讲座、报告会、主题活动等400余场次。各级妇联注重推动对未成年人、留守儿童的关爱和保护。扬州市围绕家庭教育指导服务示范社区的创建,推动家风家训建设,并取得了一定的工作成就。扬州市在明清之际是中国的经济中心之一,有着非常浓厚的文化底蕴和历史传统,大运河地区的城市历史上有着众多的世家大族,这些条件都有利于扬州汲取宝贵的历史文化资源。

扬州目前并没有成立强有力的家风建设领导小组,政法委和妇联各管一个口子,政法委推廉政教育,妇联推家庭教育,两边都有成绩,在未来家风建设的推进中,可以考虑在党和政府层面建立一个总体的、连贯的家风建设领导机制。

党的十八大以来,从中央到地方基层,都高度重视家风建设,形成了不同的模式。我们选择东四街道、洪泽区和扬州市三个案例,主要考虑的是:一方面,它们都非常典型,努力将基层社会治理与家风建设有机结合,形成了一些可复制、可持续的做法;另一方

---

① 《关于印发江苏省民政事业发展第十四个五年规划的通知》(2021年8月27日),江苏省民政厅网站,http://mzt.jiangsu.gov.cn/art/2021/8/27/art_79985_9990693.html,最后浏览日期:2021年12月20日。
② 《扬州市妇联:持续推进家庭家教家风建设》(2021年12月21日),人民论坛网,http://www.rmlt.com.cn/2021/1221/635405.shtml,最后浏览日期:2021年12月21日。

面,这三个案例都来自城市,与奉贤的家风建设可以形成鲜明对比,这些城区中的经济都比较发达,资源也相对集中,家风建设的基础条件比较好,与之相比,奉贤的优势、差距和发展空间都能充分展现出来,为我们见贤思齐,进一步推进奉贤家风建设提供了很好的理论借鉴。

结论
培育"家"文化,助力城市软实力建设

家庭是整个社会最小单位的共同体,家风建设作为社会主义精神文明建设的一部分,对整个社会主义精神文明建设起到基础性的作用,对培养群众良好的公民性格、成熟的社会人格具有"润物细无声"的效果。家风建设并非局限于一家一户的事情,而是社会主义现代化建设的大事业。习近平总书记指出:"历史和现实告诉我们,家庭的前途命运同国家和民族的前途命运紧密相连。我们要认识到,千家万户都好,国家才能好,民族才能好。国家富强,民族复兴,人民幸福,不是抽象的,最终要体现在千千万万个家庭都幸福美满上,体现在亿万人民生活不断改善上。"①家风建设不仅关涉单个家庭的幸福美满,"家"文化蔚然成风之后,其所塑造的是一个国家的精神、一座城市的文化和一个基层社会的风貌。

具体到上海市奉贤区,这是一座融合了传统与现代、城市与乡村、精神文明与物质文明的文化新城。奉贤的"家"文化具有特殊的经济社会背景,它位于超大型城市的郊区,处于中国现代化中心的边缘,受上海市区的区位优势辐射。2022长三角和部分地级市文化和旅游公共服务产品采购大会就在奉贤新城的九棵树(上海)未来艺术中心举行,160家企业、数千种产

---

① 习近平:《在会见第一届全国文明家庭代表时的讲话》,《人民日报》,2016年12月16日,第2版。

品参加了此次文采会。① 在公共服务产品采购渠道创新方面,上海走在全国前列。奉贤具有悠久的历史传统和深厚的文化底蕴,全区有超过 400 支群众文化团队,仅南桥镇就有 100 多支群众文化团队下沉到村居层面。这些都是很多开展家风建设的地区所不具备的前提条件和资源,这些条件也为家风建设的奉贤模式打下基础。对于奉贤的"家"文化建设而言,下一步努力的方向,就在于如何通过文化建设来提升城市软实力,助力上海国际化大都市的转型发展。

第一,在内涵上,应为"家"文化注入先进性和时代性内容,体现出创新发展要求。奉贤在开展家风建设中,不应该拘泥于传统文化中的家风家训,而应在传统家风家训中注入社会主义核心价值观和时代发展的新内涵,从而保证家风文化的先进性和时代性。先进性体现在马克思主义和中国特色社会主义理论的指导,体现在科学地运用社会主义文化事业和学术发展过程中的优秀成果,将社会主义核心价值观、中国特色社会主义理论融入对家风家训内容的阐释当中,将文化和学术事业发展带来的优秀成果和技术红利,融入公共文化资源和公共文化活动的主题设计和内容安排当中。先进性还体现在家风建设中的政党引领和党员干部的带头模范作用。开展家风建设的过程中,中国共产党作为先锋型政党,能够提供中国现代化道路上不可或缺的组织资源,通过组织动员,将分散的资源转化为新的聚合能量。② 此外,在党员干部的家风

---

① 周洪:《2022 长三角和部分地级市文采会在沪举行,特设"五个新城"专区》(2021 年 10 月 21 日),央广网,http://www.cnr.cn/shanghai/qqlb/20211021/t20211021_525639493.shtml,最后浏览日期:2021 年 12 月 15 日。

② 陈周旺、申剑敏:《先锋型政党与国家治理现代化:基于历史-社会的分析》,《学海》2021 年第 4 期。

工作统筹当中,如何走出对于传统红色家风的重复,维护和提高党员干部队伍的先进性和纯洁性,也是摆在家风建设工作面前的课题。要重视将家风家训和党建工作结合起来,将党员干部的家庭教育和政治学习结合起来,通过家风建设助力政党建设与精神文明建设。

奉贤家风建设应注入时代的新内涵,注重挖掘中国文化中多样性、包容性的一面,不断适应时代开放的要求,延续家风家训在新一代社会主义事业建设者中的价值。社会主义现代化是物质文明和精神文明相协调的现代化。社会主义的家风建设要走出传统家风文化对于个体差异性、文化多样性的束缚。传统家风文化中虽然存在着大量的美德,但是这些美德大多是农耕时代经济基础上的价值生成,应结合现代社会发展需要加以"创造性转化"。此外,现代化进程也应避免西方文化对于个人主义的过度推崇。无论从社会主义的基本伦理,还是从中华民族的传统文化来说,集体利益都在个人利益之上,个人的尊严、幸福、个体意识和独立思考只有在共同体社会才有生成空间和展开价值。因此,开展新时代中国特色社会主义的家风建设,要旗帜鲜明地反对极端个人主义,推崇集体主义的价值,通过家风家训建设的开展,提振整个社会精神文明建设的面貌和士气。

第二,在举措上,应注重保护传统文化和自然环境,将乡村文化中的文明内涵作为"家"文化培育的基本养料。习近平总书记指出:"中华文明根植于农耕文明。从中国特色的农事节气,到大道自然、天人合一的生态伦理;从各具特色的宅院村落,到巧夺天工的农业景观;从乡土气息的节庆活动,到丰富多彩的民间艺术;从耕读传家、父慈子孝的祖传家训,到邻里守望、诚信重礼的乡风民俗,等等,都是中华文化的鲜明标签,都承载着华夏文明生生不息的基因密码,彰显着中华民族的思想智慧和精神追求。"[①]乡村社会中蕴含着大量的传统文化和自然元素。乡村文化作为保留传统文化遗存相对完整的场域,有力地补充了现代文明在城市化过程中过度重视物质资源所带来的精神危机。乡村是连接人与自然的场所。大自然是理想的生存状态和教育环境,能够丰富人的生命体验,人能够在大自然中重新观察生活。乡村文化是民俗文化的载体,通过塑造童年记忆,塑造一代人的精神力量和人生体验。大自然不在场的童年记忆缺乏想象力,大自然不在场的生活经验同质化。

奉贤作为一座新城,正是乡村文化、传统文化与现代都市的交汇之地。奉贤的乡村文化中不仅有自然风光、传统习俗、传统建筑,保留着古人的生活哲学,也有现代人的童年记忆、生命体验。这些对于奉贤的"家"文化培育都是弥足珍贵的财富。汲取乡村社会的文化,取其精华去其糟粕,是奉贤在家风建设中找准自身定位、发挥自身优势的必经之路。在传统文化资源的保护和开发过程中,既要重视将传统伦理和现代价值结合起来,又要发挥现代社会的优势,利用技术和产业赋能传统文化,帮助传统文化在今天的精神文明建设中发挥活力。比如,奉贤发展文化休闲和旅游产业,就应将产业发展和文化体验适当结合起来,对奉贤文化遗址的开发利用应有针对性,在保护好自然环境的条件下,提供相应的文化体验,并通过现代技术来提升休闲体验,达到自然、传统与现代的完美融合。

值得指出的是,在奉贤的"家"文化培育过程中,不仅需要提炼

[①] 习近平:《走中国特色社会主义乡村振兴道路》,载中共中央党史和文献研究院编《论坚持全面深化改革》,中央文献出版社2018年版,第406页。

出家风家训本身的内容和主题,还需要有源源不断的文化审美和人生哲学的滋养。保护自然环境、传统村居和建筑,能够保留传统的生态环境与生活要素,丰富生活在现代社会的人对传统建筑环境选择、格局安排、设计哲学的感受,增强对人与自然和谐相处之道的理解,理解古人的生活哲学和文化审美。按照这个要求,奉贤在"家"文化培育过程中,不能简单地停留在搞搞文化活动、自娱自乐的层次,应与相关的文化单位、科研机构建立长期的文化共建关系,吸引这些机构和学者以奉贤文化建设为题开展研究和文化推广,不断提升奉贤文化的品质和哲学意蕴,使奉贤的"家"文化在学术上成为一种共识,吸引更多的文人学者、中产人士参与其中。

第三,在目标上,奉贤的"家"文化建设应与上海打造国际文化大都市的目标结合起来,助力于城市文化软实力的提升。《上海市社会主义国际文化大都市建设"十四五"规划》指出,为实现"十四五"发展目标,要"传承城市历史文脉,彰显上海文化独特魅力。大力弘扬红色文化,彰显海派文化特质,传承江南文化基因,保护历史文化遗产,发展优秀传统文化,不断增强人民群众对城市文化的认同感、归属感、自豪感"[①]。在城市文化软实力中,城市精神是价值核心,城市精神又通过文化品牌打造、文化产业建设、公共文化服务建设具化为城市的文化事业路线。奉贤能够提供上海在精神文明建设上的完整性,它拥有悠久的历史传统,是海派文化的源头之一,理应在城市文化软实力建设中扮演排头兵的作用。

对于奉贤而言,历史悠久而又与时俱进的"家"文化是非常重要的软实力来源,对于塑造奉贤的文化形象、核心价值和市民精神

---

① 《〈上海市社会主义国际文化大都市建设"十四五"规划〉相关情况》(2021年9月2日),上海市人民政府新闻办公室网站,http://www.shio.gov.cn/sh/xwb/n790/n792/n1143/n1162/u1ai28285.html,最后浏览日期:2021年12月11日。

品格,提升奉贤对居村民和年轻创业者的感召力和吸引力,具有潜移默化的影响力。

首先,奉贤区应将"家"文化作为奉贤地方特色的文化品牌加以推广。奉贤乡村文化具有自身的文明意义,乡村的自然造化不同于工业品的流水线,具有高度的个异性和永恒性,其具有的包容性体现为人类所共享,体现出自然文明的包容、平等。奉贤是长三角历史最悠久的城镇之一,奉贤在家风建设中提炼乡村文化的价值,有助于上海这座城市在精神文明建设上的完整性。对于奉贤传统的乡村文化,要取其精华去其糟粕,通过多种手段保护好传统方言、传统艺术、传统典故等。借助视频、3D打印、云计算技术、虚拟现实技术,将传统乡村文化以字节的形式储存在数字空间,既有利于传统文化传承,也有利于传播。比如,一提起"东方美谷",谈及"上海之鱼",人们就会联想起奉贤,然而,前者是美妆业的"硬实力",后者则是凝固的城市景观,虽然它们多少也含文化意蕴,但都不如"家"文化的塑造来得悠远、持久。如何将"家"文化塑造成一个品牌,就取决于能否将"家"的概念做大、做广,不要自我设限,认为"家"就是家长里短的事情,而是以"家"为一个轴心,将乡村文化、自然文化和传统文化有机统一、浑然一体的一个结合,这样才能将奉贤本身的融汇优势充分发挥出来,一提起奉贤,就让人联想起是"家"文化的汇集地、标杆点。

其次,奉贤区应以"家"文化为线索,将奉贤打造为新城市生活的地标,引领新世代年轻人的生活时尚。工业化时代已经一去不复返,奉贤作为新城,也不可能重复走旧的工业化模式,而应在文化上直接向后工业化时代过渡,以对接新世代年轻人的心态和文化取向。他们对工业化的快节奏、机械工作、按部就班、残酷竞争感到厌倦,甚至排斥,对工业化和现代化都保持着一种反思的姿态。比如,成长于互联网时代的"Z世代"的价值观、兴趣爱好和消费取向,都跟工业化时代成长起来的一代存在根本差异,表面上这一代追求个性的年轻人非常不羁和个人化,但是从某种意义上,"家"文化恰恰从另一个角度满足了他们的期待。家是一种温情,一种回归,让人找到灵魂的归宿;"家"文化也是一种慢生活,从中可以找到静谧和安详之感;"家"文化的质感也给予年轻人直接的、切身的消费体验。奉贤的"家"文化建设正好以这一代年轻人作为对象,吸引他们到奉贤生活与工作。

互联网一代对于文化符号、消费体验的要求极高,"家"文化的培育应紧密对接5G时代的数字化城市建设。数字资源的平权,降低了文化建设中的传播成本。我们时代文化的传播渠道、范围及速度正在发生极大变化,这一趋势在世界范围内蔚然成风。要提升文化软实力,需要借助文创产业,赋予传统文化以现代意义和现代价值,打造IP开发,研发文创产品。奉贤应致力于文创产业的研究、文化跨界融合以及重点文化品牌的发展,突出打造一些具有潜质的IP,通过短视频平台、直播平台等渠道塑造无边界传播的文化品牌,在具体的工作中实现产业和文化的良性互动。一个城区的文化品牌的塑造并非朝夕之功,也不是仰赖一人一机构之力,而是长期经营、精心布局、有力推动和日积月累的结果。奉贤应借鉴故宫等文化塑造的成功案例,建立专门的文化创意研究所,与文博及文化产业领域顶级高校的专家学者、行业领先的企业和机构保持着良好的合作关系,对本地的"家"文化进行策划、布局,将奉贤文创产品和热门IP通过展现的形式登上流媒体平台,积极开展专项课题研讨,集合各方专业资源,与高校、研究机构以及行业代表共同承担研究所课题以及项目研究。

总而言之,提升奉贤的城市软实力,应贯彻突破性、拓展性的创新模式,而不能采取模仿式、因循式的创新。突破性、拓展性的创新是软实力建设的应有之义,这种拓展都是基于自身的特点,结合现代技术的发展所形成的根本性突破,它本身就蕴含了巨大的价值和机遇。在"家"文化培育中,特别要避免对已有模式的简单模仿,表面上是跟原来的乡村治理和发展模式不一样,但只是其他人的模式置换了一个场所,这种模仿常常都是非常拙劣的。比如在中国许多地方正在发生的古镇开发,对于当地是一种创新,但是古镇开发都是千篇一律的模式,经营业态高度雷同,边际效应不断递减。尾大不掉之下反而成为地方软实力的瓶颈、负担,食之无味,弃之可惜。奉贤的"家"文化培育和发展一定要避免陷入这样的误区:一是要让"家"文化真正融入社区,与千家万户的生活融合在一起,让老百姓的日常生活来支撑"家"文化,形成一种新的生活样态,这是真正的文化符号,而不是刻意营造出来的;二是要让"家"文化技术赋能,与互联网技术有机结合,使奉贤的"家"文化真正具有品牌价值、推广价值,与新业态结合在一起,形成良好的消费体验,成为一种新的时尚,而不是让人一想起"家"文化总是跟保守、落后、"土"结合在一起。在"家"文化建设和发展中,奉贤具有得天独厚的优势,这种优势如何通过制度化、组织化的努力,转化为一种竞争优势,形成一种坚不可摧的文化软实力,是一个永远值得探讨的课题,创新永远都在奋斗的征程之中。

附录
奉贤区南桥镇家风建设案例

上海市奉贤区在开展家风建设过程中,各个街镇结合时代发展,融合自身优势,涌现了一大批各具特色的典型案例。其中,南桥镇的"好家风好家训"建设缘起杨王村,继而在全镇推广发动,使家训家风深入千家万户,进而在全区蔚然成风。南桥镇"好家风好家训"培育工作,是奉贤区家风建设的典型个案。它不仅是落细、落小、落实社会主义核心价值观的生动实践,也是深化"贤美"文化丰厚内涵的有效路径,更是新时代创新基层社会治理的有益探索。

一、南桥镇杨王村:全面参与

杨王村是奉贤区"好家风好家训"培育工作的发源地,随着时间的推移,不断创新各种方式,将"好家风"与乡村物业管理、移风易俗管理等工作相结合,让"好家风"转化为实践成果。

(一) 杨王村概况

杨王村位于南上海,南临东海杭州湾,北临黄浦江,紧邻南桥新城,地铁五号线近在咫尺,南面与平庄公路接壤,四通八达。村域面积5.75平方千米,2005年,杨王村实行三村合并(原老杨王村、西胡村、牌楼村),全村总户籍1 190户,共有七个村民联组,总人口3 815人,外来人口在册约4 500人,流动人口约10 000人。

杨王村以全国文明村创建为载体,把乡风文明建设作为弘扬"贤"文化、培育新农民、建设新农村的重要内容,把创建的成果通过建立长效机制来巩固,真正实现以综合整治提升村环境之美、以道德教育培育村风尚之美、以文化引领塑造村人文之美、以民主法治打造村秩序之美、以强村富民书写村创业之美,让村民群众养成美的德行、得到美的享受、过上美的生活。杨王村先后获得全国民主法治示范村、全国生态文化村、中国幸福村、全国十佳小康村、中国特色村、中国最美休闲乡村等13项国家级荣誉称号。

(二) 杨王村的家训活动

近年来,杨王村以地方特色的"贤"文化为基石,组织开展"培育好家训,建设好家风"活动。全村家家踊跃写家训,村民的文化素养、文明程度在学习思考凝练中不断提升。通过好家训践行贤城文明,好家风孕育杨王新人,实现以家训带家风,以家风促村风,以村风扬民风。

1. 活动概况

自2006年起,区规划调整后,原来的杨王村、西胡村、牌楼村合并为杨王村。合并后的"新杨王"出现了不少新问题、新矛盾,为打破三个村村民之间的壁垒,培育和践行社会主义核心价值观,扬新风、树正气,村里先后发动了两轮家训征集活动,倡导村民结合自家特点、结合奉贤"贤"文化的特色、结合与时俱进的时代特色,对家训进行延续传统、整理文字和改造提高的撰写活动,通过"培育好家训,建设好家风"活动,创设和营造向善向上的家风、村风、民风、贤风。

2. 杨王村经验

(1) 全村发动,以好家训为荣。杨王村成立了村党委书记任组长的家训评选领导小组,组建了由普通村民参加的村民议事中心和村监督委员会组成的评选小组,精心制订活动方案,具体负责评选工作。通过召开全体村民动员大会、《杨王报》征集、宣传栏发布、文艺演出和讲历史家训故事等形式进行广泛宣传,做到家家知晓,户户参与。公开村民代表审议、评选优秀家训等程序,将征集的家训进行公示,接受村民监督、评论,使展示家训、评议家训的过程,成为村民相互学习、交流、借鉴的平台。家训事小,但家家学习、人人思考在全村形成良好的氛围,家家户户把最期望做到的、最适合自己家庭的话写入家训,老少皆宜。村民们全家上阵,以写好家训为荣,村民见面打招呼都会问:"你家家训写了哇?我们家已写好了。"在杨王村,有好家训成了一种荣誉。

(2) 积极践行,以好家训为铭。2006年,首轮家训编写后,村党委统一规格制作了家训牌,放在村民家中的醒目位置,鞭策警醒村民自律。2013年,新一轮家训征集后,村党委将每家每户完善后的家训连同"星级户"评星情况、党员之家标识一起制作成展示版面,挂在各家的门口,接受村民的相互监督和评议。村民以家训为座右铭,自觉崇尚新风、根除陋习,提高了道德素养,好家风带动全村形成向善向上的文明风尚。对村民家庭而言,家训一言九鼎,家庭成员的行为有了约束,形成了好家风,家庭更加和睦温馨,尊老、爱老、助老成为时尚,爱护清洁家园蔚然成风,守法、文明、礼让成为全村人的自觉,曾经的"小混混"都走上了正道。好的家风带动了整个村形成向善向上的文明风尚。

(3) 传承深化,以好家训为先。杨王村在"星级户"创评中倡导村民凝练完善家训内容,进一步契合自家特点、体现杨王精神、弘扬文明风尚,得到了村民们的积极响应。村民老张家首轮征集时写的家训是"勤劳致富、团结和气,对待员工亲如一家人",将家训融入生产经营中,把小作坊发展成规范企业;如今,生活富裕了,老张家将重心转向生活要诚朴、思想要向上、工作要勤劳,最终达到万事兴,把家训调整为"诚朴向上,尊老爱幼;勤劳和谐,家和万事兴"。为了更好地传承深化好家训的积极作用,杨王村将完善后的村民家训会同杨王精神、杨王之歌、杨王村训汇编成册;征集了村民好家风小故事,做成折页发给每家每户;在道德讲堂上宣讲好家风小故事,诵读优秀家训;将村民家训内容融入传统的写春联活动,邀请书法家帮助村民将家训写成春联张贴;结合"我们的节日·元宵",将家训内容写进花灯,让村民在看花灯、猜灯谜的同时感受家训;用"和、绿、贤、善、学、诚、俭、德、廉、孝、义、智、礼、勤、梦、实"十六字主题创作文明漫画,在村主干道进行展示。这些举措更好地推动了好家训、好家风、好民风的形成。

3. 突出"三个注重"

(1) 注重统筹推进,使家训入家入户。村党委精心制订活动方案,通过会议、宣传栏、文艺演出和讲家训的历史故事等形式进行广泛宣传,召开动员大会进行广泛发动,家家户户编写家训,村设立了家训活动宣传栏,把收集到的家训进行公示,接受大家监督。对收集的家训,经村民联组推荐、"三务"公开人员考核、村民代表通过、最终评选出优秀家训。同时召开总结大会,总结活动经验,表彰授牌优秀家训的村民家庭。

(2) 注重内容审核,使家训入情入理。家训文化对农村社会生活、家庭生活的稳定和发展起着独特的重要作用。围绕新时期杨王精神"昂扬向上,善于创新,争创一流"的主题,对家训进行创作、取舍、改造,摒弃消极、不合时代要求的内容,力争体现形式多样、言简意赅、生动活泼的特点,赋予其新时代的精神。根据每家每户的自身特点,制定属于自己家的家训。许多家庭把移风易俗、摒弃陋习等列入家训内容,把倡导生态生活、邻里和谐、舍小家顾大家等内容增添到新的家训中。

(3) 注重展示推广,使家训入脑入心。全村统一规格制作了家训牌,放在各村民家庭的醒目位置,警醒村民时刻不忘家训,经常约束自己的行为。通过组织群众交流文明家风、展示和谐风貌、评议家训家规,以生动活泼的方式晒家庭幸福生活、谈良好文明家风、讲家庭和谐故事、展家庭文明风采、秀家庭未来梦想。结合实际把村民家庭在生产、生活中的好人好事、先进典型等在宣传栏进行公示,同时通过《新杨王》导刊进行宣传报道。如在48期的导刊上刊登了一篇名为《点点滴滴见孝心》的文章,讲述的是现年70岁的邢国芳老妈妈在丈夫病故后的20年,与96岁的公公邢佰余住在一起,照顾好年迈的公公,在全村范围内早已成为佳话。多角度展示家训活动在弘扬家庭美德、体现文明风尚、诠释幸福内涵等方面的突出事迹和感人精神,使之生动可亲、真实可信、优秀可学。

(三)杨王村"培育好家训,建设好家风"活动的成效

通过开展写家训征集评选活动,全村98%的村民家庭都积极参与,收集到800多条家训,具有鲜明的家庭特色、时代特点、农村特色。

1. 好家训、好家风建设强化了道德建设的知行合一

家训是群众自己提炼、撰写的,最终是自觉遵循,顶用管事,将群众自我教育的主体回归到家庭这一最基础的单元。杨王村通过开展写家训征集评选活动,村民们主动写家训并以家训为座右铭,崇尚新风,根除陋习,抵制封建迷信等行为,提倡家庭和美、邻里和谐等内容,从而实现了家庭环境美、语言行为美、生活方式美,形成了积极向上、健康文明的道德风尚。钟琴秀孝老敬亲,尽心尽力照顾年迈的母亲;李东寒冬勇救落水儿童;顾月莲冒酷暑带头为生病的村民包桃子;蔡月琴爱岗敬业,拾金不昧;姜伟光古道热肠义务磨剪刀;张志楼无私奉献于全村上下……好家训提升村民的文化素养,传承村民的优良品德,好家风活动有力地推动了杨王村向上

向善的文明风尚。

2. 好家训、好家风建设进一步带动了杨王村的好民风、奉贤的好贤风

家庭是社会的细胞,如果每一个家庭文明了,每个村的小环境就文明了,由此就会带动整个社会大家庭的文明和谐。写家训是自律,亮家训是他律,两者相结合,小家带动大家弘扬了杨王村的正风正气。开展家训征集评选活动与"五好"文明家庭评选、"星级户"评选、最美家庭评比等活动有机结合。每家每户凝练的家训进一步激发了村民家庭践行中华民族家庭美德的内在自觉,做积极向上、文明高尚家风的建设者,做和谐文明家庭的创建者。培育好家风活动,把杨王精神、奉贤的"贤"文化、社会主义核心价值观的践行同家庭日常生活联系起来,使之落细、落小、落实,真正实现以家风促民风,以民风树村风,以村风扬贤风。

3. 好家训、好家风建设进一步助推了杨王村的全面发展

家风、家训是一面镜子,能反映一个时代的主流价值观和道德观。优秀的家风、家训是推动社会文明进步的正能量,良好的道德文明水平又可以有力地推动经济社会的发展。杨王村在培育好家训活动中,让大家动脑想、动手写、动嘴讲,把已有的古训传承下来,把已经做或正在做的归纳、总结起来,把能够做、尚未做的发动起来,然后用文字的形式固定下来,成为家家户户悬挂的家训,如同一盏明灯,指引大家在家庭美德、职业道德、社会公德等方面以此为遵行,加快了原先三个村村民之间的融合,凝心聚力建设发展新杨王,促进全村社会经济各项工作稳步推进。三村合并时,杨王村的经济规模是 10 多亿元,税收是 5 000 多万元,到 2013 年实现经济规模 126 亿元,实现税金 3.3 亿元,人均年收入达 2.3 万元,村综合影响力在全国农村中排行第 36 位。2020 年实现经济规模

176亿元,实现税金4.43亿元,人均年收入达3.86万元,村综合影响力在全国农村中排行第25位。好家训、好家风建设,激励着杨王人以昂扬向上的精神状态、善于创新的务实作风、争创一流的时代风范,行进在齐心奔小康、共筑中国梦的幸福路上。近年来,杨王村被列为奉贤区新农村建设试点村和新农村建设领头羊村,先后获得全国文明村、全国生态村、全国民主法治示范村、中国美丽村庄等13项国家级荣誉和20多项市级荣誉称号。

二、南桥镇光明村:党建引领

南桥镇光明村坚持以党建为引领,以阮氏家族为代表,依托"小红车"将志愿服务直通村民家门口,并通过建立"能工巧匠库"、以"翼课堂"学习积分卡等形式,让好家风转化为实事项目。

(一)光明村概况

光明村地处南桥新城的中心区域,东临金汇江水运枢纽,南至杨王村,西接金海公路,北靠南奉公路,G1505高速横跨村中心位置。因南桥新城规划建设,现村总面积从原有的2.49平方千米缩减为1.8平方千米。截至2020年12月,全村总户籍数596户,户籍人口2 119人,来奉及外村人口约6 680人,在册党员112名。在1998年前,光明村是个负债300多万元的贫困村。2000年利用区域优势,创办了光明A3工业园区,2011年成立光明村科技创业孵化基地。2019年度村集体可支配收入2 900万元,民生各方面保障充足。

(二)光明村经验

光明村坚持以党建为引领,以新时代文明实践站为运行平台,整合各方资源,扩大实践阵地,采用项目化运作,汇聚力量,传承好家风、好家训,弘扬"贤"文化,涵养向善民风,推动社会全面发展。

1. 党建与社会治理相融互促,同频共振

(1) 红色阵地增添党建新活力。精心谋划建设的"红色印记·光明之路"主题党建广场,以"红色印记"为主导,突出"光明之路"的发展历程,汇集党史浮雕、宣誓广场、巾帼长廊、名人贤林、修身驿站、大事记红色走廊、党史漫道等元素,成为集党建、精神文明、妇联、统战等为一体的宣教基地,让每一位走进广场的党员和群众在潜移默化的体验中,对党的历史、村的发展有了全面的回顾和认识,感悟到光明村与时代同步发展、壮大。

(2) "三分"测评营造党建新气象。一是全民学习积分促动力。村民凭学分卡参与党建服务站开办的各类学习课程均可获得学分累计,年终达到一定分值时,可在"学分商店"对应不同的奖励,激发群众参与的积极性。二是志愿服务积分添活力。通过线上计时、线下积分的双向同步模式,对志愿者队伍进行积分,作为评选举荐优秀志愿者、最美志愿者的主要依据。三是党员百分考核助聚力。将党员参加组织生活、党小组活动、设岗定责、党费缴纳等列入正面清单,将违法违纪、纠纷等纳入负面清单,形成党员百分考核表,作为党员年度民主评议的主要依据,对党员的日常管理实现精细化、科学化和规范化。

(3) 微格管理拓展党建新内容。以村综合服务管理中心为辐射源,以微格服务微信群为平台,形成"四网合一"的网格化管理模式。将全村划分成5个服务站、15个网格、68个微格。微长由骨干党员、村民代表、新村民示范户等骨干力量担任;格长由条线人员担任;站长由班子人员担任,形成三级解决制度。同时实施"五定制度",通过定量走访、定期汇报、定期检查、定期点评、定期考核,提升微格服务水平。在微格管理中实现自我管理、自我服务,通过即知即改让群众有存在感、获得感。

2. 化零为整,辐射圈扩大构筑实践网络

(1) 握拳发力,构建实践点位网络。打造村新时代文明实践站综合活动室(展示厅),集群文课堂、团队活动、文体排练等功能为一体,为群众提供文明实践活动的基地。综合活动室兼具展示功能,将文明实践站的志愿团队、品牌项目、服务菜单、实践阵地等一一展现,供群众选择参与。同时,整合现有资源,将生活驿站、党群服务站、党建微家、妇女之家、妇女微家、退役军人服务站、党建广场等宣教阵地纳入新时代文明实践站服务圈,形成以综合活动室为主阵地,多边联动、整体发力的格局。

(2) 盘活资源,设置文明实践岗位。依托"红色印记·光明之路"党建广场,讲好党史、本村改革发展和人文故事,大力宣传本村先进人物、劳动模范的事迹,会同宣誓广场、党史漫道、巾帼长廊等内容,通过接待解说工作,让群众浸润在思想教育中。同时,用好资源,让阵地变身实践点。设立"四史"宣讲实践点,向学生和共建单位提供党建广场宣讲岗位,让年轻一代通过讲"四史"的过程,成为从思想学习到思想认同,再到思想输出的过程。

(3) 因地制宜,拓展群众宣教渠道。针对不同年龄层次群众接受宣传媒介的习惯,分类开辟宣教通道。针对农村老年人居多,喜欢以"听"为主接受信息,村里重启"广播喇叭"的模式,在宅基上安装八个音柱,及时向村民传达政策、播报信息。广播开通后,"四史"广播课堂开播,成为全民学"四史"的有效载体。针对年轻人微信阅读的习惯,开辟网络思政教育阵地,在"光明online"微信公众号推出《"四史"小党课》等内容,进一步扩大思政教育对象的辐射面。

3. 动静结合，项目化运作助推村级发展

（1）创设品牌，翼课堂满足群文需求。深化翼课堂项目，开设思政小课堂、非遗小课堂、灵动指尖手工坊、强身健体健身坊、素养小课堂、亲子教育小课堂六类课程。思政小课堂主要以"四史"教育、社会主义核心价值观宣传等为主要内容，开展宣教活动；非遗小课堂旨在保留非遗文化，开设了撕纸班、山歌剧班；灵动指尖手工坊旨在提升群众的审美品位，开展端午香囊、插花等活动；强身健体健身坊旨在营造全民健身的氛围，开设了空竹班、门球班；素养小课堂主要传承中华传统文化，开展民俗文化讲座等，开设了书法班、民乐班；亲子教育小课堂旨在弘扬家庭美德，主要集中假期开展亲子绘本阅读等活动。翼课堂每月开课不少于八次，以培育践行社会主义核心价值观为核心，提升村民思想境界为目的，在活动体验中促动村民转变思想观念，巩固家风家训建设成果，弘扬"贤美"文化。

（2）创设载体，文明实践移动车下宅基。阵地前置，实践服务移动下沉，启动"光明在线"新时代文明实践移动车项目。在实践移动车上设置微课堂、微书屋、谈心坊、健康小屋、法律咨询、便民服务等功能，将实践服务直接打包配送到宅基上。同时，直面群众听取民情、意见和建议，面对面宣传政策、区情、镇情和重点工作，并通过"光明在线"群进行线上接单，线下处置，探索农村事务移动对接一站通的推行。由本村村民拍摄的民法典宣教片《生活中的民法典》，跟随文明实践移动车播放，以本土方言讲述日常琐事来解说民法典，深受村民欢迎。

（3）创设平台，家园守护助推美丽乡村。突出实践环节，依托守护家园项目，引导志愿者在美丽乡村建设中发挥主力军的作用。在现存的三个宅基组建家园守护志愿队，负责和美宅基创建和美丽约定落实情况的自查、自纠、自评,对宅基实行划片责任区承包,对宅基的环境卫生、房屋租赁、安全隐患排查等事项进行自我管理、自我服务,并与"和美宅基"创建奖励挂钩。在2020年全国文明城区复查迎检工作中,家园守护志愿队多次自助开展宅前屋后堆物整治、河道两岸杂草清除、宅基小道垃圾捡拾等,展现了文明创建为群众、文明创建靠群众的理念。

4. 注重实效,抓保障确保工作落地生根

(1)组建团队,弘扬志愿精神。根据文明实践站项目活动需求,建立光明村志愿服务支队,设有党员先锋服务队、巾帼志愿服务队、魅绽志愿服务队、文明志愿服务队、星光志愿服务队、翼课堂志愿服务队六支固定队伍,服务于翼课堂运行、文明创建、路口执勤、环境保洁等公益活动。同时,通过志愿者网站,以单次活动发布信息,招募翼课堂讲师、文艺演出后勤保障志愿者等,确保文明实践活动顺利开展。

(2)建立清单,推行亮单服务。梳理现有资源,对接群众需求,按照政府服务、党群服务、志愿服务、生活服务、卫生服务、便民服务六大类,汇编成《光明村服务清单》,共计89条服务清单。在村新时代文明实践站综合活动室上墙公示,清单放置文明实践移动车上随车发放,明确文明实践站服务事项,实行亮单服务。

(3)积分管理,激励全民参与。对翼课堂项目和志愿者团队实行积分管理,作为评优评先和奖励的主要依据。年初,向每一位翼课堂的学员下发《光明村全民教育学分卡》,以年度为单位进行积分,年底根据积分可到"学分商店"兑换实物。吸引、鼓励村民积极参与思政、科普、健身、民俗等各类宣教和实践活动。向每一位志愿者下发《光明村志愿者服务积分卡》,以年度为单位进行积分,本村户籍志愿者年底可到"学分商店"兑换实物,非本村户籍志愿者根据年度积分评选星级志愿者,享受村民待遇福利。新老村民积极参与村级事务,共筑自治家园。

(三) 典型做法

光明村注重挖掘有意愿为群众服务且有一技之长的村民,通过凝聚乡贤、村民等内生力量,让好家风转化为实事项目,以"守护家园——能工巧匠库"项目为抓手,凝聚共治力量,解决乡村治理难题。

"守护家园——能工巧匠库"项目,既压缩了村小微工程的费用,又调动了村民参与社会治理的意识。近年来,光明村在改善村容村貌时,对一些基础设施进行微改建及修缮的过程中发现,这些小微工程一般都是由第三方承接。但是,工程费报价高,招投标费、审价费等二类费用达到工程造价的10%左右,按规范的整个流程走耗时长,光招投标至少花费一个月的时间,且事后维护拖沓不及时。为解决这一问题,光明村通过"守护家园"项目,建立了"能工巧匠"库,库内现有成员79人,涉及范围为木工、泥瓦匠、水电工、漆匠、园艺工、拖拉机手、养护工等,挖掘有意愿为群众服务且有一技之长的村民,把他们组织起来,将村内的墙面粉刷、道路修补、路灯安装等一些小微工程交给他们,发现即实施。他们熟悉村里的情况,能因地制宜、就地取材,可以精准、迅速地直击问题根源。整治整改省下来的钱款作为公益金,用于村民福利和农龄股金的发放,以及翼课堂、小红车、惠民工程等公益服务项目。2020年,面向村民发放福利320万元,农龄股金达60元/股。2021年上半年完成的小区路灯改造安装工程,最初预算10多万元,后来按照区地区办《关于开展"家园守护"行动实现"家门口"劳动增收的实施方案》的相关标准,向参加工程的村民发放100元/天,通过自行购买灯具、安装,连人工费共计花费6 000元。"守护家园"自助式服务,将村里小微工程交给村民实施,在减少成本支出的同时,让村民在家门口参与村庄建设、增加收入,也激发了村民的主人翁意识,多方面参与家园建设。

(四) 典型人物

1. 阮耀德

"坦荡做人和为先,诚实做事兴家业"是阮耀德家庭的家训。他是村里的老书记,在退休后仍不忘党员责任,热心村民教育,积极参与光明村的发展。作为翼课堂宣讲员,从2008年至今,老阮十几年如一日满怀激情地投身村民教育事业;作为村里的"活字典",70多岁高龄的他积极参与村志的编辑工作,自学绘画,靠回忆把全村原始的村落复原出来,将光明村的发展史留下真实的痕迹;成为镇食品安全宣传员,到兄弟村进行食品安全知识宣讲;受聘为镇"南风贤语"讲师团成员,在全镇范围内接受基层党组织的点单授课。

2. 沈安华

"崇爱心方善,随善念而安"是沈安华家庭的家训,他们时刻以此为准则,默默地无私奉献。2020年,他第一时间报名防疫志愿者,成为光明村的"守门员",每次都提前到岗,确认道口检查要求是否有变化。在他的带动下,他的儿子沈伟在疫情期间也成为一名志愿者,为光明村守护"大门"。沈伟长期资助广西勤兰小学的学生,他在2011年5月将遇到车祸的孩子送到医院救治,并垫付了医药费;2012年8月他在赴浙江旅游时,勇救落水儿童;2015年他成为中华骨髓库志愿者。

3. 钟惠平

"用温暖经营家庭,将快乐赠予邻里"是钟惠平家庭的家训,他们是村里公认的热心公益之家。尤其是钟惠平,她将自己的满腔热情投入村民的健身活动。自 2009 年起,钟惠平带领村里的姐妹一起跳广场舞。她常常向别人请教或者自学光盘上的各种广场舞种,再教授给村民。组建的"魅绽坊"舞蹈队每年参加"风华南桥"的比赛,几乎年年获得农村组舞蹈类节目的第一名。在钟惠平的带领下,舞蹈队不仅在文体方面做出了表率,姐妹们还积极参与村里的各项公益活动,用自己的热情奉献感染着村民。

三、南桥镇沈陆村:红色家风

沈陆村以奉贤区第一位革命烈士沈志昂红色家书为主题,打造"书园"红色基地,开展读红色家书、做时代新人等系列活动,让好家风转化的精神动力。

(一) 沈陆村概况

沈陆村位于奉贤区南桥镇的西南部,地处"良渚江海"生态商务区的中心地带,地理位置优越,交通便捷。截至 2020 年 12 月,全村区域面积 4.4 平方千米,共有 30 个村民小组,908 户村民,户籍人口 3 278 人,先后被评为奉贤区无违建村、奉贤区首批红色村居等。沈陆村是奉贤第一位革命烈士沈志昂的故乡。2019 年成功创建了市级乡村振兴示范村,2021 年被纳入全国红色美丽村庄建设试点。

(二) 沈陆村经验

沈陆村的沈志昂(1906—1928)是奉贤区第一位革命烈士。他 14 岁便受革命思想感召,走上街头参加反帝反封建宣传,可以说他是奉贤最早的红色宣讲员。在其妻子汤瑾的悉心保管下,至今仍存有 37 封书信及讨伐夏斗寅时所摄照片。如今,沈志昂的孙辈仍居住、生活在沈陆,他的侄女沈联成为沈陆村的党史宣讲员,通过讲述沈志昂的故事让红色基因代代相传。

自从2019年沈志昂纪念馆"忆红居"开馆以来,通过志愿者讲解员对革命烈士事迹娓娓道来,已经有两万余名参观者聆听红色家风故事。重温入党誓词、读红色家书、做时代新人等系列活动,在树林课堂中时常开展,成为党史学习教育的重要载体。2021年6月,在其家属的支持下,沈陆村精心打造"书园"并举办红色主题月活动,精选沈志昂的七封家书进行展示,让市民群众在家书展读中缅怀革命先烈,感受红色家风。

沈陆村立足村庄特色,用好红色资源,做到有址可寻、有物可看、有史可讲、有事可说。把沈志昂的红色家书作为党员干部坚定理想信念、加强党性修养的生动教材,作为团结凝聚广大群众感党恩、听党话、跟党走的有效载体。每一位沈陆人都是"家书精神"的继承者,传播者,发扬者。在沈陆村的"五违四必"①工作中就有不忘初心的共产党员的带头作用。在军民1组的整村拆违治理中,有一户农户在河边建了近300平方米的违章房,严重影响河道生态环境。当时村干部一次一次地上门,做了将近两个月的工作还是没有攻下这座"堡垒"。由于拆违时按门牌号推进,因此,这个宅基的拆违工作一时陷入僵局。这时宅基上的一名党员主动提出先拆他家。正是这名党员的先锋模范带头作用,后期的拆违工作有序推进,连之前难以攻克的"堡垒"也为之感染而得以顺利瓦解,整个村的拆违工作也顺利完成。

---

① 上海市开展的区域环境综合整治工作。"五违"即违法用地、违法建筑、违法经营、违法排污、违法居住。"四必"即安全隐患必须消除、违法无证建筑必须拆除、脏乱现象必须整治、违法经营必须取缔。

(三) 典型人物

1. 杨芬连

杨芬连家庭注重家风建设，积极向上，友爱邻里。杨芬连是沈陆村五组的村民组长，也是区人大代表。她认真履行人大代表的职责，积极建言献策，反映民声民情。作为村民组长，她认真做好村民和村委会的"桥梁"和"纽带"，及时向村民宣传政策和知识，同时向村委会如实反映村民的意见建议。在疫情防控工作中，她积极响应村委会的号召，主动监督组内外来人口的流动情况，向村民宣传疫情防控知识，增强村民的自我防范能力。在"和美宅基"创建过程中，杨芬连以身作则，率先完成了自家的整改清洁，为宅基上的村民们做出了良好的榜样。同时，她挨家挨户地宣传政策要求，督促村民做好垃圾分类等卫生工作。她和丈夫两人勤奋好学，共同进步，用言传身教的方式教育子女要不断学习充实自己，关心他人，成为祖国的栋梁之材。在全家的努力下，家庭温馨和睦、乐观向上，村组团结和谐、互帮互助，获得了周围村民的一致认可。

2. 曹木君

曹木君家庭有着良好的家风家训，重视子女的文化教育，亲邻睦友。在"和美宅基"和疫情防控工作中，全家总动员，及时宣传村内政策，督促村民做好清洁卫生工作，挨家挨户地排摸疫情期间的返沪人员，宣传疫情防控知识，增强组内村民的疫情防范能力，是组内的"定心剂"。在人才公寓的建设过程中，曹木君一家积极配合村委会工作，带头签署租赁合约，同时积极向村民宣传相关政策，鼓励村民配合人才公寓建设工程。在"小菜园"建设时，向村民传达小菜园的分配标准，配合村工作人员量地等工作。曹木君的妻子汤秀南是村委保洁员，工作积极肯干、责任心强，赢得大家的一致好评。曹木君夫妻重视对子女世界观、人生观、价值观的教育,教育他们学会做人、学会做事,做对社会有所作为、有所贡献的人。

四、南桥镇华严村:乡贤主导

华严村的乡贤因同是华严人而汇聚,又因同怀感恩情而回馈,共同助力推进华严村的社会治理和美丽乡村建设,让好家风转化为发展动力。

(一) 华严村概况

华严村由原来的华严村和更楼村合并而成,全村区域面积4平方千米,共有22个村民小组,675户村民,户籍人口2 833人,其中已动迁13个小组,未动迁9个小组,外来人口3 000人左右。先后获得上海市美丽乡村示范村、奉贤区美丽乡村示范村、奉贤区垃圾分类十佳示范行政村、奉贤区文明村等荣誉称号。

(二) 华严村的经验

2017年,一批优秀企业家、成功人士不忘初心,汇聚华严,成立华严乡贤会。2018年7月,注册成立上海市奉贤区南桥镇华严乡贤促进会,成为奉贤区第一家以乡贤、乡村振兴为主题的社团组织。华严乡贤会围绕工作要求、群众发展需求,尽己所能,主动作为,开展了一系列共建美丽华严的活动,有力地助推了华严美丽乡村建设,成功创建为区级美丽乡村示范村、区违章拆除先进村,确保华严村始终处于稳中求好、健康发展的轨道。

1. 社会功能

华严村的乡贤发扬华严传统,慰问干部群众。"初心不忘,回馈乡梓"是乡贤的共同心声,感恩报恩是乡贤的心愿。乡贤会继承和发扬优良传统,邀请老干部座谈交流,促膝谈心;乡贤会会长带队上门拜访,慰问为华严经济社会发展、百姓的安居乐业,战天斗地、辛勤操劳的老干部;乡贤会还资助病残,扶贫帮困慰问。真心的付出,获得了暖心的回报,进一步融洽了党群、干群的关系。

2. 参与治理

2018年年初,乡贤会把"支持华严乡村建设,助力美化华严环境"作为年度重点工作之一。乡贤会林会长与村领导多次沟通、探讨、共商建设美丽华严大计,广泛开展调查研究,了解村情民意后积极建言献策,向上级有关部门提出"高压线下村民诉求""危桥翻建""村民住宅规划改造翻建"等20多项建议,并集合乡贤骨干,举办专题活动,助推区级美丽乡村评估、验收。整合多方资源,加强华严村社会治理和美丽乡村建设,乡贤会捐献了20多万元,涵盖了华严村四组河道治理、筹建乡贤亭、老年人活动长廊等。众多乡贤积极参加村党支部组织的植树、清理垃圾等志愿者活动,为华严环境美献上自己一份力。

3. 传承文化

华严村的乡贤出于华严本土,扎根在华严,本土乡贤立志为挖掘本土文化、弘扬本土精神立新功。为了保护古桥(石质广济桥)和展现古桥风貌,乡贤与党员和所在组村民割杂草、清垃圾;在华严庵原址前出资补种三棵银杏,还华严古文化面目,建设华严乡贤绿化景观林。乡贤会从成立起就积极助推《华严村志》的编修,由乡贤会收集、汇编,主持完成村志撰写工作。在此基础上发动村民捐物设立村史馆,展现华严本土的历史传统文化。乡贤积极参与村委党支部组织元宵、端午、重阳等传统节日活动,为90岁以上老年人赠送糕点等节日礼品。村民相聚一堂,在欢声笑语中融洽了关系,增强了对祖国、对共产党的热爱之情。

4. 党建引领

乡贤促进会在华严村党支部的领导下,凝聚人心,共建乡村。2017年,华严乡贤会成立时有乡贤35人,现在发展为会员共51人,其中党员34人,党员组织关系直接在华严村党支部的有8人。支部设立华严乡贤党小组,组织党员定期开展活动,乡贤紧紧凝聚在党旗下,开展情况交流,共商华严治理。乡贤进入党支部党员监督小组和村委会村务监督小组,为村级"三重一大"事项决策把关,发挥监督作用。乡贤深受群众的信赖,成为化解矛盾纠纷的"老娘舅"。乡贤在美丽乡村建设、"和美宅基"创建中,参与上门调解疑难问题,做到"小事不出组,大事不出村"。乡贤为村级经济投资、收购等积极建言献策,为华严发展赢得了机遇,拓展了空间。乡贤会关注村里在外的私营企业家、在外工作大学生和各行业精英,乡贤队伍正逐步壮大,为建设美丽华严夯实基础,为振兴华严添砖加瓦。

(三) 典型人物

1. 何忠元

何忠元作为村乡贤会组织中的骨干成员,始终以"做事先做人,万事信为先"为原则,处处发挥带头作用,以高度的责任感和使命感要求自己。何忠元的妻子张秀芳作为村民组长不仅仅是将组员群众的意见向上反馈,更是会主动想办法解决。华严四组有一条断头河,因常年水流不通,加上村民环保意识薄弱,搭建违章、圈养鸡鸭,造成河水臭、垃圾多、环境差,村民有怨言。在"和美宅基"创建过程中,张秀芳提出河道整治应首当其冲,村民的思想工作她来做,在户代表会议上,她耐心解释,循循善诱,大家最终同意在治理河道时将违章拆除。她还积极组织村民参与美化家园志愿活动,提升主人翁意识,落实村组常态化管理,留住创建之美。何忠元了解到这些情况,主动出资两万元,建造河边凉亭,供村民休闲散心和聊天议事。何忠元夫妻为家乡发展,为构建"生态和美"新华严作出了自己的贡献。

2. 史金娟

史金娟是华严六组的村民,2015年开始承包华严村农民流转田,种植粮食。史金娟从一位普通的农村妇女,转变成一位新型职业农民,成为才娟粮食种植专业合作社负责人,从2016年起连续三年被评为上海市优质粮食水稻生产基地一等奖。她有一颗感恩的心,想回馈社会、回馈乡里,为华严多做好事。2017年,史金娟主动加入华严乡贤促进会,成为一位新型农民乡贤,捐助资金、奉献爱心,精心组织,出谋划策,积极参与村公益活动,为家园建设助力添彩,在村民中赢得了好口碑。她统筹安排活动,与村民共度共庆元宵、端午、重阳等传统节日,激发村民尊老爱老的氛围,弘扬中华民族传统美德。"邻里团结,和睦共处;敬老爱幼,勤俭持家;爱护环境,举止文明;遵纪守法,热爱祖国"是史金娟家庭的家训,她的丈夫非常支持她的事业,儿子媳妇相敬如宾,孙子勤奋学习,全家氛围良好,亲家也考虑到史金娟工作忙,主动承担孙子读书接送的任务,两家人和和睦睦,相亲相爱。

五、南桥镇正阳二居:丰富载体

南桥镇正阳二居通过发动、征集、创作、传播等系列活动,展示优秀家训,讲述文明家庭故事,传播文明家庭理念。同时,正阳二居充分发挥党员家庭做表率,用榜样的力量引领广大居民见贤思齐、崇德向善,有力地推动整个小区良好家风的建设,助推社风、民风的持续改善。

（一）创新载体

1. 搭建宣传平台

充分挖掘小区内党员家庭做表率的事例，大力开展"好家风、好家训"的宣传，利用大门口的宣传显示屏幕、小区内的广告栏、小区休闲平台、绿化带内的家训树、小桥边、花架上，甚至每个楼道，将每户家庭的家训格言予以展示，并连续开展了"展家风、秀梦想、活力宝宝大赛""道德讲堂之优秀家风小故事宣讲""九九重阳敬老情、浓浓孝亲传家风"等系列活动，进一步弘扬优秀家风家训。

2. 助力"三微"征集

开展微信征集活动，动员小区内广大党员以微故事、微视频、微图文的形式，通过小区微信公众号，反映小区内党员家庭的家风以及小区民风新变化、新风尚、新面貌，营造党员的修身自律、崇德向善、礼让宽容的社会风尚。共征集到"三微"作品100余件，并将其中的优秀作品向有关部门推荐。党员朱冬军家庭被评为"最美家庭"在有关媒体上予以刊登发表，既展示了小区"好家风党员做表率"的作用，又起到了见贤思齐的导向作用。

3. 融入党课教育

结合社会主义核心价值观的宣传、"七一"纪念活动等活动，党支部以大型党课、微型党课、支部书记带头讲党课、党员讲党课等形式，在广大党员群众中开展"好家风党员做表率"活动。在活动中，紧紧围绕"党员干部如何在日常生活中培育和践行社会主义核心价值观""党员如何发扬光大中华民族传统家庭美德""党员干部如何以正立身、在好家风建设中示范引领、做好表率"等问题，大家讲党课，人人学家风，促使广大党员自觉践行强党性、正品行、做表率，管好家里人，教好下一代，赋予传统文化以时代内涵和党员家庭特色。

(二) 党建引领

1. 服务社区领项目

采用在职党员服务社区项目认领制，组织在职党员到所居住社区报到，结合本人特长，每人认领至少一个活动项目，每年参加12次以上社区活动，深化党员志愿者服务，开展党员到小区志愿服务。现已报到的在职党员230名，共开展了党员义诊、卫生整治、爱心课桌、文明宣传、扶贫帮困等党员志愿者服务，有力地推进了社区的文明建设和好家风的传递。

2. 文明出行我先行

以区文明办的文明行车为主要内容，在小区内大力推进文明行车、文明停车等文明行为，充分利用宣传阵地要求党员率先做到礼让三分。近几年来，小区没发生抢占车位、无秩序出入大门的胡乱现象，即使在上下班高峰期，仍能做到车让人、车辆有序进出。小区内做到无喇叭声响、无吵闹，这与广大党员以身作则带头营造文明和谐小区环境的努力分不开。在广大党员的带领下，杜绝了无理取闹现象，小区内的小朋友也做到了文明进出。

3. 党员示范好家风

以"展示家庭美德，树立良好家风"为主题，运用多种形式，集中展现家庭文化建设成果和蕴藏在广大党员家庭中的好家风好家训，引导广大党员和家庭在参与中自我表现、自我教育、自我提升，传承中华美德。以党员翁翠娥为组长的"健康自我管理小组"、以党员张桂明为组长的"贤言贤语"讲师团、以党员顾海林为主的"睦邻客堂间"嘎讪胡，都以不同的方式挖掘、收集小区内好家风的事迹，而这些故事的主人公基本上都是党员。这些发生在身边的真人真事，以各种途径传播着正能量。

(三) 党员家庭示范

1. 寻找党员示范家庭

通过微信征集"我家的春节故事",挖掘社区党员家庭发生的感人小故事,其中有很多感人事迹。例如,由于楼上水龙头爆裂,水漫金山,殃及楼下的党员蔡锡豪的家无辜受害,天花板渗水脱落严重,但作为党员的蔡锡豪家毫无怨言,不接受任何赔偿,反而对楼上不时地进行安慰,最后两家反而成了亲密无间的好邻居,一栋楼里的邻居都感慨道:"毕竟是党员干部,与一般群众不一样。"确实,在党员身上体现的先进示范力量,对整个社区文明风尚的营造起到了很大的影响和推动作用。

2. 党员家庭"总动员"

正阳二居是一个相对新建的社区,居民中年轻人占多数。为了发动年轻人特别是年轻党员加入社区活动和社区建设,特别设置了亲子、运动、烘焙、绿植等各种家庭活动,并将活动时间调整到双休日,鼓励更多的年轻人融入社区大家庭,增强社区凝聚力。如开展"品味中秋,月暖正阳"月饼制作大比拼活动,组织 10 组年轻党员家庭参加月饼烘焙比赛,在活动中增加了彼此的了解,和睦了邻里关系。

3. 分享家风好故事

在睦邻客堂间、居民社区学校、道德讲堂,利用寒暑假的时间,开展家风故事宣讲和演讲比赛等活动,有些讲自己家中发生的感人故事,有些是宣讲生活中身边表率的好党员和优秀人物,如家庭敬老孝亲、为社区老人免费送蔬菜、为社区安装休憩长椅、拾金不昧、义务为居民换车胎等故事。这些身边的真事真情感染着社区的每一位居民,特别是让年轻人在耳濡目染中受到鼓舞,在潜移默化中传承好家风。

六、南桥镇民旺苑一居：主题活动

民旺苑一居的家风建设经验，体现在一系列主题活动的举办上。民旺苑一居以"培育良好家风、弘扬乡贤文化"为主题，充分发挥居委干部及睦邻客堂间负责人、文艺团队负责人、"民一有约"自治家园理事会、"贤之兵"老兵志愿服务队的智力优势，围绕法治建设、道德教育、志愿服务等，广泛开展民主监督、道德讲堂、邻里议事会等主题活动。通过主题活动，涵养好家风，德润万家心，居民们走出家庭、走进社区，自觉参与社会治理，逐步提高自治能力。

（一）"兴家风"活动

在社区内倡导形成注重家庭、注重家教、注重家风的氛围，促进家庭和睦，促进亲人相亲相爱，促进下一代健康成长。一是为社区青少年树立正确的价值观、人生观和世界观，培养良好的行为习惯。每年组织辖区内中小学生开展"小眼睛看家风"大讨论活动，教导孩子学会明辨是非和自我约束。二是利用社区学校，定期开展好家风好家训专题讲座，发放"家风大讨论"活动倡议书，开展好家风好家训征集活动。发动社区居民静心归纳、总结和提炼家风、家规、家训，以利家人、子女及其后代的家道教养，进而规范和约束亲人们的言行修为，弘扬传统家教文化。三是在小区馨悦广场两侧的绿化地，布置好家风好家训展板、好家风老照片展示、"贤之兵"老兵林等，在小区内广泛征集楼训，每栋楼均有一个楼名，相应的楼名都有一个居民认可的楼训，居民们都将楼训铭记在心，落实于行。

（二）"淳民风"活动

民旺苑是一个典型的动迁户小区，需要进一步活跃居民的精神文化生活，倡导健康文化品位。一是在民风民俗上花功夫。挖掘优秀的民俗民风，对不文明、不健康的习俗加以劝导改正，发挥党员、楼组长、原生产队队长等在移风易俗中的示范带头作用，影响和带动所联系的群众讲文明、树新风。二是发挥民旺苑北区为法治文化小区的优势，力所能及地为群众提供法律咨询。组织居民、青少年参观法治文化小区，提升普法宣传的实效性。三是组织居民志愿者共同参与周四义务劳动，走出小家，走进大家，开展集中性的清洁家园活动。四是成立"贤之兵"老兵志愿服务队，在应对小区突发事件、结对帮扶、环境整治、好家风宣传等工作上起到积极推动作用。

(三)"正社风"活动

以正能量引领社会风气。一是针对不守秩序、乱丢垃圾、车辆乱停、占道经营、大声喧哗等不文明行为开展大讨论，提出对策建议。开展文明养犬、高空不抛物系列活动，引导督促居民自觉维护公共卫生。二是通过各类活动载体，宣传好家风好家训，如中秋节前夕开展的"爱满中秋 情系民旺"制作月饼活动，温馨和美的气氛赢得居民们交口称赞。三是利用社区"妇女之家"这一平台进行动员，组织社区志愿者、在职党员、楼组长成立"最美家庭"星探队，寻找社区"最美家庭"，并深入挖掘百姓身边的"最美家庭"及其感人故事，在社区掀起了寻找活动的高潮，评选出热心公益最美家庭、教子有方最美家庭、绿色低碳最美家庭、比翼双飞最美家庭、孝老爱亲最美家庭和邻里互助最美家庭，为社区营造了家庭和谐、邻里和睦的浓厚氛围。

主要参考文献

图书

[1] 曹锦清. 黄河边的中国(增补本)[M]. 上海：上海文艺出版社，2013.

[2] 陈崧. "五四"前后东西文化问题论战文选(增订本)[M]. 北京：中国社会科学出版社，1989.

[3] 陈旭麓. 近代中国社会的新陈代谢[M]. 北京：生活·读书·新知三联书店，2017.

[4] [德]艾约博. 以竹为生：一个四川手工造纸村的20世纪社会史[M]. 韩巍，译. 南京：江苏人民出版社，2017.

[5] [德]马克斯·韦伯. 儒教与道教[M]. 洪天富，译. 南京：江苏人民出版社，1995.

[6] [德]马克斯·韦伯. 新教伦理与资本主义精神[M]. 马奇炎，陈婧，译. 北京：北京大学出版社，2012.

[7] [德]马克斯·韦伯. 经济与社会(第一卷)[M]. 阎克文，译. 上海：上海人民出版社，2019.

[8] [德]诺贝特·埃利亚斯. 个体的社会[M]. 翟三江，陆兴华，译. 南京：译林出版社，2003.

[9] [法]埃米尔·涂尔干. 社会分工论[M]. 渠东，译. 北京：生活·读书·新知三联书店，2000.

[10] [法]安德烈·比尔基埃，等. 家庭史(全三卷)[M]. 袁树仁，姚静，肖桂，译. 北京：生活·读书·新知三联书店，1998.

[11] 费孝通. 中国绅士[M]. 北京：中国社会科学出版社，2006.

[12] 费孝通. 文化与文化自觉[M]. 北京：群言出版社，2010.

[13] 费孝通. 乡土中国　生育制度　乡土重建[M]. 北京：商务印书

馆,2011.

[14] 葛兆光. 中国思想史(第一卷)[M]. 上海：复旦大学出版社,2001.

[15] 辜鸿铭. 中国人的精神[M]. 李静,译. 天津：天津人民出版社,2016.

[16] 顾莉. 家风建设与社会主义核心价值观的家庭培育[M]. 北京：中国社会科学出版社,2020.

[17] [古希腊]亚里士多德. 政治学[M]. 吴彭寿,译. 北京：商务印书馆,1965.

[18] 管东贵. 从宗法封建制到皇帝郡县制的演变：以血缘解纽为脉络[M]. 北京：中华书局,2010.

[19] 贺雪峰. 新乡土中国：转型期乡村社会调查笔记[M]. 桂林：广西师范大学出版社,2003.

[20] 侯外庐. 中国古代社会史论[M]. 石家庄：河北教育出版社,2003.

[21] 金耀基. 中国政治与文化[M]. 香港：牛津大学出版社,1997.

[22] 李安宅.《仪礼》与《礼记》之社会学的研究[M]. 上海人民出版社,2005.

[23] 梁漱溟. 中国文化要义[M]. 上海：上海人民出版社,2011.

[24] 林毓生. 中国传统的创造性转化[M]. 北京：生活·读书·新知三联书店,1988.

[25] 刘建军. 单位中国——社会调控体系重构中的个人、组织与国家[M]. 天津：天津人民出版社,2000.

[26] 刘小枫. 现代性与现代中国[M]. 上海：华东师范大学出版社,2018.

[27] 罗志田. 权势转移：近代中国的思想与社会(修订版)[M]. 北京：北京师范大学出版社,2014.

[28] 马克垚. 中西封建社会比较研究[M]. 上海：学林出版社,1997.

[29] 毛泽东. 毛泽东选集(第一卷)[M]. 北京：人民出版社,1991.

[30] [美]安乐哲. 儒家角色伦理学——一套特色伦理学词汇[M]. [美]孟巍隆,译. 济南：山东人民出版社,2017.

[31] [美]杜赞奇. 文化、权力与国家：1900—1942年的华北农村[M]. 王福明,译. 南京：江苏人民出版社,2010.

[32] [美]弗朗西斯·福山. 政治秩序的起源:从前人类时代到法国大革命[M]. 毛俊杰, 译. 桂林: 广西师范大学出版社, 2014.

[33] [美]康灿雄. 裙带资本主义: 韩国和菲律宾的腐败与发展[M]. 李巍, 石岩, 王寅, 译. 上海: 上海人民出版社, 2017.

[34] [美]孔飞力. 中华帝国晚期的叛乱及其敌人:1796—1864 年的军事化与社会结构[M]. 谢亮生, 杨品泉, 谢思炜, 译. 北京: 中国社会科学出版社, 1990.

[35] [美]罗伯特·D. 帕特南. 使民主运转起来:现代意大利的公民传统[M]. 王列, 赖海榕, 译. 南昌: 江西人民出版社, 2001.

[36] [美]列文森. 儒教中国及其现代命运[M]. 郑大华, 任菁, 译. 北京: 中国社会科学出版社, 2000.

[37] [美]塞缪尔·P. 亨廷顿. 变化社会中的政治秩序[M]. 王冠华, 刘为, 等译. 上海: 上海人民出版社, 2008.

[38] [美]托马斯·雅诺斯基. 公民与文明社会:自由主义政体、传统政体和社会民主政体下的权利与义务框架[M]. 柯雄, 译. 沈阳: 辽宁教育出版社, 2000.

[39] [美]西达·斯考切波. 国家与社会革命:对法国、俄国和中国的比较分析[M]. 何俊志, 王学东, 译. 上海: 上海人民出版社, 2007.

[40] [美]许烺光. 美国人与中国人:两种生活方式比较[M]. 彭凯平, 刘文静, 等译. 北京: 华夏出版社, 1989.

[41] [美]许烺光. 宗族·种姓·俱乐部[M]. 薛刚, 译. 北京: 华夏出版社, 1990.

[42] [美]张灏. 梁启超与中国思想的过渡(1890—1907)[M]. 崔志海, 葛夫平, 译. 南京: 江苏人民出版社, 1995.

[43] [法]孟德斯鸠. 论法的精神(全二卷)[M]. 许明龙, 译. 北京: 商务印书馆, 2012.

[44] 潘光旦. 寻求中国人位育之道:潘光旦文选[M]. 北京: 国际文化出版公司, 1997.

[45] 钱穆. 中国文化精神[M]. 北京：九州出版社，2012.

[46] 瞿同祖. 中国法律与中国社会[M]. 北京：中华书局，1981.

[47] 瞿同祖. 清代地方政府[M]. 范忠信，晏锋，译. 北京：法律出版社，2003.

[48] [日]今道友信. 东西方哲学美学比较[M]. 李心峰，牛枝惠，等，译. 北京：中国人民大学出版社，1991.

[49] [日]尾形勇. 中国古代的"家"与国家[M]. 张鹤泉，译. 长春：吉林文史出版社，1993.

[50] 苏力. 法治及其本土资源[M]. 3版. 北京：北京大学出版社，2015.

[51] 孙向晨. 论家：个体与亲亲[M]. 上海：华东师范大学出版社，2019.

[52] 王国维. 王国维论学集[M]. 傅杰，编校. 北京：中国社会科学出版社，1997.

[53] 王先明. 近代绅士——一个封建阶层的历史命运[M]. 天津：天津人民出版社，1997.

[54] 魏光奇. 官治与自治——20世纪上半期的中国县制[M]. 北京：商务印书馆，2004.

[55] 吴晓林. 理解中国社区治理：国家、社会与家庭的关联[M]. 北京：中国社会科学出版社，2020.

[56] 习近平. 之江新语[M]. 杭州：浙江人民出版社，2007.

[57] 习近平. 在第十八届中央纪律检查委员会第六次全体会议上的讲话[M]. 北京：人民出版社，2016.

[58] 习近平. 习近平谈治国理政（第二卷）[M]. 北京：外文出版社，2017.

[59] 谢桂华. 城市化在路上：城市化对家庭与社会关系的影响[M]. 北京：社会科学文献出版社，2021.

[60] 谢青松. 中国传统家风家训与当代道德建设[M]. 北京：中国社会科学出版社，2017.

[61] 阎云翔. 私人生活的变革：一个中国村庄里的爱情、家庭与亲密关系：1949—1999[M]. 龚晓夏，译. 上海：上海书店出版社，2006.

[62] 杨联陞. 中国文化中"报""保""包"之意义[M]. 贵阳：贵州人民出版社, 2009.

[63] [英]戴维·米勒, 韦农·波格丹诺. 布莱克维尔政治学百科全书[M]. 邓正来, 宋新宁, 王浦劬, 等译. 北京：中国政法大学出版社, 1992.

[64] [英]弗里德利希·冯·哈耶克. 自由秩序原理[M]. 邓正来, 译. 北京：生活·读书·新知三联书店, 1997.

[65] [英]葛瑞汉. 中国的两位哲学家：二程兄弟的新儒学[M]. 程德祥, 等译. 郑州：大象出版社, 2000.

[66] [英]伊丽莎白·劳伦斯. 现代教育的起源与发展[M]. 纪晓林, 译. 北京：北京语言学院出版社, 1992.

[67] 余英时. 士与中国文化[M]. 上海：上海人民出版社, 2003.

[68] 余英时. 论天人之际：中国古代思想起源试探[M]. 台北：联经出版, 2014.

[69] 张静. 基层政权：乡村制度诸问题（增订本）[M]. 上海：上海人民出版社, 2007.

[70] 张仲礼. 中国绅士：关于其在十九世纪中国社会中作用的研究[M]. 李荣昌, 译. 上海：上海社会科学院出版社, 1991.

[71] 张仲礼. 中国绅士的收入：《中国绅士》续篇[M]. 费成康, 王寅通, 译. 上海：上海社会科学院出版社, 2001.

[72] 赵汀阳. 天下体系：世界制度哲学导论[M]. 北京：中国人民大学出版社, 2011.

[73] 中共中央党史和文献研究院. 习近平关于注重家庭家教家风建设论述摘编[M]. 北京：中央文献出版社, 2021.

[74] 中共中央马克思恩格斯列宁斯大林著作编译局. 马克思恩格斯选集（第四卷）[M]. 北京：人民出版社, 2012.

[75] 中共中央马克思恩格斯列宁斯大林著作编译局. 马克思恩格斯选集（第一卷）[M]. 北京：人民出版社, 2012.

[76] HANNAH ARENDT. The Human Condition [M]. Chicago：The

University of Chicago Press, 1958.

[77] JIE LU. Varieties of Governance in China: Migration and Institutional Change in Chinese Villages [M]. New York: Oxford University Press, 2014.

[78] PETER EVANS. Embedded Autonomy: States and Industrial Transformation[M]. Princeton: Princeton University Press, 1995.

[79] ROBERT AGRANOFF, MICHAEL MCGUIRE. Collaborative Public Management: New Strategies for Local Governments[M]. Washington, DC: Georgetown University Press, 2003.

[80] SHIPING TANG. A General Theory of Institutional Change[M]. New York: Routledge, 2010.

期刊

[1] 白现军,张长立. 乡贤群体参与现代乡村治理的政治逻辑与机制构建[J]. 南京社会科学,2016(11):82-87.

[2] 曹锦清,刘炳辉. 郡县国家:中国国家治理体系的传统及其当代挑战[J]. 东南学术,2016(6):1-16+246.

[3] 陈锋. 分利秩序与基层治理内卷化 资源输入背景下的乡村治理逻辑[J]. 社会,2015,35(3):95-120.

[4] 陈浩天. 中国农村基层民主:生成、价值与运作——村民自治制度运行的政治社会学思考[J]. 求实,2012(4):89-92.

[5] 陈来. 西方道德概念史的自我与社会[J]. 山东师范大学学报(人文社会科学版),2019,64(5):1-11.

[6] 陈立胜. 儒家修身之道的历程及其现代命运[J]. 华东师范大学学报(哲学社会科学版),2020,52(5):68-79+185.

[7] 陈晓春,肖雪. 共建共治共享:中国城乡社区治理的理论逻辑与创新路径[J]. 湖湘论坛,2018,31(6):41-49.

[8] 陈旸. 马克思主义家庭观及其当代价值[J]. 理论月刊,2013(08):

24-28.

[9] 陈映芳. 社会生活正常化：历史转折中的"家庭化"[J]. 社会学研究，2015，30(5)：164-188+245-246.

[10] 陈周旺，申剑敏. 先锋型政党与国家治理现代化：基于历史-社会的分析[J]. 学海，2021(4)：99-108.

[11] 程熙. 嵌入式治理：社会网络中的执政党领导力及其实现[J]. 中共浙江省委党校学报，2014，30(1)：50-56.

[12] 邓燕华，王颖异，刘伟. 扶贫新机制：驻村帮扶工作队的组织、运作与功能[J]. 社会学研究，2020，35(6)：44-66+242-243.

[13] 费孝通. 家庭结构变动中的老年赡养问题——再论中国家庭结构的变动[J]. 北京大学学报(哲学社会科学版)，1983(3)：7-16.

[14] 冯仕政，朱展仪. 集体行动、资源动员与社区建设——对社区建设研究中"解放视角"的反思[J]. 新视野，2017(5)：47-54.

[15] 付翠莲. 我国乡村治理模式的变迁、困境与内生权威嵌入的新乡贤治理[J]. 地方治理研究，2016(1)：67-73.

[16] 高永强. 论家训家风在社会主义核心价值观大众认同机制中的作用[J]. 道德与文明，2017(5)：122-126.

[17] 耿曙，胡玉松. 突发事件中的国家-社会关系——上海基层社区"抗非"考察[J]. 社会，2011，31(6)：41-73.

[18] 郭道久. 协作治理是适合中国现实需求的治理模式[J]. 政治学研究，2016(1)：61-70+126-127.

[19] 韩福国. 中国地方政府创新的逻辑：从技术操作、结构生成到制度演化——基于中轴性概念的分析[J]. 探索，2021(4)：70-81+189.

[20] 何艳玲，蔡禾. 中国城市基层自治组织的"内卷化"及其成因[J]. 中山大学学报(社会科学版)，2005(5)：104-109+128.

[21] 贺雪峰. 村庄精英与社区记忆：理解村庄性质的二维框架[J]. 社会科学辑刊，2000(4)：34-40.

[22] 贺雪峰. 中国传统社会的内生村庄秩序[J]. 文史哲，2006(4)：

150-155.

[23] 贺雪峰. 论乡村治理内卷化——以河南省K镇调查为例[J]. 开放时代, 2011(2): 86-101.

[24] 胡宝荣, 李强. 论社会主义核心价值观在社会治理中的作用[J]. 中国特色社会主义研究, 2014(2): 72-75.

[25] 胡鹏辉, 高继波. 新乡贤:内涵、作用与偏误规避[J]. 南京农业大学学报(社会科学版), 2017, 17(1): 20-29+144-145.

[26] 季爱民. 大学生家国情怀培育探究[J]. 学校党建与思想教育, 2020(1): 64-67.

[27] 季中扬, 胡燕. 当代乡村建设中乡贤文化自觉与践行路径[J]. 江苏社会科学, 2016(2): 171-176.

[28] 景天魁. 中国社会学崛起的历史基础[J]. 北京工业大学学报(社会科学版), 2017, 17(4): 1-7.

[29] 李汉林, 李路路. 资源与交换——中国单位组织中的依赖性结构[J]. 社会学研究, 1999(4): 46-65.

[30] 李怀印. 二十世纪早期华北乡村的话语与权力[J]. 二十一世纪, 1999(5): 33-34.

[31] 李利宏, 杨素珍. 乡村治理现代化视阈中传统治理资源重构研究[J]. 中国行政管理, 2016(8): 81-85.

[32] 李山. 礼乐大权旁落与"采诗观风"的高涨——"王官采诗"说再探讨[J]. 社会科学家, 2014(12): 133-140.

[33] 林晓珊. 改革开放四十年来的中国家庭变迁:轨迹、逻辑与趋势[J]. 妇女研究论丛, 2018(5): 52-69.

[34] 刘伟. 社会嵌入与地方政府创新之可持续性——公共服务创新的比较案例分析[J]. 南京社会科学, 2014(1): 87-93.

[35] 马春华, 石金群, 李银河, 等. 中国城市家庭变迁的趋势和最新发现[J]. 社会学研究, 2011, 25(2): 182-216+246.

[36] 蒙克. 从福利国家到福利体系:对中国社会政策创新的启示[J]. 广东社

会科学,2018(4):205-216.

[37] 潘哲,郭永玉,徐步霄,等.人格研究中的"能动"与"共生"及其关系[J].心理科学进展,2017,25(1):99-110.

[38] 钱念孙.乡贤文化为什么与我们渐行渐远[J].学术界,2016(3):38-44.

[39] 秦晖."大共同体本位"与传统中国社会(上)[J].社会学研究,1998(5):14-23.

[40] 申剑敏,陈周旺."法外治理":社区调解与中国基层社会的非正式控制[J].上海行政学院学报,2011,12(5):91-99.

[41] 孙向晨.个体主义与家庭主义:新文化运动百年再反思[J].复旦学报(社会科学版),2015,57(4):62-69.

[42] 孙向晨.重建"家"在现代世界的意义[J].文史哲,2019(4):5-14+165.

[43] 唐朗诗,郭圣莉.重塑社区的"文化网络":城镇化进程中的新乡贤治理——基于上海市外冈镇"老大人"治理的实证研究[J].南通大学学报(社会科学版),2018(5):129-135.

[44] 田先红,陈玲.再造中间层:后税费时代的乡村治理模式变迁研究[J].甘肃行政学院学报,2010(6):36-43+120.

[45] 涂晓芳,刘昱彤.嵌入式协同:基层党建与社区治理的联动——以S社区为例[J].北京航空航天大学学报(社会科学版),2021,34(6):59-68.

[46] 汪建华.小型化还是核心化?——新中国70年家庭结构变迁[J].中国社会科学评价,2019(2):118-130+144.

[47] 王斌.个体化社会的困局、整合与本土启示——对齐格蒙特·鲍曼个体化理论的再评判[J].学习与实践,2014(6):99-106.

[48] 王春光.迈向多元自主的乡村治理——社会结构转变带来的村治新问题及其化解[J].人民论坛,2015(14):11-13.

[49] 王佃利,刘保军,楼苏萍.新生代农民工的城市融入——框架建构与调研分析[J].中国行政管理,2011(2):111-115.

[50] 王莉."破家立人":鲁迅与中国现代文学的家庭叙事[J].文艺争鸣,2014(1):100-104.

[51] 王朔柏,陈意新.从血缘群到公民化:共和国时代安徽农村宗族变迁研究[J].中国社会科学,2004(1):180-193+209.

[52] 王文彬.自觉、规则与文化:构建"三治融合"的乡村治理体系[J].社会主义研究,2019(1):118-125.

[53] 王雨磊.精准扶贫中的家国关系[J].人文杂志,2018(12):106-113.

[54] 魏继昆,崔保锋.红色齐家实践视角下党员干部家风建设研究[J].理论导刊,2019(1):36-41.

[55] 温铁军.半个世纪的农村制度变迁[J].战略与管理,1999(6):76-82.

[56] 吴重庆.从熟人社会到"无主体熟人社会"[J].读书,2011(1):19-25.

[57] 伍春杰,郭学德.乡村治理现代化的现实问题与化解路径[J].领导科学,2019(8):34-38.

[58] 习近平.增强推进党的政治建设的自觉性和坚定性[J].求是,2019(14):4-9.

[59] 肖林.现代城市社区的双重二元性及其发展的中国路径[J].南京社会科学,2012(9):55-61.

[60] 肖唐镖.近十年我国乡村治理的观察与反思[J].华中师范大学学报(人文社会科学版),2014,53(6):1-11.

[61] 肖瑛."家"作为方法:中国社会理论的一种尝试[J].中国社会科学,2020(11):172-191+208.

[62] 谢清果,王皓然.以"训"传家:作为一种传播控制实践的家训[J].新闻与传播研究,2021,28(9):75-92+127-128.

[63] 徐勇.论城市社区建设中的社区居民自治[J].华中师范大学学报(人文社会科学版),2001(3):5-13.

[64] 徐勇.政权下乡:现代国家对乡土社会的整合[J].贵州社会科学,2007(11):4-9.

[65] 徐勇.两种依赖关系视角下中国的"以文治理"——"以文化人"的乡村

治理的阶段性特征[J]. 学习与探索，2017(11)：59-63+192.

[66] 宣朝庆. 社会治理传统的再发明——以礼治为核心的分析[J]. 上海师范大学学报(哲学社会科学版)，2020，49(6)：5-17.

[67] 严从根. 道德凸显和伦理隐退的中国德育危机与出路[J]. 华东师范大学学报(教育科学版)，2020，38(11)：101-108.

[68] 阎云翔，杨雯琦. 社会自我主义：中国式亲密关系——中国北方农村的代际亲密关系与下行式家庭主义[J]. 探索与争鸣，2017(7)：4-15+1.

[69] 杨敏. 作为国家治理单元的社区——对城市社区建设运动过程中居民社区参与和社区认知的个案研究[J]. 社会学研究，2007(4)：137-164+245.

[70] 于安龙. 红色家风与社会主义核心价值观培育：要义、理路与策略[J]. 社会主义核心价值观研究，2021，7(3)：78-85.

[71] 郁建兴，黄飚. 当代中国地方政府创新的新进展——兼论纵向政府间关系的重构[J]. 政治学研究，2017(5)：88-103+127.

[72] 郁建兴，任杰. 中国基层社会治理中的自治、法治与德治[J]. 学术月刊，2018，50(12)：64-74.

[73] 袁方成，杨灿. 嵌入式整合：后"政党下乡"时代乡村治理的政党逻辑[J]. 学海，2019(2)：59-65.

[74] 张波. 农村基层民主自治制度的回归与重塑——以上海H镇"草根宪法"实践为例[J]. 学术探索，2017(9)：52-59.

[75] 张静. 公共性与家庭主义——社会建设的基础性原则辨析[J]. 北京工业大学学报(社会科学版)，2011，11(3)：1-4+10.

[76] 张平，隋永强. 一核多元：元治理视域下的中国城市社区治理主体结构[J]. 江苏行政学院学报，2015(5)：49-55.

[77] 张振洋，王哲. 有领导的合作治理：中国特色的社区合作治理及其转型——以上海市G社区环境综合整治工作为例[J]. 社会主义研究，2016(1)：75-84.

[78] 赵大朋. 中国语境下执政党与农村社会关系的变迁与转型[J]. 广西社

会科学, 2015(8): 17-22.

[79] 赵妍杰. 去国去家: 家庭在重构社会伦理中的地位[J]. 清华大学学报(哲学社会科学版), 2020, 35(2): 15-27+194.

[80] 郑杭生. 改革开放三十年: 社会发展理论和社会转型理论[J]. 中国社会科学, 2009(2): 10-19+204.

[81] 周庆智. 基层治理: 权威与社会变迁——以中西部乡村治理为例[J]. 学习与探索, 2014(9): 63-72.

[82] 周晓虹. 文化反哺: 变迁社会中的亲子传承[J]. 社会学研究, 2000(2): 51-66.

[83] BENJAMIN L. READ. Assessing Variation in Civil Society Organizations: China's Homeowner Associations in Comparative Perspective [J]. Comparative Political Studies, 2008, 41(9): 1240-1265.

[84] MICHAEL MANN. The Autonomous Power of the State: Its Origins, Mechanisms and Results[J]. European Journal of Sociology / Archives Européennes de Sociologie / Europäisches Archiv für Soziologie, 1984, 25(2): 185-213.

[85] PAMELA E. OLIVER, GERALD MARWELL. The Paradox of Group Size in Collective Action: A Theory of the Critical Mass. II. [J]. American Sociological Review, 1988, 53(1): 1-8.

[86] SIV VANGEN. Developing Practice-Oriented Theory on Collaboration: A Paradox Lens[J]. Public Administration Review, 2017, 77(2): 263-272.

[87] VIVIEN LOWNDES, DAVID WILSON. Social Capital and Local Governance: Exploring the Institutional Design Variable[J]. Political Studies, 2001, 49(4): 629-647.

[88] WEIJIE WANG. Exploring the Determinants of Network Effectiveness: The Case of Neighborhood Governance Networks in Beijing[J]. Journal of Public Administration Research and Theory, 2016, 26(2): 375-388.

后记

后记

家风建设和奉贤模式的发展，代表了新时代中国人民对政治的理解和对美好生活的追求。毫无疑问，人民美好生活最终都要落实到具体的家庭生活中来。习近平总书记在2018年春节团拜会上的讲话中指出："中华民族历来重视家庭，正所谓'天下之本在国，国之本在家'，家和万事兴。国家富强，民族复兴，最终要体现在千千万万个家庭都幸福美满上，体现在亿万人民生活不断改善上。千家万户都好，国家才能好，民族才能好。"可见，家风建设是真正的政治。通过对家风建设的研究，我们对政治意义的理解更加深刻。

本书主要由复旦大学国际关系与公共事务学院陈周旺教授领衔，华东理工大学社会与公共管理学院唐朗诗副教授，复旦大学政治学专业研究生王志恒、王帅、王寅、赵迪新，奉贤区委党校潘勇、陈继锋老师等组成的课题组完成。奉贤区委、区政府和南桥镇党委、镇政府对本课题给予大力支持和全力配合，特别感谢向义海、刘伟、王春峰、瞿磊、张敏、黄静、陈韵等领导同志的工作指导和无私帮助。本书是上海市哲学社会科学规划委托课题"家风建设与基层社会治理研究"（项目编号：2021WFX002）的最终成果，同时也得到复旦大学个性化原创项目"家国关系的现代化"的资助，在此一并致谢。

陈周旺

2022年5月

图书在版编目(CIP)数据

"家"文化与基层社会治理:奉贤家风建设模式研究/陈周旺主编.
—上海:复旦大学出版社,2022.7(2023.4 重印)
ISBN 978-7-309-16263-9

Ⅰ.①家… Ⅱ.①陈… Ⅲ.①家庭道德-研究-奉贤区 Ⅳ.①B823.1

中国版本图书馆 CIP 数据核字(2022)第 109000 号

"家"文化与基层社会治理:奉贤家风建设模式研究
"JIA"WENHUA YU JICENG SHEHUI ZHILI:FENGXIAN JIAFENG
JIANSHE MOSHI YANJIU
陈周旺　主编
责任编辑/张　鑫

复旦大学出版社有限公司出版发行
上海市国权路 579 号　邮编:200433
网址:fupnet@fudanpress.com　http://www.fudanpress.com
门市零售:86-21-65102580　团体订购:86-21-65104505
出版部电话:86-21-65642845
上海四维数字图文有限公司

开本 890×1240　1/32　印张 9.375　字数 218 千
2022 年 7 月第 1 版
2023 年 4 月第 1 版第 2 次印刷

ISBN 978-7-309-16263-9/B·755
定价:58.00 元

如有印装质量问题,请向复旦大学出版社有限公司出版部调换。
版权所有　　侵权必究